ABRÉGÉ
DE LA
GRAMMAIRE LATINE

A LA MÊME LIBRAIRIE

COURS COMPLET DE LANGUE LATINE
POUR L'ENSEIGNEMENT UNIMÉTHODIQUE DES LANGUES.

(Théorie et exercices), par MM. *Guérard*, agrégé de l'Université, préfet des études au collége Sainte-Barbe, et *Moncourt*, docteur ès lettres, professeur au lycée Napoléon.

Grammaire latine, d'après *Lhomond*, comprenant les neuf parties du discours, des notions d'analyse grammaticale et logique et de construction, un supplément aux neuf parties du discours, la syntaxe et la méthode. Nouvelle édition, entièrement refondue.
  Ouvrage autorisé par S. Ex. M. le ministre de l'Instruction publique.
  Livre du maître. 1 vol. in-12. Prix, cart.............. 2 80
  Livre de l'élève. 1 vol. in-12. Prix, cart.............. 2 20
    On vend séparément :
1° PREMIÈRE PARTIE, comprenant les neuf parties du discours, les premières règles de la syntaxe, des notions d'analyse grammaticale et logique et de construction, à l'usage des classes élémentaires.
  Livre de l'élève. 1 vol. Prix, cart................... 1 20
2° DEUXIÈME PARTIE, comprenant la syntaxe et la méthode. 2ᵉ édition.
  Livre de l'élève. Prix, cart........................ 1 40

Abrégé de la Grammaire latine, d'après *Lhomond*. 1 vol. in-12.
  Livre de l'élève. Prix, cart........................ 1 50

Essai de Grammaire latine, d'après un plan nouveau, par *H. Battifol*, agrégé de l'Université, professeur au lycée de Toulouse 1 vol. petit in-8. Prix cartonné......................... 1 50

Exercices latins, adaptés à la Grammaire latine d'après *Lhomond* et à l'*Abrégé* de ladite :
PREMIÈRE PARTIE, comprenant des exercices sur les neuf parties du discours, les premières règles de la syntaxe, l'analyse gammaticale et logique, la construction, à l'usage des classes élémentaires. Nouvelle édition entièrement refondue et augmentée.
  Livre de l'élève. 1 vol. in-12, cart................. 1 50
  Livre du maître. 1 vol. in-12. Prix, cartonné........ 2 25
  Ouvrage autorisé par S. Ex. M. le ministre de l'Instruction publique.
DEUXIÈME PARTIE, comprenant :
1° COURS DE THÈMES LATINS sur la syntaxe et la méthode, avec un vocabulaire spécial.
  Livre de l'élève. 1 vol. in-12, cart................. 1 75
  Livre du maître. 1 vol. in-12, cart................. 2 80
  Ouvrage autorisé par S. Ex. M. le ministre de l'Instruction publique.
2° COURS DE VERSIONS LATINES sur la syntaxe et la méthode, avec un vocabulaire spécial.
  Livre de l'élève. 1 vol. in-12, cart................. 1 75
  Livre du maître. 1 vol. in-12, cart................. 2 80
  Ouvrage autorisé par S. Ex. M. le ministre de l'Instruction publique.

CORBEIL, typ. et stér. de CRÉTÉ. 10-67.

COURS COMPLET

DE LANGUE LATINE

THÉORIE ET EXERCICES

PAR MM.

GUÉRARD	**MONCOURT**
Agrégé de l'Université, Préfet des études à Sainte-Barbe, Chevalier de la Légion d'honneur.	Professeur au Lycée Napoléon, Docteur ès lettres de la Faculté de Paris.

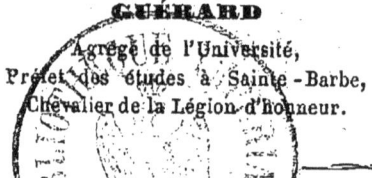

ABRÉGÉ

DE LA

GRAMMAIRE LATINE

D'APRÈS LHOMOND

PARIS

ANCIENNE MAISON DEZOBRY, MAGDELEINE ET Cie

CHARLES DELAGRAVE ET Cie, LIBRAIRES-ÉDITEURS

RUE DES ÉCOLES, 78

1867

Tout exemplaire de cet ouvrage non revêtu de notre griffe sera réputé contrefait.

Charles Delagrave et Cie

ABRÉGÉ

DE LA

GRAMMAIRE LATINE

PREMIÈRE PARTIE

LES NEUF ESPÈCES DE MOTS.

NOTIONS PRÉLIMINAIRES.

§ 1. Il y a en latin, comme en français, vingt-cinq lettres, six voyelles et dix-neuf consonnes.

Les voyelles sont : *a, e, i, o, u, y.*

Les consonnes sont : *b, c, d, f, g, h, j, k, l, m, n, p, q, r, s, t, v, x, z.*

On appelle *diphthongue* une syllabe formée de deux voyelles se prononçant par une seule émission de voix.

Les principales diphthongues sont, en latin, *æ (a e), œ (o e), au, eu.*

§ 2. Il y a en latin neuf espèces de mots : le *nom* ou *substantif*, l'*adjectif*, le *pronom*, le *verbe*, le *participe*, la *préposition*, l'*adverbe*, la *conjonction* et l'*interjection*. L'*article* n'existe pas en latin.

On appelle mots *variables* ceux dont la terminaison peut changer, et mots *invariables* ceux dont la terminaison ne change point.

Les mots variables sont : le nom, l'adjectif, le pronom, le verbe et le participe.

Les mots invariables sont : la préposition, l'adverbe, la conjonction et l'interjection.

CHAPITRE I.
PREMIÈRE ESPÈCE DE MOTS.

Le Nom ou Substantif.

§ 3. Le *nom* ou *substantif* est un mot qui sert à nommer une personne ou une chose, comme : Pierre, Paul, livre, arbre ; *Petrus, Paulus, liber, arbor*.

Il y a deux sortes de noms : le nom *propre* et le nom *commun*.

Le nom *propre* est le nom particulier d'une personne ou d'une chose, comme : Pierre, Paul, Rome, le Tibre ; *Petrus, Paulus, Roma, Tibris*.

Le nom *commun* est celui qui convient à toutes les personnes ou à toutes les choses semblables, de la même espèce, comme : livre, arbre, ville, fleuve ; *liber, arbor, urbs, amnis*.

§ 4. Il y a trois choses à considérer dans les noms : le *nombre*, le *genre* et le *cas*.

Il y a deux nombres en latin comme en français : le *singulier*, quand on parle d'une seule personne ou d'une seule chose : un homme, une rose ; *homo, rosa ;* le *pluriel*, quand on parle de plusieurs personnes ou de plusieurs choses : les hommes, les roses ; *homines, rosæ*.

§ 5. Les noms sont du genre masculin, quand ils ne conviennent qu'à l'homme ou aux animaux mâles, comme : le père, *pater ;* un lion, *leo*. Ils sont du genre féminin, quand ils ne conviennent qu'à la femme ou aux animaux femelles, comme : la mère, *mater ;* une lionne, *leœna*. On a aussi donné, par imitation, le genre masculin ou le genre féminin à des êtres qui ne sont ni mâles ni femelles, comme : un livre, *liber ;* une table, *mensa ;* le soleil, *sol ;* la lune, *luna*.

Indépendamment du masculin et du féminin, le latin a un troisième genre appelé *neutre*, auquel appartiennent les noms qui ne sont ni masculins, ni féminins, comme : *templum*, temple ; *cœlum*, ciel ; *vinum*, vin.

Les noms ne sont pas toujours du même genre en latin et en français. Ainsi, *arbre* est du masculin, *arbor* est féminin ; *fleur* est du féminin, *flos* est masculin.

Les noms neutres sont, en français, tantôt du masculin, comme *cœlum*, le ciel ; tantôt du féminin, comme *caput*, la tête.

On désigne les noms masculins par l'initiale *m.*, les féminins par l'initiale *f.*, et les neutres par l'initiale *n.*

§ 6. Les noms français n'ont que deux formes, une pour le singulier, et une pour le pluriel : *rose*, *roses*.

Les noms latins en ont plusieurs pour chacun des deux nombres : *rosa*, *rosæ*, *rosam*, *rosâ*, au singulier ; *rosæ*, *rosarum*, *rosis*, *rosas*, au pluriel. Ces différentes formes que prend un même nom s'appellent *cas*.

Il y a en latin six cas, savoir : le *nominatif*, le *génitif*, le *datif*, l'*accusatif*, le *vocatif* et l'*ablatif*.

Réciter de suite les six cas d'un nom s'appelle *décliner*.

§ 7. Il y a en latin cinq déclinaisons, que l'on distingue par le génitif singulier, lequel se termine en *æ* pour la première déclinaison, en *i* pour la deuxième, en *is* pour la troisième, en *ûs* pour la quatrième, en *ei* pour la cinquième.

PRINCIPE GÉNÉRAL.

Il y a dans les noms latins une partie qui reste la même à tous les cas, et une partie qui change aux différents cas du singulier et du pluriel. La partie invariable s'appelle *radical*, la partie variable se nomme *désinence* ou *terminaison*.

Dans tous les noms latins, le radical est ce qui reste du génitif singulier, quand on en a retranché la désinence propre à ce cas. Ainsi *rosa* faisant *ros æ* au génitif singulier, le radical sera *ros*.

PREMIÈRE DÉCLINAISON.

§ 8. La première déclinaison a le génitif singulier en *æ*, et le génitif pluriel en *arum*. Elle comprend des noms féminins, et quelques noms masculins. Le nominatif singulier est généralement en *a*.

SINGULIER.

Nom.	Ros a (*f.*),	*la rose.*
Gén.	Ros æ,	*de la rose.*
Dat.	Ros æ,	*à la rose.*
Acc.	Ros am,	*la rose.*
Voc.	o Ros a,	*ô rose.*
Abl.	Ros â,	*de la rose* ou *par la rose.*

PLURIEL.

Nom.	Ros æ,	*les roses.*
Gén.	Ros arum,	*des roses.*
Dat.	Ros is,	*aux roses.*
Acc.	Ros as,	*les roses.*
Voc.	o Ros æ,	*ô roses.*
Abl.	Ros is,	*des roses* ou *par les roses.*

Ainsi se déclinent :

FÉMININS.		MASCULINS.	
Herb a, æ,	*l'herbe.*	Agricol a, æ,	*le laboureur.*
Hor a, æ,	*l'heure.*	Aurig a, æ,	*le cocher.*
Mens a, æ,	*la table.*	Naut a, æ,	*le matelot.*
Musc a, æ,	*la mouche.*	Poet a, æ,	*le poëte.*

REMARQUES. 1° Dans tous les noms, à quelque déclinaison qu'ils appartiennent, le nominatif et le vocatif du pluriel sont semblables ; le datif et l'ablatif de ce même nombre se ressemblent également.

2° En français, les noms s'emploient tantôt seuls, comme *Dieu, Rome, homme, femme,* tantôt précédés de l'article *le, la, les,* ou de l'adjectif déterminatif *un, une,* qu'on remplace au pluriel par *des,* signifiant *quelques.* Le latin n'ayant ni cet article, ni cet adjectif, il en résulte que *rosa* signifie également *rose, la rose, une rose,* et qu'au pluriel *rosæ* se traduira par *roses, les roses, des roses* (c'est-à-dire *quelques roses*), suivant la place occupée par le nom et le sens général de la phrase.

DEUXIÈME DÉCLINAISON

§ 9. La deuxième déclinaison a le génitif singulier en *i*, et le génitif pluriel en *orum*. Elle renferme des noms masculins dont le nominatif singulier est en *us*, en *er* ou en *ir*, quelques féminins en *us*, et des neutres en *um*.

Noms masculins et féminins en US.

SINGULIER.

Nom.	Domin us (*m.*),	*le seigneur.*
Gén.	Domin i,	*du seigneur.*
Dat.	Domin o,	*au seigneur.*
Acc.	Domin um,	*le seigneur.*
Voc.	o Domin e,	*ô seigneur.*
Abl.	Domin o,	*du* ou *par le seigneur.*

PLURIEL.

Nom.	Domin i,	*les seigneurs.*
Gén.	Domin orum,	*des seigneurs.*
Dat.	Domin is,	*aux seigneurs.*
Acc.	Domin os,	*les seigneurs.*
Voc.	o Domin i,	*ô seigneurs.*
Abl.	Domin is,	*des* ou *par les seigneurs.*

Ainsi se déclinent :

MASCULINS.		FÉMININS.	
Asin us, i,	*l'âne.*	Alv us, i,	*le ventre.*
Camp us, i,	*la plaine.*	Fag us, i,	*le hêtre.*
Hort us, i,	*le jardin.*	Fraxin us, i,	*le frêne.*
Lup us, i,	*le loup.*	Ulm us, i,	*l'ormeau.*

REMARQUES. 1° Les noms propres en *ius*, comme *Virgilius*, Virgile ; *Antonius*, Antoine, font le vocatif singulier en *i* : *Virgili, Antoni*. Il en est de même de *filius*, fils, qui fait *fili*.

2° *Deus*, Dieu, a le vocatif singulier semblable au nominatif : *o Deus*. Au pluriel, il fait pour le nominatif et le vocatif *Dii* (et non *Dei*), pour le datif et l'ablatif *Diis* (et non *Deis*).

3° Presque tous les féminins en *us* de la deuxième déclinaison sont des noms d'arbres. Presque tous les noms d'arbres, à quelque déclinaison qu'ils appartiennent, sont du féminin.

§ 10. *Noms masculins en* ER *et en* IR.

SINGULIER.

Nom.	Puer,	*l'enfant.*
Gén.	Puer i,	*de l'enfant.*
Dat.	Puer o,	*à l'enfant.*
Acc.	Puer um,	*l'enfant.*
Voc.	o Puer,	*ô enfant.*
Abl.	Puer o,	*de ou par l'enfant*

PLURIEL.

Nom.	Puer i,	*les enfants.*
Gén.	Puer orum,	*des enfants.*
Dat.	Puer is,	*aux enfants.*
Acc.	Puer os,	*les enfants.*
Voc.	o Puer i,	*ô enfants.*
Abl.	Puer is,	*des ou par les enfants.*

Ainsi se déclinent :

Gener, gener i, *le gendre.*   Ager, agr i, *le champ.*
Socer, socer i, *le beau-père.*   Aper, apr i, *le sanglier.*
Vir, vir i, *l'homme.*   Faber, fabr i, *l'artisan.*
      Liber, libr i, *le livre.*

On remarquera que les noms de la deuxième colonne perdent l'*e* du nominatif à tous les cas, excepté au vocatif singulier : *Liber, libri, libro, librum, o liber, libro; libri, librorum, libris, libros, o libri, libris*. Ainsi, pour les noms en *er* de la deuxième déclinaison, il faut s'assurer avec soin si le génitif est en *eri* ou en *ri*.

§ 11. *Noms neutres en* UM.

SINGULIER.

Nom.	Templ um,	*le temple.*
Gén.	Templ i,	*du temple.*
Dat.	Templ o,	*au temple.*
Acc.	Templ um,	*le temple.*
Voc.	o Templ um,	*ô temple.*
Abl.	Templ o,	*du* ou *par le temple.*

PLURIEL.

Nom.	Templ a,	*les temples.*
Gén.	Templ orum,	*des temples.*
Dat.	Templ is,	*aux temples.*
Acc.	Templ a,	*les temples.*
Voc.	o Templ a,	*ô temples.*
Abl.	Templ is,	*des* ou *par les temples.*

Ainsi se déclinent :

Bell um, i,	*la guerre.*	Foli um, i,	*la feuille.*
Brachi um, i,	*le bras.*	Studi um, i,	*l'étude.*
Coll um, i,	*le cou.*	Vin um, i,	*le vin.*
Exempl um, i,	*l'exemple.*	Viti um, i,	*le vice.*

OBSERVATION GÉNÉRALE. Les noms neutres, à quelque déclinaison qu'ils appartiennent, ont le nominatif, l'accusatif et le vocatif semblables, tant au singulier qu'au pluriel ; et au pluriel, ces trois cas semblables sont toujours terminés en *a*.

TROISIÈME DÉCLINAISON.

§ 12. La troisième déclinaison a le génitif singulier en *is*, et le génitif pluriel en *um* ou en *ium*.

Elle renferme des noms des trois genres.

Le nominatif singulier peut se terminer d'un grand nombre de manières.

I. *Noms qui ont le génitif pluriel en* UM.

Les noms de la troisième déclinaison qui font le génitif pluriel en *um*, sont en général ceux qui ont au génitif singulier une syllabe de plus qu'au nominatif, et qu'on appelle pour cette raison *imparisyllabiques*, comme *homo, hominis; corpus, corporis.*

Il y en a des trois genres.

MASCULINS ET FÉMININS.

SINGULIER.

Nom.	Homo (*m*.),	*l'homme.*
Gén.	Homin is,	*de l'homme.*
Dat.	Homin i,	*à l'homme.*
Acc.	Homin em,	*l'homme.*
Voc.	o Homo,	*ô homme.*
Abl.	Homin e,	*de* ou *par l'homme.*

PLURIEL.

Nom.	Homin es,	*les hommes.*
Gén.	Homin um,	*des hommes.*
Dat.	Homin ibus,	*aux hommes.*
Acc.	Homin es,	*les hommes.*
Voc.	o Homin es,	*ô hommes.*
Abl.	Homin ibus,	*des* ou *par les hommes.*

Ainsi se déclinent :

MASCULINS.		FÉMININS.	
Dolor, dolor is,	*la douleur.*	Arbor, arbor is,	*l'arbre.*
Flos, flor is,	*la fleur.*	Soror, soror is,	*la sœur.*
Honor, honor is,	*l'honneur.*	Virgo, virgin is,	*la jeune fille.*
Miles, milit is,	*le soldat.*	Vox, voc is,	*la voix.*

§ 13.   NEUTRES.

SINGULIER.

Nom.	Corpus,	*le corps.*
Gén.	Corpor is,	*du corps.*
Dat.	Corpor i,	*au corps.*
Acc.	Corpus,	*le corps.*
Voc.	o Corpus,	*ô corps.*
Abl.	Corpor e,	*du* ou *par le corps.*

PLURIEL.

Nom.	Corpor a,	*les corps.*
Gén.	Corpor um,	*des corps.*
Dat.	Corpor ibus,	*aux corps.*
Acc.	Corpor a,	*les corps.*
Voc.	o Corpor a,	*ô corps.*
Abl.	Corpor ibus,	*des* ou *par les corps.*

Ainsi se déclinent :

Caput, capit is, *la tête.* Pecus, pecor is, *le troupeau.*
Lumen, lumin is, *la lumière.* Pectus, pector is, *la poitrine.*
Nemus, nemor is, *le bosquet.* Tempus, tempor is, *le temps.*
Olus, oler is, *le légume.* Vulnus, vulner is, *la blessure.*

II. *Noms qui ont le génitif pluriel en* IUM.

§ 14. Les noms de la troisième déclinaison qui ont, au nominatif et au génitif du singulier, un nombre égal de syllabes, comme *avis*, gén. *avis*, et qu'on nomme pour cette raison *parisyllabiques*, font généralement le génitif pluriel en *ium*.

Un grand nombre de *monosyllabes*, c'est-à-dire de noms ayant une seule syllabe au nominatif singulier, ont également, quoique imparisyllabiques, leur génitif pluriel en *ium*. Ce sont ceux dont le radical se termine par deux consonnes, comme *ars, art is; lanx, lanc is; nox, noct is.*

SINGULIER.

Nom.	Av is (*f.*),	*l'oiseau.*
Gén.	Av is,	*de l'oiseau.*
Dat.	Av i,	*à l'oiseau.*
Acc.	Av em,	*l'oiseau.*
Voc.	o Av is,	*ô oiseau.*
Abl.	Av e,	*de* ou *par l'oiseau.*

PLURIEL.

Nom.	Av es,	*les oiseaux.*
Gén.	Av ium,	*des oiseaux.*
Dat.	Av ibus,	*aux oiseaux.*
Acc.	Av es,	*les oiseaux.*

Voc. o Av es, *ô oiseaux.*
Abl. Av ibus, *des* ou *par les oiseaux.*

Ainsi se déclinent :

Clad es, is, f. *la défaite.*   Ars, art is, f. *l'art.*
Coll is, is, m. *la colline.*   Fons, font is, m. *la fontaine.*
Host is, is, m. *l'ennemi.*   Lanx, lanc is, f. *le plat.*
Mens is, is, m. *le mois.*   Nox, noct is, f. *la nuit.*

REMARQUE. Quelques noms parisyllabiques, comme *pater, patris,* m., le père; *mater, matris,* f., la mère; *frater, fratris,* m., le frère ; *juven is, is,* m., le jeune homme; *senex, senis,* m., le vieillard ; *can is, is,* m., le chien, ont cependant leur génitif pluriel en *um.*

§ 15. Les noms neutres de la troisième déclinaison terminés en *e,* en *al* ou en *ar,* comme *cubile, tribunal, calcar,* font l'ablatif singulier en *i,* le génitif pluriel en *ium,* et les trois cas semblables du pluriel en *ia.*

SINGULIER.

Nom.   Cubil e,   *le lit.*
Gén.   Cubil is,   *du lit.*
Dat.   Cubil i,   *au lit.*
Acc.   Cubil e,   *le lit.*
Voc. o Cubil e,   *ô lit.*
Abl.   Cubil i,   *du* ou *par le lit.*

PLURIEL.

Nom.   Cubil ia,   *les lits.*
Gén.   Cubil ium,   *des lits.*
Dat.   Cubil ibus,   *aux lits.*
Acc.   Cubil ia,   *les lits.*
Voc. o Cubil ia,   *ô lits.*
Abl.   Cubil ibus,   *des* ou *par les lits.*

Ainsi se déclinent :

Altar e, is, *l'autel.*   Animal, alis, *l'animal.*
Mar e, is, *la mer.*   Tribunal, alis, *le tribunal.*
Monil e, is, *le collier.*   Calcar, aris, *l'éperon.*
Sedil e, is, *le siége.*   Exemplar, aris, *le modèle.*

QUATRIÈME DÉCLINAISON.

§ 16. La quatrième déclinaison a le génitif singulier en *ûs* ou en *u*, et le génitif pluriel en *uum*. Elle renferme des masculins et des féminins en *us*, et quelques neutres en *u*.

MASCULINS ET FÉMININS.

SINGULIER.

Nom.	Man us (*f.*),	*la main.*
Gén.	Man ûs,	*de la main.*
Dat.	Man ui,	*à la main.*
Acc.	Man um,	*la main.*
Voc.	o Man us,	*ô main.*
Abl.	Man u,	*de* ou *par la main.*

PLURIEL.

Nom.	Man us,	*les mains.*
Gén.	Man uum,	*des mains.*
Dat.	Man ibus,	*aux mains.*
Acc.	Man us,	*les mains.*
Voc.	o Man us,	*ô mains.*
Abl.	Man ibus,	*des* ou *par les mains.*

Ainsi se déclinent :

MASCULINS.		FÉMININS.	
Curr us, ûs,	*le char.*	An us, ûs,	*la vieille femme.*
Exercit us, ûs,	*l'armée.*	Nur us, ûs,	*la belle-fille.*
Fruct us, ûs,	*le fruit.*	Socr us, ûs,	*la belle-mère.*
Vult us, ûs,	*le visage.*	Portic us, ûs,	*le portique.*

REMARQUE. *Domus*, f., la maison, fait à l'ablatif singulier *domo*, au génitif pluriel *domuum* ou *domorum*; à l'accusatif pluriel *domos*. A tous les autres cas, il est régulier sur *manus*.

NEUTRES.

§ 17. Les noms neutres de la quatrième déclinaison sont indéclinables au singulier, c'est-à-dire qu'ils ne changent point leur dernière syllabe.

SINGULIER.

Nom.	Corn u,	la corne.
Gén.	Corn u,	de la corne.
Dat.	Corn u,	à la corne.
Acc.	Corn u,	la corne.
Voc.	o Corn u,	ô corne.
Abl.	Corn u,	de ou *par* la corne.

PLURIEL.

Nom.	Corn ua,	les cornes.
Gén.	Corn uum,	des cornes.
Dat.	Corn ibus,	aux cornes.
Acc.	Corn ua,	les cornes.
Voc.	o Corn ua,	ô cornes.
Abl.	Corn ibus,	des ou *par les cornes.*

Ainsi se déclinent :

Gen u, *le genou.* Tonitr u, *le tonnerre.*

CINQUIÈME DÉCLINAISON

§ 18. La cinquième déclinaison a le génitif singulier en *ei*, et le génitif pluriel en *erum*. Elle ne renferme que des noms en *es*, qui sont tous féminins, excepté *dies*, masculin ou féminin au singulier, masculin au pluriel, et *meridies*, toujours masculin.

SINGULIER.

Nom.	Di es (*m. f.*),	le jour.
Gén.	Di ei,	du jour.
Dat.	Di ei,	au jour.
Acc.	Di em,	le jour.
Voc.	o Di es,	ô jour.
Abl.	Di e,	du ou *par le jour.*

PLURIEL.

Nom.	Di es (*m.*),	les jours.
Gén.	Di erum,	des jours.
Dat.	Di ebus,	aux jours.
Acc.	Di es,	les jours.

Voc. o Di es,   *ô jours.*
Abl.   Di ebus,   *des* ou *par les jours.*

Ainsi se déclinent :

Res, rei, f.   *la chose.*
Aci es, ei, f.   *l'armée.*
Effigi es, ei, f.   *l'image.*
Faci es, ei, f.   *la face.*
Glaci es, ei, f.   *la glace.*   (N'ont au pluriel
Progeni es, ei, f. *la race.*   que les trois cas
Seri es, ei, f.   *la série.*   en *es.*)
Speci es, ei, f.   *l'apparence.*
Sp es, ei, f.   *l'espérance.*
Meridi es, ei, m. *le midi*   (sans pluriel).

REMARQUE. Tous les autres noms de la cinquième déclinaison sont privés de pluriel.

Dies et *res* sont les seuls qui aient tous les cas du pluriel.

NOMS COMPOSÉS.

§ 19. On appelle *noms composés* les noms formés par la réunion de deux mots en un seul.

I. Si le nom composé est formé de deux nominatifs, chacune des deux parties se décline dans tous les cas :

SING. *Nom.* Respublica (*f.*), *la république ; gén.* Reipublicæ ; *dat.* Reipublicæ ; *acc.* Rempublicam ; *voc.* o Respublica ; *abl.* Republicâ. PLUR. *Nom.* Respublicæ ; *gén.* Rerumpublicarum, etc. *Res* suit la cinquième déclinaison, *publica* suit la première.

II. Si l'une des deux parties seulement est au nominatif, elle se décline seule, l'autre reste invariable :

SING. *Nom.* Paterfamiliàs (*m.*), *le père de famille ; gén.* Patrisfamiliâs ; *dat.* Patrifamiliâs, etc. (*Familiâs* est un ancien génitif de *familia,* pour *familiæ.*)

VALEUR DES CAS.

§ 20. **Nominatif.** On met au nominatif en latin le sujet et l'attribut des verbes. EXEMPLE :

Cicéron fut consul. *Cicéron* se mettra au nominatif,

Cicero, comme sujet, et *consul* se mettra également au nominatif, *consul*, comme attribut du verbe *fut*.

Génitif. On met au génitif le nom qui sert de complément à un autre nom, et qui est précédé en français de la préposition *de :* Le livre de Pierre, *liber Petri*.

Datif. On met généralement au datif le complément indirect, précédé en français de la préposition *à :*

Dieu a donné la raison à l'homme, aux hommes, *homini, hominibus*.

Accusatif. On met à l'accusatif le complément direct des verbes actifs : J'aime Dieu, *Deum*.

Vocatif. Le vocatif sert pour adresser la parole à quelqu'un : O mon fils, *o fili ;* ô roi, *o rex*. (On n'exprime pas toujours l'interjection *o*.)

Ablatif. On met à l'ablatif le nom qui marque *comment, de quelle manière, par quel moyen* une chose a été faite, et qui est précédé le plus souvent en français des prépositions *de* ou *par :* Mourir de faim, *fame ;* triompher par les armes, *armis*.

Apposition. Quand deux noms désignent une seule et même personne, une seule et même chose, ces deux noms se mettent au même cas. On dit alors que le second est mis en *apposition*. EXEMPLES :

Louis roi, *Ludovicus rex ;* de Louis roi, *Ludovici regis*.

CHAPITRE II.
DEUXIÈME ESPÈCE DE MOTS.

L'Adjectif.

§ 21. L'adjectif est un mot que l'on ajoute au nom pour marquer la qualité, la manière d'être d'une personne ou d'une chose, comme *bon* père, *bonne* mère, *beau* livre, *belle* image. *Bon, bonne, beau, belle*, sont des adjectifs, parce qu'ils expriment la qualité, la manière d'être de ce père, de cette mère, de ce livre, de cette image.

Les adjectifs se déclinent en latin, et ils ont les trois genres, masculin, féminin et neutre.

On les distingue en deux classes. Ceux de la première classe suivent la première et la deuxième déclinaison des substantifs ; ceux de la deuxième classe suivent la troisième déclinaison des substantifs.

PREMIÈRE CLASSE.

§ 22. Les adjectifs de la première classe ont le nominatif masculin singulier en *us* ou en *er*. Ils se déclinent sur *dominus* ou sur *puer* pour le masculin, sur *rosa* pour le féminin, sur *templum* pour le neutre.

Adjectifs en US.

SINGULIER.

	M.	F.	N.
Nom.	Bon us, *bon,*	bon a, *bonne,*	bon um, *bon.*
Gén.	Bon i,	bon æ,	bon i.
Dat.	Bon o,	bon æ,	bon o.
Acc.	Bon um,	bon am,	bon um.
Voc. o	Bon e,	o bon a,	o bon um.
Abl.	Bon o,	bon â,	bon o.

PLURIEL.

	M.	F.	N.
Nom.	Bon i, *bons,*	bon æ, *bonnes,*	bon a, *bons.*
Gén.	Bon orum,	bon arum,	bon orum.
Dat.	Bon is,	bon is,	bon is.
Acc.	Bon os,	bon as,	bon a.
Voc. o	Bon i,	o bon æ,	o bon a.
Abl.	Bon is,	bon is,	bon is.

Ainsi se déclinent :

Doct us, a, um, *savant.*   Parv us, a, um, *petit.*
Magn us, a, um, *grand.*   Sanct us, a, um, *saint.*

§ 23. *Adjectifs en* ER.

SINGULIER.

Nom.	Miser,	miser a,	miser um,
			malheureux.
Gén.	Miser i,	miser æ,	miser i.
Dat.	Miser o,	miser æ,	miser o.
Acc.	Miser um,	miser am,	miser um.
Voc.	o Miser,	o miser a,	o miser um.
Abl.	Miser o,	miser à,	miser o.

PLURIEL.

Nom.	Miser i,	miser æ,	miser a.
Gén.	Miser orum,	miser arum,	miser orum.
Dat.	Miser is,	*pour les trois genres.*	
Acc.	Miser os,	miser as,	miser a.
Voc.	o Miser i,	o miser æ,	o miser a
Abl.	Miser is,	*pour les trois genres.*	

Ainsi se déclinent :

Liber, liber a, liber um, *libre.*
Tener, tener a, tener um, *tendre.*
Niger, nigr a, nigr um, *noir.*
Piger, pigr a, pigr um, *paresseux.*
Pulcher, pulchr a, pulchr um, *beau.*

REMARQUE. Parmi les adjectifs de la première classe en *er*, les uns gardent partout l'*e* de la désinence, comme *miser*, *liber* et *tener* ; les autres le perdent à tous les cas, excepté au vocatif masculin singulier, comme *niger*, *piger* et *pulcher*.

DEUXIÈME CLASSE.

§ 24. Parmi les adjectifs de la deuxième classe, les uns sont imparisyllabiques, comme *prudens, prudentis* ; les autres sont parisyllabiques, comme *fortis, fortis* ; *celeber, celebris*.

ADJECTIFS IMPARISYLLABIQUES.

Ils n'ont au nominatif singulier qu'une seule terminaison pour les trois genres. L'ablatif est en *i* ou *e*, le génitif pluriel en *ium*, et les trois cas semblables du pluriel neutre en *ia*.

SINGULIER.

Nom.	Prudens,	............*prudent.*
Gén.	Prudent is,	} *pour les trois genres.*
Dat.	Prudent i,	
Acc.	Prudent em (*m. et f.*), prudens (*n.*).	
Voc.	o Prudens,	} *pour les trois genres.*
Abl.	Prudent e *ou* i,	

PLURIEL.

	M. et F.	N.
Nom.	Prudent es,	prudent ia.
Gén.	Prudent ium,	} *pour les trois genres.*
Dat.	Prudent ibus,	
Acc.	Prudent es,	prudent ia.
Voc.	o Prudent es,	o prudent ia.
Abl.	Prudent ibus, *pour les trois genres.*	

Ainsi se déclinent :

Audax, audac is, *hardi.*   Sapiens, sapient is, *sage.*
Felix, felic is, *heureux.*   Velox, veloc is, *prompt.*

REMARQUE. *Vetus, veter is*, vieux, fait au pluriel *vetera, veterum* (et non *veteria, veterium*).

ADJECTIFS PARISYLLABIQUES.

§ 25. La plupart des adjectifs parisyllabiques ont deux terminaisons, l'une pour le masculin et le féminin, l'autre pour le neutre. L'ablatif singulier est en *i* pour les trois genres.

SINGULIER.

	M. et F.	N.	
Nom.	Fort is,	fort e,	*courageux.*
Gén.	Fort is,	} *pour les trois genres.*	
Dat.	Fort i,		

Acc.   Fort em,   fort e.
Voc.   o Fort is,   o fort e.
Abl.   Fort i, *pour les trois genres.*

PLURIEL.

Nom.   Fort es,   fort ia.
Gén.   Fort ium,   } *pour les trois genres.*
Dat.   Fort ibus,
Acc.   Fort es,   fort ia.
Voc.   o Fort es,   o fort ia.
Abl.   Fort ibus, *pour les trois genres.*

Ainsi se déclinent :

Com is, e,   *poli.*   Lev is, e,   *léger.*
Facil is, e,   *facile.*   Util is, e,   *utile.*

§ 26. Quelques adjectifs parisyllabiques de la deuxième classe, en *er*, ont trois terminaisons au nominatif et au vocatif du singulier. A tous les autres cas, ils se déclinent comme *fortis*.

SINGULIER.

Nom.   Celeber,   celebr is,   celebr e, *célèbre.*
Gén.   Celebr is,   } *pour les trois genres.*
Dat.   Celebr i,
Acc.   Celebr em (*m. f.*),   celebr e.
Voc.   o Celeber,   o celebr is,   o celebr e.
Abl.   Celebr i, *pour les trois genres.*

PLURIEL.

          M. et F.   N.
Nom.   Celebr es,   celebr ia, *célèbres.*

(Le reste comme *fort es, fort ia.*)

Les seuls adjectifs qui se déclinent comme *celeber* sont les suivants :

     Acer, acris, acre,   *vif.*
     Alacer, alacr is, e,   *actif.*
     Campester, campestr is, e,   *de plaine.*
     Equester, equestr is, e,   *équestre.*
     Paluster, palustr is, e,   *de marais.*
     Pedester, pedestr is, e,   *qui va à pied.*
     Saluber, salubr is, e,   *salubre.*

Silvester, silvestris, e,   de forêt.
Terrester, terrestris, e,   terrestre.
Volucer, volucris, e,   qui vole.

§ 27. RÈGLES DES ADJECTIFS.

I. *Accord de l'adjectif avec le nom.*

L'adjectif se met au même genre, au même nombre et au même cas que le substantif auquel il se rapporte.
EXEMPLES :

Dieu saint, *Deus sanctus* ; de Dieu saint, *Dei sancti* ; Vierge sainte, *Virgo sancta* ; de la Vierge sainte, *Virginis sanctæ* ; temple saint, *templum sanctum* ; du temple saint, *templi sancti.*

II. *Complément des adjectifs.*

Un grand nombre d'adjectifs peuvent recevoir un complément.

Il y en a qui le prennent au génitif : Avide de louanges, *avidus laudum.* D'autres le veulent au datif : Utile à la patrie, *utilis patriæ.* D'autres gouvernent l'ablatif : Doué de vertu, *præditus virtute*, etc.

ADJECTIFS PRIS SUBSTANTIVEMENT.

§ 28. Beaucoup d'adjectifs peuvent se prendre substantivement, au masculin, par l'ellipse de *homo* ou *vir* : *Bonus*, l'honnête homme, l'homme de bien ; *boni*, les honnêtes gens, les gens de bien ; *sapiens*, *sapientes*, le sage, les sages.

Plusieurs se prennent substantivement au neutre singulier, comme *bonum*, le bien, la vertu ; *malum*, le mal ; et plus souvent encore au neutre pluriel : *honesta*, *utilia*, les choses honnêtes, les choses utiles, etc.

COMPARATIF ET SUPERLATIF DES ADJECTIFS.

§ 29. En latin comme en français, on distingue dans

les adjectifs trois degrés de signification : le *positif*, le *comparatif* et le *superlatif*.

Le positif n'est autre chose que l'adjectif lui-même, comme : saint, savant, *sanctus, doctus.*

Le comparatif exprime, par comparaison, la qualité portée à un plus haut degré, comme : plus saint, plus savant, *sanctior, doctior.*

Le superlatif exprime la qualité portée à un très-haut degré ou au plus haut degré, comme : très-saint *ou* le plus saint, très-savant *ou* le plus savant, *sanctissimus, doctissimus.*

§ 30. Le comparatif latin se forme en ajoutant au radical de l'adjectif les désinences *ior*, pour le masculin et le féminin, *ius* pour le neutre. Ainsi *sanct us, doct us, prudens (prudent is), fort is*, feront au comparatif *sanct ior, ius; doct ior, ius; prudent ior, ius; fort ior, ius*. Le masculin et le féminin se déclinent comme *homo*, le neutre comme *corpus*. L'ablatif singulier est en *e* ou en *i;* mais la forme en *e* est la plus usitée.

	SINGULIER.		PLURIEL.	
	M. F.	N.	M. F.	N.
Nom.	Sancti or,	us.	Sanctior es,	a.
Gén.	Sanctioris } *de tout*		Sanctiorum } *de tout genre.*	
Dat.	Sanctiori } *genre.*		Sanctioribus }	
Acc.	Sancti orem,	us.	Sanctior es,	a.
Voc.	Sancti or,	us.	Sanctior es,	a.
Abl.	Sanctior e *ou* i.		Sanctioribus, *de tout genre.*	

Ainsi se déclinent :

Doct ior, us, *plus savant.*
Prudent ior, us, *plus prudent.*
Fort ior, us, *plus courageux.*
Lev ior, us, *plus léger.*

§ 31. Le superlatif se forme en ajoutant au radical de l'adjectif la désinence *issimus, issima, issimum : sanct issimus, a, um ; doct issimus, a, um ; prudent issimus, a, um ; fort issimus, a, um.* Les superlatifs se déclinent entièrement sur *bonus*.

COMPARATIFS ET SUPERLATIFS IRRÉGULIERS.

§ 32. Plusieurs comparatifs et superlatifs ne se forment pas d'après les règles que nous venons de donner.

1° Les adjectifs terminés en *er* forment leur superlatif en ajoutant *rimus* au nominatif masculin singulier : *miser, miserrimus ; piger, pigerrimus ; acer, acerrimus ; celeber, celeberrimus*. Ils forment leur comparatif régulièrement : *miserior, pigrior, acrior, celebrior*.

2° Six adjectifs en *ilis*, réguliers pour le comparatif, forment leur superlatif en ajoutant *limus* au radical :

Facil is, *facile ;* facil ior, facil limus.
Difficil is, *difficile ;* difficil ior, difficil limus.
Gracil is, *mince ;* gracil ior, gracil limus.
Humil is, *humble ;* humil ior, humil limus.
Simil is, *semblable ;* simil ior, simil limus.
Dissimil is, *différent ;* dissimil ior, dissimil limus.

3° Les adjectifs en *dicus, ficus, volus*, forment leur comparatif et leur superlatif en ajoutant au radical *entior, entissimus*. EXEMPLES :

Maledicus, *médisant ;*   maledic entior, entissimus.
Beneficus, *bienfaisant ;*   benefic entior, entissimus.
Benevolus, *bienveillant ;*   benevol entior, entissimus.

4° Quatre adjectifs des plus usités forment leurs comparatifs et superlatifs très-irrégulièrement :

Bonus, *bon* ; melior, *meilleur* ; optimus, *très-bon*.
Malus, *mauvais* ; pejor, *pire* ; pessimus, *très-mauvais*.
Magnus, *grand* ; major, *plus grand* ; maximus, *très-grand*.
Parvus, *petit* ; minor, *moindre* ; minimus, *très-petit*.

5° Les adjectifs en *eus, ius, uus*, n'ont ni comparatif ni superlatif. On exprime *plus* par l'adverbe *magis*, et *très* ou *le plus* par l'adverbe *maximè* : *Pius*, pieux : *magis pius, maximè pius ; idoneus*, propre à : *magis idoneus, maximè idoneus ; conspicuus*, remarquable : *magis conspicuus, maximè conspicuus*.

§ 33. Règles des comparatifs et superlatifs.

I. Le nom qui sert de complément au comparatif se met à l'ablatif sans exprimer le *que* du français : Plus savant que Pierre, *doctior Petro*.

On peut aussi exprimer le *que* par la conjonction *quàm*, en mettant le complément au même cas que le comparatif : *doctior quàm Petrus*. Quand *plus* est rendu par *magis*, *que* doit toujours se rendre par *quàm*.

II. Quand le superlatif latin joue le rôle de superlatif relatif, et qu'il a pour complément un nom pluriel, on met ce nom soit au génitif, soit à l'ablatif avec la préposition *e* ou *ex*, soit enfin à l'accusatif avec la préposition *inter*. EXEMPLE :

Le cèdre est le plus haut des arbres, *cedrus est altissima arborum, ex arboribus* ou *inter arbores*.

Le superlatif s'accorde en genre avec le nom pluriel qui lui sert de complément. Ainsi *altissima* est au féminin parce que *arbor* est du féminin ; c'est comme s'il y avait : *cedrus est arbor altissima arborum*

ADJECTIFS NUMÉRAUX ou NOMS DE NOMBRE.

§ 34. Outre les adjectifs dont nous venons de parler, et qui s'appellent particulièrement *adjectifs qualificatifs*, il en existe, en latin comme en français, de plusieurs autres sortes, qui n'ont en général ni comparatif ni superlatif.

Les uns indiquent la quantité des choses et servent à les compter, comme : *un* homme, *six* semaines, *vingt* soldats. On les appelle *adjectifs numéraux* ou *noms de nombre*.

D'autres servent à indiquer, à montrer les personnes et les choses, comme : *ce* livre, *cet* homme, *ces* soldats ; ou à marquer la possession, comme : *mon* livre, *tes* amis, *nos* ouvrages. Les premiers s'appellent adjectifs *démonstratifs*, et les seconds adjectifs *possessifs ;* mais comme ils s'emploient aussi en qualité de pronoms, il n'en sera traité que dans le chapitre suivant.

ADJECTIFS NUMÉRAUX CARDINAUX.

§ 35. Il y a plusieurs sortes d'adjectifs numéraux.

Les uns expriment simplement le nombre, la quantité des choses, comme : *un, deux, trois, dix, cent.* On les appelle adjectifs numéraux cardinaux.

Les trois premiers se déclinent.

UNUS, *un, un seul, le seul.*

Il se décline comme *bonus,* sauf le génitif, qui est en *ius,* et le datif, qui est en *i,* pour les trois genres.

SINGULIER.

Nom.	Unus,	una,	unum.
Gén.	Unius,	} *pour les trois genres.*	
Dat.	Uni,		
Acc.	Unum,	unam,	unum.
Voc.	Une,	una,	unum.
Abl.	Uno,	una,	uno.

REMARQUES. 1° En français, *un, une* se met souvent pour donner au nom un sens indéterminé, comme dans cette phrase : *Un* ami est *un* trésor. Dans ce cas, il ne s'exprime pas en latin, et l'on dit simplement : *amicus, thesaurus.* Il ne s'exprime que quand il marque l'unité, comme dans cette autre phrase : Cet enfant a vécu à peine un an, *unum annum.*

2° Dans le sens de *seul, unique, unus* a un pluriel qui se décline régulièrement sur *boni* : *Nom.* un i, æ, a; *gén.* un orum, arum, orum; *dat.* unis, *pour les trois genres,* etc.

3° Quelques adjectifs qui, par leur signification, ne sont pas sans rapport avec les nombres, se déclinent sur *unus,* c'est-à-dire qu'ils font leur génitif singulier en *ius* et leur datif en *i.* Ils sont usités au pluriel.

I. Ullus, a, um, *quelque, aucun* (sans négation); *gén.* ullius, *dat.* ulli, *acc.* ull um, am, um, etc.
II. Nullus, a, um, *aucun* (avec négation), *nul, pas un; gén.* nullius, *dat.* nulli.
III. Nonnullus, a, um, *quelque, quelqu'un ; gén.* nonnullius, *dat.* nonnulli.
IV. Solus, a, um, *seul ; gén.* solius, *dat.* soli.
V. Totus, a, um, *tout, tout entier ; gén.* totius, *dat.* toti.
VI. Alius, alia, aliud, *autre, un autre* (en parlant de plusieurs) ; *gén.* alius, *dat.* alii.
VII. Alter, altera, alterum, *autre, l'autre* (en parlant de deux seulement) ; *gén.* alterius, *dat.* alteri.
VIII. Uter, utra, utrum, *lequel des deux; gén.* utrius, *dat.* utri.
IX. Neuter, neutra, neutrum, *ni l'un ni l'autre, aucun des deux; gén.* neutrius, *dat.* neutri.
X. Uterque, utraque, utrumque, *l'un et l'autre, chacun des deux; gén.* utriusque, *dat.* utrique.
XI. Alteruter, alterutra, alterutrum, *l'un ou l'autre, l'un des deux ; gén.* alterutrius, *dat.* alterutri.

§ 36. Les nombres cardinaux autres que *unus* n'ont que le pluriel.

DUO, *deux.*

Nom.	Duo,	duæ,	duo.
Gén.	Duorum,	duarum,	duorum.
Dat.	Duobus,	duabus,	duobus.
Acc.	Duos *ou* duo,	duas,	duo.
Abl.	Duobus,	duabus,	duobus.

Ainsi se décline :

Ambo, ambæ, ambo, *les deux, tous les deux, tous deux.*

TRES, *trois.*

	M. et F.	N.
Nom.	Tres,	tria.
Gén.	Trium,	} *pour les trois genres.*
Dat.	Tribus,	

Acc. Tres, tria.
Abl. Tribus, *pour les trois genres.*

§ 37. Les autres nombres cardinaux sont indéclinables jusqu'à *cent*. Voici les principaux :

Quatuor,	4.	Septemdecim,	17.
Quinque,	5.	Decem et octo,	18.
Sex,	6.	Decem et novem,	19.
Septem,	7.	Viginti,	20.
Octo,	8.	Triginta,	30.
Novem,	9.	Quadraginta,	40.
Decem,	10.	Quinquaginta,	50.
Undecim,	11.	Sexaginta,	60.
Duodecim,	12.	Septuaginta,	70.
Tredecim,	13.	Octoginta,	80.
Quatuordecim,	14.	Nonaginta,	90.
Quindecim,	15.	Centum,	100.
Sexdecim,	16.		

De *cent* à *mille*, ils se déclinent sur *boni* :

Ducenti, æ, a,	200.	Septingenti, æ, a,	700.
Trecenti, æ, a,	300.	Octingenti, æ, a,	800.
Quadringenti, æ, a,	400.	Nongenti, æ, a,	900.
Quingenti, æ, a,	500.	Mille (*indéclin.*),	1,000.
Sexcenti, æ, a,	600.		

ADJECTIFS NUMÉRAUX ORDINAUX.

§ 38. Ils servent à marquer le rang ou l'ordre, comme *premier, second, troisième*. A l'exception des deux premiers, ils se tirent tous des nombres cardinaux. Ils se déclinent sur *bonus*. Voici les principaux :

Primus, a, um, *premier, le premier.*
Secundus, a, um, *second, deuxième, le deuxième.*

Tertius, a, um,	3e.	Sextus, a, um,	6e.
Quartus, a, um,	4e.	Septimus, a, um,	7e.
Quintus, a, um,	5e.	Octavus, a, um,	8e.

Nonus, a, um, 9ᵉ.
Decimus, a, um, 10ᵉ.
Undecimus, a, um, 11ᵉ.
Duodecimus, a, um, 12ᵉ.
Vicesimus *ou* vigesimus, a, um, 20ᵉ.
Centesimus, a, um, 100ᵉ.
Millesimus, a, um, 1,000ᵉ.

REMARQUE. Le nombre cardinal, qui est dans le français, se traduit en latin par le nombre ordinal, 1° quand il est employé pour distinguer les uns des autres les rois qui ont porté le même nom, comme : Henri quatre (*c'est-à-dire* Henri quatrième), *Henricus quartus ;* 2° quand il sert à indiquer les années, les jours du mois, les heures du jour, les divisions d'un ouvrage, comme : L'an mil (*c'est-à-dire* millième), *annus millesimus ;* le dix du mois, *dies decimus ;* il est quatre heures, *quarta hora ;* le chapitre trois, *caput tertium.*

ADJECTIFS NUMÉRAUX DISTRIBUTIFS.

§ 39. Il y a encore en latin des adjectifs numéraux qui indiquent combien on prend de choses à la fois, combien on en donne à chacun, comment on les distribue. On les appelle *distributifs*.

Singul i, æ, a, *un à un, un par un, un à chacun.*
Bin i, æ, a, *deux à deux, deux à chacun.*
Tern i *ou* trin i, æ, a, *trois à trois, trois à chacun.*

AUTRES ADJECTIFS MARQUANT LE NOMBRE.

§ 40. Il y a quelques adjectifs qui indiquent le nombre, la quantité des choses, mais d'une manière générale, indéterminée. Ils se déclinent régulièrement, suivant la classe à laquelle ils appartiennent. Voici les principaux :

Omn es, ia *et* Cunct i, æ, a, *tous.*
Univers i, æ, a, *tous en général.*
Mult i, æ, a, *nombreux, beaucoup de...*
Pauc i, æ, a, *peu nombreux, peu de...*

Ceter i, æ, a, *tous les autres.*
Pler ique, æque, aque, *la plupart des...*

Remarques. 1° Sauf *omnes*, tous ces adjectifs sont moins usités au singulier qu'au pluriel.

2° *Multi* a un comparatif et un superlatif formés irrégulièrement : *plur es, a,* gén. *plurium,* plus nombreux, plus de..., plusieurs ; *plurimi, œ, a,* très-nombreux, un très-grand nombre de...

Pauci fait régulièrement *pauciores, a,* moins nombreux, moins de... ; *paucissimi, œ, a,* très-peu nombreux.

3° Ces adjectifs s'emploient très-souvent substantivement au masculin et au neutre du pluriel :

Omnes, cuncti, *tous les hommes, tout le monde.*
Omnia, cuncta, *toutes choses, tout.*
Multi, multa, *beaucoup de personnes, de choses.*
Pauci, pauca, *peu de gens, peu de choses.*

4° Quand les adjectifs numéraux sont pris dans un sens partitif, c'est-à-dire quand ils marquent une partie prise dans un plus grand tout, ils prennent un complément qui se construit comme celui des superlatifs :

Un des soldats, d'entre les soldats, *unus militum, ex militibus* ou *inter milites ;* le premier des rois, *primus regum* ou *ex regibus.*

CHAPITRE III.

TROISIÈME ESPÈCE DE MOTS.

Le Pronom.

§ 41. Le *pronom* est un mot qui tient la place du nom.

Les pronoms sont de la première, de la deuxième ou de la troisième personne, suivant le rôle que joue dans le discours le nom qu'ils représentent.

La première personne est celle qui parle : *je* lis, *nous* écoutons ; la deuxième, celle à qui l'on parle : *tu* lis, *vous* écoutez ; la troisième est celle de qui l'on parle : *il* lit, *ils* écoutent, *elle* joue, *elles* chantent.

PRONOMS PERSONNELS.

§ 42. Les pronoms *personnels* sont ceux qui n'ont d'autre fonction que d'indiquer les trois personnes.

Pronom personnel de la première personne.

	SINGULIER.	PLURIEL.
Nom.	Ego, *je* ou *moi.*	Nos, *nous.*
Gén.	Meî, *de moi.*	Nostrûm *ou* nostrî, *de nous.*
Dat.	Mihi, *à moi.*	Nobis, *à nous.*
Acc.	Me, *me, moi.*	Nos, *nous.*
Abl.	Me, *de* ou *par moi.*	Nobis, *de* ou *par nous.*

Ego et *nos* n'ont pas de vocatif.

Pronom personnel de la deuxième personne.

	SINGULIER.	PLURIEL.
Nom.	Tu, *tu* ou *toi.*	Vos, *vous.*
Gén.	Tuî, *de toi.*	Vestrûm *ou* vestrî, *de vous.*
Dat.	Tibi, *à toi.*	Vobis, *à vous.*
Acc.	Te, *te, toi.*	Vos, *vous.*
Voc.	o Tu, *ô toi.*	o Vos, *ô vous.*
Abl.	Te, *de* ou *par toi.*	Vobis, *de* ou *par vous.*

REMARQUES. 1° On tutoie toujours en latin. Ainsi, quand *vous* est dit par respect en parlant à une seule personne, il faut le traduire par *tu*.

2° Les deux formes de *nos* et de *vos* pour le génitif n'ont pas le même emploi. *Nostrûm* et *vestrûm* ne se mettent qu'après un superlatif ou un partitif : Le plus savant de nous, *doctissimus nostrûm;* un de vous, *unus vestrûm*. Partout ailleurs on se sert de *nostrî, vestrî*.

PRONOM RÉFLÉCHI DE LA TROISIÈME PERSONNE.

§ 43. Les Latins n'ont pas, à proprement parler, de pronom personnel de la troisième personne, comme *il, elle, ils, elles*. Quand ils ont besoin de l'exprimer, ils emploient l'un des pronoms démonstratifs *is*, *hic* ou *ille*, qu'on verra un peu plus loin. Mais ils ont pour cette personne un pronom réfléchi, *suî*, répondant au français *se, soi, soi-même*.

Suî n'a pas de nominatif ni de vocatif. Il est de tout genre, et le même au pluriel qu'au singulier.

SINGULIER ET PLURIEL.

Gén. Suî, *de soi, de soi-même*.
Dat. Sibi, *à soi, à soi-même*.
Acc. Se, *se, soi, soi-même*.
Abl. Se, *de* ou *par soi, de* ou *par soi-même*.

REMARQUE. Il répond aussi au français *de lui-même, d'elle-même, d'eux-mêmes, d'elles-mêmes*, etc.

PRONOMS ADJECTIFS.

§ 44. On appelle pronoms adjectifs certains mots qui sont employés tantôt comme adjectifs, tantôt comme pronoms. Ils sont de plusieurs sortes ; on les distingue en pronoms ou adjectifs *démonstratifs, possessifs, relatifs, interrogatifs, indéfinis*.

PRONOMS DÉMONSTRATIFS.

I. IS, EA, ID, *il, elle ; celui, celle ; ce, cet, cette*.

SINGULIER.

Nom. Is, ea, id, — *il, celui, ce*.
Gén. Ejus, } pour les *de lui, de celui, de ce*.
Dat. Ei, } trois genres, *à lui, à celui, à ce*.
Acc. Eum, eam, id *le, la, le ; celui, ce*.
Abl. Eo, eâ, eo, *de* ou *par lui, celui, ce*.

PLURIEL.

Nom.	Ii, eæ, ea,	*ils, ceux, ces.*
Gén.	Eorum, earum, eorum,	*d'eux, de ceux, de ces.*
Dat.	Iis *ou* eis (pour les trois genres),	*à eux, à ceux, à ces.*
Acc.	Eos, eas, ea,	*les, eux; ceux, ces.*
Abl.	Iis *ou* eis (pour les trois genres),	*d'eux* ou *par eux, ceux, ces.*

II. HIC, HÆC, HOC, *celui-ci, celle-ci, ceci.*

	SINGULIER.	PLURIEL.
Nom.	Hic, hæc, hoc.	Hi, hæ, hæc.
Gén.	Hujus, } de tout genre.	Horum, harum, horum.
Dat.	Huic,	His (*de tout genre*).
Acc.	Hunc, hanc, hoc.	Hos, has, hæc.
Abl.	Hoc, hâc, hoc.	His (*de tout genre*).

III. ILLE, ILLA, ILLUD, *celui-là, celle-là, cela.*

	SINGULIER.	PLURIEL.
Nom.	Ille, illa, illud.	Illi, illæ, illa.
Gén.	Illius, } de tout genre.	Illorum, illarum, illorum.
Dat.	Illi,	Illis (*de tout genre*).
Acc.	Illum, illam, illud.	Illos, illas, illa.
Abl.	Illo, illâ, illo.	Illis (*de tout genre*).

REMARQUES. 1° Employés seuls, ces mots sont pronoms, et répondent au français *celui, celui-ci, celui-là.*

Joints à un nom, ils sont adjectifs, et répondent au français *ce, cet, cette, ces.*

Ils servent aussi, surtout *is*, pour remplacer le pronom personnel de la troisième personne, *il, elle, lui; ils, eux, elles.*

2° On se sert préférablement de *hic* pour désigner les personnes ou les choses rapprochées : *celui-ci, celle-ci, ceci;* et de *ille* pour désigner les personnes ou les choses éloignées : *celui-là, celle-là, cela. Is* se met en général quand on ne veut pas marquer l'une ou l'autre de ces deux nuances.

§ 45. Il y a quelques autres pronoms ou adjectifs démonstratifs qu'il faut connaître.

I. ISTE, ISTA, ISTUD, *ce, cet, celui-là*.

Il se décline comme *ille*, et s'emploie en général quand on parle d'une personne ou d'une chose avec un sentiment de mépris : *Iste nebulo*, ce garnement.

II. IPSE, IPSA, IPSUM, *même*.

	SINGULIER.	PLURIEL.
Nom.	Ipse, a, um.	Ips i, æ, a.
Gén.	Ipsius.	Ips orum, arum, orum.
Dat.	Ipsi.	Ips is.
Acc.	Ipsum, am, um.	Ips os, as, a.
Abl.	Ipso, â, o.	Ips is.

Joint à un nom ou à un pronom, il signifie *même* ou *lui-même*. Employé seul, il est pronom et signifie *moi-même, toi-même* ou *lui-même*.

III. IDEM, EADEM, IDEM, *le même*.

	SINGULIER.	PLURIEL.
Nom.	Idem, eadem, idem.	Iidem, eædem, eadem.
Gén.	Ejusdem.	Eorumdem, earumdem, eorumdem.
Dat.	Eidem.	Iisdem *ou* eisdem.
Acc.	Eumdem, eamdem, idem.	Eosdem, easdem, eadem.
Abl.	Eodem, eâdem, eodem.	Iisdem *ou* eisdem.

Remarque. *Idem* est tantôt pronom, tantôt adjectif.
Il ne faut pas le confondre avec *ipse*. Celui-ci s'emploie lorsque *même* est après le nom : La vertu même, *ipsa virtus*. *Idem* se met lorsque *même* est avant le nom : La même vertu, *eadem virtus*.

PRONOMS POSSESSIFS.

§ 46. Il y a des pronoms ou adjectifs possessifs pour chacune des trois personnes. Ceux de la première et de la deuxième personne se tirent des pronoms personnels, celui de la troisième personne se tire du pronom réfléchi.

I. Meus, mea, meum, *mon, ma; le mien, la mienne.*
Noster, nostra, nostrum, *notre; le nôtre, la nôtre.*
II. Tuus, tua, tuum, *ton, ta; le tien, la tienne.*
Vester, vestra, vestrum, *votre; le vôtre, la vôtre.*
III. Suus, sua, suum, *son, sa, le sien, la sienne; leur, le leur, la leur.*

REMARQUES. 1° *Meus, tuus* et *suus* se déclinent régulièrement sur *bonus*, excepté le vocatif masculin singulier de *meus*, qui fait *mi*. *Noster* et *vester* se déclinent régulièrement sur *miser*, en perdant partout l'*e* du nominatif masculin singulier.

Tous les pronoms possessifs, excepté *meus*, sont privés de vocatif.

2° Employés seuls, ces mots sont pronoms, et répondent au français *le mien, le tien, le nôtre, le vôtre, le sien, le leur*. Joints à un nom, ils sont adjectifs : *Meus pater*, mon père ; *tuæ matris*, de ta mère.

3° Quand on ne parle qu'à une seule personne, *votre, le vôtre*, se rendent par *tuus*.

4° *Suus* répond à la fois au français *son* et *leur* : L'enfant doit respecter son père, *suum patrem* ; les élèves doivent respecter leur maître, *magistrum suum*.

PRONOMS RELATIFS.

§ 47. Les pronoms relatifs servent à joindre le verbe qui les suit à un nom ou pronom précédemment exprimé et qu'on appelle *antécédent*. EXEMPLES :

Dieu, *qui* règne, est tout-puissant.
Vous *qui* voulez plaire à Dieu, soyez sages.

Dans ces deux phrases, *qui* sert à joindre les verbes *règne, voulez,* aux mots *Dieu, vous.* C'est un pronom relatif; *Dieu* et *vous* en sont les antécédents.

SINGULIER.

Nom. Qui, quæ, quod,   *qui ou lequel.*
Gén. Cujus, ⎱ de tout genre. *dont, de qui, duquel.*
Dat. Cui,   ⎰   *à qui, auquel.*
Acc. Quem, quam, quod, *que, lequel.*
Abl. Quo, quâ, quo,   *dont, de qui, par qui ; duquel, par lequel.*

PLURIEL.

Nom. Qui, quæ, quæ,   *qui, lesquels.*
Gén. Quorum, quarum, *dont, de qui, desquels.*
      quorum,
Dat. Quibus (de tout genre), *à qui, auxquels.*
Acc. Quos, quas, quæ, *que, lesquels.*
Abl. Quibus (de tout genre), *dont, de qui, par qui ; desquels, par lesquels.*

Remarques. 1° Le pronom relatif s'accorde en genre, en nombre et en personne avec son antécédent. Exemples :

Moi qui, *ego qui ;* nous qui, *nos qui.* (*Qui* est ici de la 1re personne.)

Toi qui, *tu qui ;* vous qui, *vos qui.* (Il est ici de la 2e personne.)

Le père qui, *pater qui ;* la mère qui, *mater quæ ;* le temple qui, *templum quod.* (Il est ici de la 3e personne.)

2° L'antécédent du pronom relatif est quelquefois sous-entendu : *qui,* celui qui, l'homme qui ; *quæ,* celle qui ; *quod,* ce qui ; *quem,* celui que, etc.

§ 48.   *Composés de* QUI.

Dans les composés de *qui,* on décline seulement *qui,* les autres syllabes restent invariables.

I. Quicumque, quæcumque, quodcumque, *quiconque.*
Gén. Cujuscumque ; *dat.* cuicumque, etc.

II. Quidam, quædam, quoddam *ou* quiddam, *un certain.*
Gén. Cujusdam ; *dat.* cuidam, etc.

III. Quilibet, quælibet, quodlibet *ou* quidlibet, *quelconque, qui l'on voudra.*
Gén. Cujuslibet ; *dat.* cuilibet, etc.

IV. Quivis, quævis, quodvis *ou* quidvis ; *gén.* cujusvis ; *dat.* cuivis, etc. (Même signification que *quilibet.*)

REMARQUE. *Quidam, quilibet* et *quivis* ont deux formes pour le nominatif et l'accusatif du neutre singulier ; la forme en *quod* s'emploie toujours avec un nom ; la forme en *quid* s'emploie toujours seule. EXEMPLES :

Un certain bois, *quoddam nemus ;* une certaine chose, *quiddam ;* un exemple quelconque, *quodlibet* ou *quodvis exemplum ;* une chose quelconque, quoi que ce soit, *quidlibet* ou *quidvis.*

PRONOMS INTERROGATIFS.

§ 49. Le principal est *quis,* qui ? lequel ?

SINGULIER.

Nom. Quis, quæ, quid *ou* quod, *qui ? quel ? lequel ? quoi ?*
Gén. Cujus, } *pour les trois genres.*
Dat. Cui,
Acc. Quem, quam, quid *ou* quod.
Abl. Quo, quâ, quo.

PLURIEL.

Nom. Qui, quæ, quæ, *quels ? lesquels ?*
Gén. Quorum, quarum, quorum.
Dat. Quibus, *pour les trois genres.*
Acc. Quos, quas, quæ.
Abl. Quibus, *pour les trois genres.*

REMARQUES. 1° *Quis,* employé seul, est pronom : Qui

de nous, lequel d'entre nous, *quis nostrûm* ou *ex nobis*?

Accompagné d'un nom, il est adjectif : Quel homme, *quis homo*? quelle femme, *quæ mulier*?

2° Au neutre singulier, *quid* s'emploie toujours seul: Quoi de plus beau, *quid*? que dites-vous, *quid*?

Quod se met toujours comme adjectif avec un nom : Quelle ville, *quod oppidum*?

Composés de QUIS.

§ 50. Dans les quatre premiers, on décline seulement *quis*; les autres syllabes restent invariables.

I. Quisnam, quænam, quodnam *ou* quidnam *(même signification que* quis) ; *gén.* cujusnam; *dat.* cuinam, etc.

II. Quispiam, quæpiam, quodpiam *ou* quidpiam, *quelque, quelqu'un, quelque chose; gén.* cujuspiam ; *dat.* cuipiam, etc.

III. Quisquam, quæquam, quodquam *ou* quidquam *(même signification que* quispiam); *gén.* cujusquam; *dat.* cuiquam, etc.

IV. Quisque, quæque, quodque *ou* quidque, *chaque, chacun, chaque chose; gén.* cujusque; *dat.* cuique, etc.

Dans les deux suivants, *quis* est à la fin du mot ; le nominatif féminin singulier et les trois cas semblables du neutre pluriel sont en *qua* (au lieu de *quæ*).

V. Aliquis, aliqua, aliquod *ou* aliquid, *quelque, quelqu'un, quelque chose; gén.* alicujus ; *dat.* alicui, etc.

VI. Ecquis, ecqua, ecquod *ou* ecquid, *y a-t-il quelqu'un qui? gén.* eccujus; *dat.* eccui, etc.

Dans le suivant, chacune des deux parties composantes se décline :

VII. Unusquisque, unaquæque, unumquodque, *chaque, chacun; gén.* uniuscujusque; *dat.* unicuique, etc.

Enfin le dernier n'est autre que *quis* répété deux fois.

VIII. Quisquis (pas de féminin), quidquid, *quiconque, qui que ce soit qui.* (Il n'est guère usité qu'au nominatif singulier et à l'accusatif neutre singulier.)

REMARQUE. Dans tous ceux de ces composés qui ont une double forme au nominatif et à l'accusatif du neutre singulier, la forme en *quod* s'emploie avec un nom, la forme en *quid* s'emploie seule : *Aliquod negotium*, quelque affaire; *aliquid*, quelque chose.

PRONOMS INDÉFINIS.

§ 51. Les adjectifs indéfinis sont ceux qui indiquent que les noms auxquels on les joint sont pris d'une manière vague, générale, indéterminée ; ils peuvent aussi, en général, s'employer seuls comme pronoms indéfinis.

En latin, la plupart de ces mots se déclinent soit sur *unus*, soit sur *qui* ou sur *quis;* ils nous sont déjà connus; nous ne ferons donc que les rappeler ici.

Certain, un certain, *quidam*.
Quelque, quelqu'un, *aliquis*.
Quelques-uns, *nonnulli*.
Chaque, chacun, *quisque*.
Plusieurs, *plures*.
Quelconque, *quilibet, quivis*.
L'un, *unus, alter*.
L'autre, un autre, *alter, alius*.
L'un et l'autre, *uterque*.
L'un ou l'autre, *alteruter*.
D'autres, les autres, autrui, *alii* (au plur.).

Il y a de plus, en français, trois pronoms indéfinis, dont on n'a pas parlé jusqu'à présent, *on, personne, rien*.

On n'a pas d'équivalent latin; nous verrons plus loin la manière de le traduire.

Personne (avec négation) se rend par *nemo*, qui se décline : *gén.* neminis (peu usité); *dat.* nemini ; *acc.* neminem; *abl.* nemine. Il est du genre masculin, et n'a que le singulier.

Rien (avec négation) s'exprime par *nihil*, qui est du neutre, et n'a pas de pluriel. Au singulier même, il ne s'emploie qu'au nominatif et à l'accusatif, qui sont semblables.

CHAPITRE IV.

QUATRIÈME ESPÈCE DE MOTS.

Le Verbe.

§ 52. Le mot dont on se sert pour exprimer que l'on est ou que l'on fait quelque chose s'appelle *verbe*. Ainsi, dans cette phrase : Dieu *est* bon, le mot *est*, par lequel on affirme la bonté de Dieu, sera un verbe. De même dans la phrase : Dieu *aime* les hommes, le mot *aime*, par lequel on affirme que Dieu fait l'action d'aimer les hommes, sera encore un verbe.

Il y a quatre choses à considérer dans les verbes : le *nombre*, les *personnes*, les *temps* et les *modes*.

§ 53. Il y a deux nombres dans les verbes : le singulier, quand on parle d'une seule personne, comme *je lis, l'enfant dort;* et le pluriel, quand on parle de plusieurs, comme *nous lisons, les enfants dorment.*

Il y a dans les verbes trois personnes.

La première est celle qui parle ; elle se marque en français par les pronoms *je, nous : je* chante, *nous* chantons.

La deuxième est celle à qui l'on parle, marquée par les pronoms *tu, vous : tu* chantes, *vous* chantez.

La troisième est celle de qui l'on parle, marquée par un des pronoms, *il, elle, ils, elles*, ou par un nom mis devant le verbe : *Il* chante, *elles* chantent, *l'oiseau* chante, *les oiseaux* chantent.

Le pronom ou le nom mis ainsi devant le verbe s'appelle *sujet* du verbe ; mais quand le sujet est un pronom personnel, le plus souvent il ne s'exprime pas en latin, la désinence du verbe suffisant pour marquer à quelle personne il est employé.

§ 54. Il y a dans toutes les langues trois temps principaux : le *présent,* qui marque que la chose se fait actuellement, comme *je lis;* le *passé* ou *prétérit,* qui marque que la chose a été faite précédemment, comme *j'ai lu;* le *futur,* qui marque que la chose se fera plus tard, comme *je lirai.*

Le temps passé est susceptible de plusieurs nuances. On distingue en latin le *parfait,* qui marque une action faite dans un temps complétement passé, comme *j'ai lu, j'ai fini;* l'*imparfait,* qui marque une action accomplie au moment où l'on parle, mais qui durait encore quand une autre action s'est faite, comme : *je lisais* quand vous êtes entré ; le *plus-que-parfait,* qui marque une action passée actuellement, et passée déjà lorsqu'une autre action a eu lieu, comme : *j'avais fini* quand vous êtes entré.

Le parfait des verbes latins répond à la fois au passé *indéfini,* au passé *défini* et au passé *antérieur* des verbes français. Ainsi, *amavi* signifiera également *j'ai aimé, j'aimai* ou *j'eus aimé.*

Il y a en latin, comme en français, deux sortes de futur : le futur simple, comme *je lirai,* et le futur passé, comme *j'aurai lu.* Ce dernier marque que l'action est future, relativement au moment où l'on parle, mais qu'elle sera passée au moment où une autre action se fera : *j'aurai lu* quand vous viendrez.

Il y a donc en tout six temps dans les verbes latins : 1° le présent, 2° l'imparfait, 3° le parfait, 4° le plus-que-parfait, 5° le futur, 6° le futur passé.

§ 55. Les modes sont les formes particulières que prend le verbe selon la manière dont il présente l'action qu'il exprime.

Il y a quatre modes principaux dans les verbes latins : 1° l'*indicatif,* qui affirme ou indique simplement que la chose se fait, s'est faite ou se fera, comme : *je lis, j'ai lu, je lirai;* 2° l'*impératif,* quand on commande de faire la chose, comme : *lis, lisez, étudiez;* 3° le *subjonctif,* quand on souhaite ou qu'on doute qu'elle se fasse, comme : je veux *que vous lisiez,* je doute *qu'il vienne;*

4° l'*infinitif*, qui exprime l'action en général, sans nombre ni personne, comme : *lire, chanter*.

A l'infinitif se rattachent deux autres modes, le *supin* et le *gérondif*, qui n'existent pas en français, et qui se mettent dans certains cas à la place de l'infinitif.

Enfin le *participe*, sorte d'adjectif formé du verbe, peut être regardé aussi comme un mode à part.

L'infinitif, le supin, le gérondif et le participe sont désignés sous le nom de *modes impersonnels*.

A chaque mode appartient un certain nombre de temps.

L'indicatif est le seul qui possède les six temps.

L'impératif n'en a qu'un, qui est le présent.

Le subjonctif en a quatre : le présent, l'imparfait, le parfait et le plus-que-parfait.

L'infinitif en a quatre également : le présent, le parfait, le futur et le futur passé.

Le participe en a trois : le présent, le passé et le futur; mais, dans la plupart des verbes latins, il manque du présent ou du passé.

La distinction des temps ne s'applique pas au supin et au gérondif, qui ne s'emploient que pour suppléer le présent de l'infinitif dans certains cas que l'on fera connaître plus tard.

Il existe en français un autre mode qui est le *conditionnel*. Il a deux temps, le présent et le passé. Le conditionnel présent se rend d'ordinaire en latin par l'imparfait du subjonctif, et le conditionnel passé par le plus-que-parfait du même mode. Ainsi *essem* signifiera *que je fusse* ou *je serais;* et *fuissem* signifiera, suivant les circonstances, *que j'eusse été* ou *j'aurais été*.

Réciter de suite les différents modes d'un verbe avec tous leurs temps, leurs nombres et leurs personnes, cela s'appelle *conjuguer*.

Il convient de commencer par la conjugaison du verbe *sum*, je suis, que l'on appelle verbe *substantif*, comme étant le verbe par excellence.

Quand on le connaîtra, il sera plus facile d'apprendre les autres verbes.

§ 53. VERBE SUBSTANTIF.

Mode INDICATIF.

PRÉSENT.

Sing. Sum, je suis.
Es, tu es.
Est, il est.
Plur. Sumus, nous sommes.
Estis, vous êtes.
Sunt. ils sont.

IMPARFAIT.

Sing. Er am, j'étais.
Er as, tu étais.
Er at, il était.
Plur. Er amus, nous étions.
Er atis, vous éliez.
Er ant, ils étaient.

PARFAIT.

Sing. Fu i, j'ai été.
Fu isti, tu as été.
Fu it, il a été.
Plur. Fu imus, nous avons été.
Fu istis, vous avez été.
Fu erunt *ou* fu ère, ils ont été.

Autrement pour le français : *Je fus, tu fus, il fut; nous fûmes, vous fûtes, ils furent.*

Ou : *J'eus été, tu eus été, il eut été; nous eûmes été, vous eûtes été, ils eurent été.*

PLUS-QUE-PARFAIT.

Sing. Fu eram, j'avais été.
Fu eras, tu avais été.
Fu erat, il avait été.
Plur. Fu eramus, nous avions été.
Fu eratis, vous aviez été.
Fu erant, ils avaient été.

FUTUR.

Sing. Er o, je serai.
Er is, tu seras.

	Er it,	il sera.
Plur.	Er imus,	nous serons.
	Er itis,	vous serez.
	Er unt,	ils seront.

FUTUR PASSÉ.

Sing.	Fu ero,	j'aurai été.
	Fu eris,	tu auras été.
	Fu erit,	il aura été.
Plur.	Fu erimus,	nous aurons été.
	Fu eritis,	vous aurez été.
	Fu erint,	ils auront été.

Mode IMPÉRATIF.

Il n'a point de première personne au singulier.

Sing.	Es *ou* esto,	sois.
	Esto,	qu'il soit.
Plur.	Simus,	soyons.
	Este *ou* estote,	soyez.
	Sunto,	qu'ils soient.

Mode SUBJONCTIF.

PRÉSENT.

Sing.	Sim,	que je sois.
	Sis,	que tu sois.
	Sit,	qu'il soit.
Plur.	Simus,	que nous soyons.
	Sitis,	que vous soyez.
	Sint,	qu'ils soient.

IMPARFAIT.

Sing.	Ess em *ou* for em,	que je fusse.
	Ess es *ou* for es,	que tu fusses.
	Ess et *ou* for et,	qu'il fût.
Plur.	Ess emus,	que nous fussions.
	Ess etis,	que vous fussiez.
	Ess ent *ou* for ent,	qu'ils fussent.

Autrement pour le français : *Je serais, tu serais, il serait; nous serions, vous seriez, ils seraient.*

PARFAIT.

Sing.	Fu erim,	que j'aie été.
	Fu eris,	que tu aies été.
	Fu erit,	qu'il ait été.
Plur.	Fu erimus,	que nous ayons été.
	Fu eritis,	que vous ayez été.
	Fu erint,	qu'ils aient été.

PLUS-QUE-PARFAIT.

Sing. Fu issem,   que j'eusse été.
      Fu isses,   que tu eusses été.
      Fu isset,   qu'il eût été.
Plur. Fu issemus,   que nous eussions été.
      Fu issetis,   que vous eussiez été.
      Fu issent,   qu'ils eussent été.

Autrement pour le français : *J'aurais été, tu aurais été, il aurait été ; nous aurions été, vous auriez été, ils auraient été.*

Mode INFINITIF.

PRÉSENT.	Esse,	être.
PARFAIT.	Fu isse,	avoir été.
FUTUR.	Fore (indéclinable), Futurum, futuram (déclin.) esse,	devoir être.
FUTUR PASSÉ.	Futurum, futuram (déclin.)-fuisse,	avoir dû être.

PARTICIPE.

FUTUR.   Futur us, a, um, *devant être.*

---

§ 57. *Observations sur* SUM, *dont plusieurs s'appliquent à tous les verbes latins.*

1° Le verbe *sum* n'a ni participe présent ni participe passé ; il manque également de supin et de gérondif.

2° A l'impératif, *esse* n'a pas de première personne du singulier ; il en est de même pour tous les verbes latins.

La deuxième personne du singulier de ce mode a deux formes, dans *esse* et dans tous les autres verbes latins ; mais dans *esse*, *esto* est beaucoup plus usité que *es.*

La première personne du pluriel, *simus*, ressemble à celle du subjonctif présent. Il en est de même dans tous les verbes latins.

3° A l'imparfait du subjonctif, *forem, fores, foret, forent*, s'emploient surtout pour le conditionnel, *je serais, tu serais.*

4° Le participe *futurus* se décline sur *bonus* ; il en sera de même de tous les participes en *us.*

Futurus, et en général tous les participes en *rus,* ne

répondent au verbe français *devoir* que dans le sens de l'avenir, et non dans celui d'une obligation. Il en est de même de tous les infinitifs futurs dans la composition desquels entre un participe en *rus*.

5° Dans *futurum esse*, la partie variable peut se mettre à tous les genres de l'accusatif singulier et pluriel : *futurum, futuram, futurum esse; futuros, futuras, futura esse*. Elle peut se mettre aussi, dans certains cas, au nominatif : *futurus, futura, futurum esse; futuri, futuræ, futura esse*. C'est ce que signifie la mention *déclinable* qu'on y ajoute. Il en est de même de *futurum fuisse*, et en général de tous les infinitifs renfermant une partie déclinable.

6° Il y a dans les verbes latins, comme dans les noms, une partie invariable appelée *radical*, et une autre qui change et qu'on appelle *désinence* ou *terminaison*. Il en sera traité plus amplement à propos de la conjugaison des verbes actifs, parce que dans *esse*, verbe irrégulier, la distinction de ces deux parties n'est pas partout facile à saisir.

Conjuguez sur SUM les composés suivants :

Absum, abfui, abesse,	*être absent.*
Adsum, adfui, adesse,	*être présent.*
Desum, defui, deesse,	*manquer, faire défaut.*
Intersum, interfui, interesse,	*assister à...*
Obsum, obfui, obesse,	*nuire.*
Præsum, præfui, præesse,	*présider à...*
Supersum, superfui, superesse,	*rester, survivre.*
Insum, inesse,	*être dans...*
Subsum, subesse,	*être sous, être dessous.*

Inesse et *subesse* n'ont pas de parfait de l'indicatif; ils manquent également de tous les temps qui s'en tirent, c'est-à-dire du plus-que-parfait et du futur passé de l'indicatif, du parfait et du plus-que-parfait du subjonctif, et du parfait de l'infinitif.

RÈGLE GÉNÉRALE POUR TOUS LES VERBES.

Accord du verbe avec le sujet.

§ 58. Le sujet de tout verbe à un mode personnel se met au nominatif, et le verbe s'accorde en nombre et en personne avec ce sujet, exprimé ou sous-entendu.
EXEMPLES :

Je suis, *ego sum. Ego* est du singulier et de la première personne, *sum* est aussi de la première personne du singulier. (*Ego* est ordinairement sous-entendu.)

L'homme est, les hommes sont, *homo est, homines sunt.* (Le nom sujet est de la troisième personne.)

On tutoie toujours en latin. Ainsi, quand on dit en français, en parlant par respect à une seule personne, *vous êtes, vous étiez,* c'est le singulier *tu es, tu eras* (ou simplement *es, eras*), que l'on emploie en latin.

RÈGLE PARTICULIÈRE AU VERBE *SUM*.

Accord de l'attribut avec le sujet.

§ 59. Le nom ou l'adjectif qui vient après le verbe *sum* et qu'on appelle *attribut*, se met au même cas que le sujet; et si c'est un adjectif, il s'accorde avec le sujet en genre et en nombre. EXEMPLES :

Cicéron fut consul, *Cicero fuit consul.*

Dieu est saint, *Deus est sanctus;* la terre est ronde, *terra est rotunda;* le miel est doux, *mel est dulce;* les hommes sont mortels, *homines sunt mortales.*

REMARQUE. Le verbe *sum*, employé sans attribut, marque simplement l'existence, et répond au français *exister* ou à la locution *il y a*. Ainsi, *Deus est*, sans attribut, signifie *Dieu existe, il y a un Dieu, il existe* ou *il est un Dieu*. De même *fuêre homines qui*, il y a eu, il a existé des hommes qui, etc.

VERBES ATTRIBUTIFS.

§ 60. A l'exception du verbe *être*, dont la fonction essentielle est d'unir l'attribut au sujet, tous les autres verbes renferment en eux-mêmes l'idée de l'attribut. Ils ont à la fois la valeur du verbe *être* et celle d'un adjectif ou participe. Ainsi *j'aime, il joue*, sont la même chose que *je suis aimant, il est jouant*. On les appelle pour cette raison verbes *attributifs*.

Parmi les verbes attributifs, il en est qui peuvent exprimer l'action, soit comme faite par le sujet, soit comme éprouvée ou soufferte par le sujet. Ainsi, quand on dit *amo*, j'aime, c'est *moi* qui fais l'action d'*aimer*, au contraire, dans *amor*, je suis aimé, l'action d'*aimer* est faite par un autre et éprouvée par moi.

Les verbes qui peuvent remplir ce double rôle s'appellent, dans le premier cas, verbes *actifs*, et dans le second, verbes *passifs*.

Les autres verbes attributifs s'appellent verbes *neutres*.

VERBES ACTIFS.

§ 61. Il y a en latin quatre conjugaisons de verbes actifs, auxquelles répondent quatre conjugaisons de verbes passifs.

Les verbes actifs ont tous la première personne du singulier du présent de l'indicatif terminée en *o*.

La première conjugaison fait à l'infinitif *are*, et à la seconde personne du présent de l'indicatif *as*.

La deuxième conjugaison fait à l'infinitif *ere*, et à la seconde personne du présent de l'indicatif *es*.

La troisième conjugaison fait à l'infinitif *ere*, et à la seconde personne du présent de l'indicatif *is*.

La quatrième conjugaison fait à l'infinitif *ire*, et à la seconde personne du présent de l'indicatif *is*.

§ 62. VERBE ACTIF DE LA PREMIÈRE CONJUGAISON.

ARE, AS.

Mode INDICATIF.

PRÉSENT.

Sing. Am o,   j'aime.
      Am as,   tu aimes.
      Am at,   il aime.
Plur. Am amus,   nous aimons.
      Am atis,   vous aimez.
      Am ant,   ils aiment.

IMPARFAIT.

Sing. Am abam,   j'aimais.
      Am abas,   tu aimais.
      Am abat,   il aimait.
Plur. Am abamus,   nous aimions.
      Am abatis,   vous aimiez.
      Am abant,   ils aimaient.

PARFAIT.

Sing. Amav i,   j'ai aimé.
      Amav isti,   tu as aimé.
      Amav it,   il a aimé.
Plur. Amav imus,   nous avons aimé.
      Amav istis,   vous avez aimé.
      Amav erunt *ou* ére,   ils ont aimé.

Autrement pour le français : *J'aimai, tu aimas*, etc.
Ou : *J'eus aimé, tu eus aimé*, etc.

PLUS-QUE-PARFAIT.

Sing. Amav eram,   j'avais aimé.
      Amav eras,   tu avais aimé.
      Amav erat,   il avait aimé.
Plur. Amav eramus,   nous avions aimé.
      Amav eratis,   vous aviez aimé.
      Amav erant,   ils avaient aimé.

FUTUR.

Sing. Am abo,   j'aimerai.
      Am abis,   tu aimeras.
      Am abit,   il aimera.
Plur. Am abimus,   nous aimerons.
      Am abitis,   vous aimerez.
      Am abunt,   ils aimeront.

FUTUR PASSÉ

Sing. Amav ero,   *j'aurai aimé.*
      Amav eris,   *tu auras aimé.*
      Amav erit,   *il aura aimé.*
Plur. Amav erimus,   *nous aurons aimé.*
      Amav eritis,   *vous aurez aimé.*
      Amav erint,   *ils auront aimé.*

Mode IMPÉRATIF.

Point de première personne au singulier.

Sing. Am a *ou* ato,   *aime.*
      Am ato,   *qu'il aime.*
Plur. Am emus,   *aimons.*
      Am ate *ou* atote,   *aimez.*
      Am anto,   *qu'ils aiment.*

Mode SUBJONCTIF.

PRÉSENT.

Sing. Am em,   *que j'aime.*
      Am es,   *que tu aimes.*
      Am et,   *qu'il aime.*
Plur. Am emus,   *que nous aimions.*
      Am etis,   *que vous aimiez.*
      Am ent,   *qu'ils aiment.*

IMPARFAIT.

Sing. Am arem,   *que j'aimasse.*
      Am ares,   *que tu aimasses.*
      Am aret,   *qu'il aimât.*
Plur. Am aremus,   *que nous aimassions.*
      Am aretis,   *que vous aimassiez.*
      Am arent,   *qu'ils aimassent.*

Autrement pour le français : *J'aimerais, tu aimerais,* etc.

PARFAIT.

Sing. Amav erim,   *que j'aie aimé.*
      Amav eris,   *que tu aies aimé.*
      Amav erit,   *qu'il ait aimé.*
Plur. Amav erimus,   *que nous ayons aimé.*
      Amav eritis,   *que vous ayez aimé.*
      Amav erint,   *qu'ils aient aimé.*

PLUS-QUE-PARFAIT.

Sing. Amav issem,   *que j'eusse aimé.*
      Amav isses,   *que tu eusses aimé.*
      Amav isset,   *qu'il eût aimé.*
Plur. Amav issemus,   *que nous eussions aimé.*

Amav issetis, que vous eussiez aimé.
Amav issent, qu'ils eussent aimé.

Autrement pour le français : *J'aurais aimé, tu aurais aimé*, etc.

Mode INFINITIF.

PRÉSENT.	Am are,	*aimer.*
PARFAIT.	Amav isse,	*avoir aimé.*
FUTUR.	Amat urum, am esse (décl.),	*devoir aimer.*
FUTUR PASSÉ.	Amat urum, am fuisse (décl.),	*avoir dû aimer.*

PARTICIPES.

PRÉSENT.	Am ans, antis,	*aimant.*
FUTUR.	Amat urus, a, um,	*devant aimer.*

SUPIN.

Amat um, *à aimer.*

GÉRONDIFS.

Am andi, *d'aimer.*
Am ando, *en aimant.*
(ad) Am andum, *à aimer* ou *pour aimer.*

Ainsi se conjuguent :

Laud o, as, laudav i, laudat um, laud are, *louer.*
Verber o, as, verberav i, verberat um, verber are, *frapper.*
Vituper o, as, vituperav i, vituperat um, vituper are, *blâmer.*
Voc o, as, vocav i, vocat um, voc are, *appeler.*
Adjuv o, as, adjuv i, adjut um, adjuv are, *aider.*
Sec o, as, secu i, sect um, sec are, *couper.*

REMARQUES. 1° Dans tous les verbes actifs, les formes de l'impératif terminées en *to*, comme *amato, amanto*, sont fort peu usitées.

2° Le participe présent *am ans, antis*, se décline comme *prudens;* mais il a toujours l'ablatif singulier en *e, amante* (et non *amanti*). Il en est de même de tous les participes en *ans* et en *ens*.

3° Les verbes actifs n'ont pas de participe passé, comme *ayant aimé.*

§ 63. VERBE ACTIF DE LA DEUXIÈME CONJUGAISON.
ERE, ES.

Mode INDICATIF.

PRÉSENT.

Sing.	Mon eo,	*j'avertis.*
	Mon es,	*tu avertis.*
	Mon et,	*il avertit.*
Plur.	Mon emus,	*nous avertissons.*
	Mon etis,	*vous avertissez.*
	Mon ent,	*ils avertissent.*

IMPARFAIT.

Sing.	Mon ebam,	*j'avertissais.*
	Mon ebas,	*tu avertissais.*
	Mon ebat,	*il avertissait.*
Plur.	Mon ebamus,	*nous avertissions.*
	Mon ebatis,	*vous avertissiez.*
	Mon ebant,	*ils avertissaient.*

PARFAIT.

Sing.	Monu i,	*j'ai averti, j'avertis* ou *j'eus averti,* etc.
	Monu isti,	*tu as averti.*
	Monu it,	*il a averti.*
Plur.	Monu imus,	*nous avons averti.*
	Monu istis,	*vous avez averti.*
	Monu erunt *ou* ère,	*ils ont averti.*

PLUS-QUE-PARFAIT.

Sing.	Monu eram,	*j'avais averti.*
	Monu eras,	*tu avais averti.*
	Monu erat,	*il avait averti.*
Plur.	Monu eramus,	*nous avions averti.*
	Monu eratis,	*vous aviez averti.*
	Monu erant,	*ils avaient averti.*

FUTUR.

Sing.	Mon ebo,	*j'avertirai.*
	Mon ebis,	*tu avertiras.*
	Mon ebit,	*il avertira.*
Plur.	Mon ebimus,	*nous avertirons.*
	Mon ebitis,	*vous avertirez.*
	Mon ebunt,	*ils avertiront.*

FUTUR PASSÉ.

Sing.	Monu ero,	*j'aurai averti.*

	Monu eris,	tu auras averti.
	Monu erit,	il aura averti.
Plur.	Monu erimus,	nous aurons averti.
	Monu eritis,	vous aurez averti.
	Monu erint,	ils auront averti.

Mode IMPÉRATIF.

Sing.	Mon e ou eto,	avertis.
	Mon eto,	qu'il avertisse.
Plur.	Mon eamus,	avertissons.
	Mon ete ou etote,	avertissez.
	Mon ento,	qu'ils avertissent.

Mode SUBJONCTIF.

PRÉSENT.

Sing.	Mon eam,	que j'avertisse.
	Mon eas,	que tu avertisses.
	Mon eat,	qu'il avertisse.
Plur.	Mon eamus,	que nous avertissions.
	Mon eatis,	que vous avertissiez.
	Mon eant,	qu'ils avertissent.

IMPARFAIT.

Sing.	Mon erem,	que j'avertisse ou j'avertirais, etc.
	Mon eres,	que tu avertisses.
	Mon eret,	qu'il avertît.
Plur.	Mon eremus,	que nous avertissions.
	Mon eretis,	que vous avertissiez.
	Mon erent,	qu'ils avertissent.

PARFAIT.

Sing.	Monu erim,	que j'aie averti.
	Monu eris,	que tu aies averti.
	Monu erit,	qu'il ait averti.
Plur.	Monu erimus,	que nous ayons averti.
	Monu eritis,	que vous ayez averti.
	Monu erint,	qu'ils aient averti.

PLUS-QUE-PARFAIT.

Sing.	Monu issem,	que j'eusse ou j'aurais averti, etc.
	Monu isses,	que tu eusses averti.
	Monu isset,	qu'il eût averti.
Plur.	Monu issemus,	que nous eussions averti.
	Monu issetis,	que vous eussiez averti.
	Monu issent,	qu'ils eussent averti.

Mode INFINITIF.

PRÉSENT.	Mon ere,	*avertir.*
PARFAIT.	Monu isse,	*avoir averti.*
FUTUR.	Monit urum, am esse,	*devoir avertir.*
FUTUR PASSÉ.	Monit urum, am fuisse,	*avoir dû avertir.*

PARTICIPES.

PRÉSENT.	Mon ens, entis,	*avertissant.*
FUTUR.	Monit urus, a, um,	*devant avertir.*

SUPIN.

Monit um,   *à avertir.*

GÉRONDIFS.

Mon endi,   *d'avertir.*
Mon endo,   *en avertissant.*
(ad) Mon endum,   *à avertir* ou *pour avertir.*

Ainsi se conjuguent :

Deb eo, es, debu i, debit um, deb ere,   *devoir.*
Hab eo, es, habu i, habit um, hab ere,   *avoir.*
Impl eo, es, implev i, implet um, impl ere,   *emplir.*
Vid eo, es, vid i, vis um, vid ere,   *voir.*

---

§ 64. VERBE ACTIF DE LA TROISIÈME CONJUGAISON.

ERE, IS.

Mode INDICATIF.

PRÉSENT.

Sing. Leg o,   *je lis.*
Leg is,   *tu lis.*
Leg it,   *il lit.*
Plur. Leg imus,   *nous lisons.*
Leg itis,   *vous lisez.*
Leg unt,   *ils lisent.*

IMPARFAIT.

Sing. Leg ebam,   *je lisais.*
Leg ebas,   *tu lisais.*
Leg ebat,   *il lisait.*
Plur. Leg ebamus,   *nous lisions.*
Leg ebatis,   *vous lisiez.*
Leg ebant,   *ils lisaient.*

PARFAIT.

Sing. Leg i,   *j'ai lu, je lus ou j'eus lu,* etc.
       Leg isti,   *tu as lu.*
       Leg it,   *il a lu.*
Plur. Leg imus,   *nous avons lu.*
       Leg istis,   *vous avez lu.*
       Leg erunt *ou* ère,   *ils ont lu.*

PLUS QUE-PARFAIT.

Sing. Leg eram,   *j'avais lu.*
       Leg eras,   *tu avais lu.*
       Leg erat,   *il avait lu.*
Plur. Leg eramus,   *nous avions lu.*
       Leg eratis,   *vous aviez lu.*
       Leg erant,   *ils avaient lu.*

FUTUR.

Sing. Leg am,   *je lirai.*
       Leg es,   *tu liras.*
       Leg et,   *il lira.*
Plur. Leg emus,   *nous lirons.*
       Leg etis,   *vous lirez.*
       Leg ent,   *ils liront.*

FUTUR PASSÉ.

Sing. Leg ero,   *j'aurai lu.*
       Leg eris,   *tu auras lu.*
       Leg erit,   *il aura lu.*
Plur. Leg erimus,   *nous aurons lu.*
       Leg eritis,   *vous aurez lu.*
       Leg erint,   *ils auront lu.*

Mode IMPÉRATIF.

PRÉSENT.

Sing. Leg e *ou* ito,   *lis.*
       Leg ito,   *qu'il lise.*
Plur. Leg amus,   *lisons.*
       Leg ite *ou* itote,   *lisez.*
       Leg unto,   *qu'ils lisent.*

Mode SUBJONCTIF.

PRÉSENT.

Sing. Leg am,   *que je lise.*
       Leg as,   *que tu lises.*
       Leg at,   *qu'il lise.*
Plur. Leg amus,   *que nous lisions.*
       Leg atis,   *que vous lisiez.*
       Leg ant,   *qu'ils lisent.*

IMPARFAIT.

Sing. Leg erem, que je lusse ou je lirais, etc.
Leg eres, que tu lusses.
Leg eret, qu'il lût.
Plur. Leg eremus, que nous lussions.
Leg eretis, que vous lussiez.
Leg erent, qu'ils lussent.

PARFAIT.

Sing. Leg erim, que j'aie lu.
Leg eris, que tu aies lu.
Leg erit, qu'il ait lu.
Plur. Leg erimus, que nous ayons lu.
Leg eritis, que vous ayez lu.
Leg erint, qu'ils aient lu.

PLUS-QUE-PARFAIT.

Sing. Leg issem, que j'eusse ou j'aurais lu, etc.
Leg isses, que tu eusses lu.
Leg isset, qu'il eût lu.
Plur. Leg issemus, que nous eussions lu.
Leg issetis, que vous eussiez lu.
Leg issent, qu'ils eussent lu.

Mode INFINITIF.

PRÉSENT. Leg ere, lire.
PARFAIT. Leg isse, avoir lu.
FUTUR. Lect urum, am esse, devoir lire.
FUTUR PASSÉ. Lect urum, am fuisse, avoir dû lire.

PARTICIPES.

PRÉSENT. Leg ens, entis, lisant.
FUTUR. Lect urus, a, um, devant lire.

SUPIN.

Lect um, à lire.

GÉRONDIFS.

Leg endi, de lire.
Leg endo, en lisant.
(ad) Leg endum, à lire ou pour lire.

Ainsi se conjuguent :

Collig o, is, colleg i, collect um, collig ere, *rassembler*.
Dilig o, is, dilex i, dilect um, dilig ere, *chérir*.
Releg o, is, releg i, relect um, releg ere, *relire*.
Intellig o, is, intellex i, intellect um, intellig ere, *comprendre*.

§ 65. *Second verbe actif de la 3ᵉ conjugaison, en IC.*

Mode INDICATIF.

PRÉSENT.

Sing. Accip io, je reçois.
Accip is, tu reçois.
Accip it, il reçoit.
Plur. Accip imus, nous recevons.
Accip itis, vous recevez.
Accip iunt, ils reçoivent.

IMPARFAIT.

Sing. Accip iebam, je recevais.
Accip iebas, tu recevais, etc.

PARFAIT.

Accep i, *j'ai reçu...* (*le reste comme* leg i).

PLUS-QUE-PARFAIT.

Accep eram, *j'avais reçu...* (*comme* leg eram).

FUTUR.

Sing. Accip iam, je recevrai.
Accip ies, tu recevras, etc.

FUTUR PASSÉ.

Accep ero, *j'aurai reçu* (*comme* leg ero).

Mode IMPÉRATIF.

Sing. Accip e *ou* ito, reçois.
Accip ito, qu'il reçoive.
Plur. Accip iamus, recevons.
Accip ite *ou* itote, recevez.
Accip iunto, qu'ils reçoivent.

Mode SUBJONCTIF.

PRÉSENT.

Sing. Accip iam, que je reçoive.
Accip ias, que tu reçoives, etc.

IMPARFAIT.

Sing. Accip erem, *que je reçusse* ou *je recevrais* (*le reste comme* leg erem).

PARFAIT.

Accep erim, *que j'aie reçu...* (*comme* leg erim).

PLUS-QUE-PARFAIT.

Accep issem, *que j'eusse reçu...* (*comme* leg issem).

Mode INFINITIF.

PRÉSENT. Accip ere, recevoir.

PARFAIT.	Accep isse,	*avoir reçu.*
FUTUR.	Accept urum, am esse,	*devoir recevoir.*
FUTUR PASSÉ.	Accept urum, am fuisse,	*avoir dû recevoir.*

PARTICIPES.

PRÉSENT.	Accip iens, ientis,	*recevant.*
FUTUR.	Accept urus, a, um,	*devant recevoir.*

SUPIN.

Accept um,   *à recevoir.*

GÉRONDIFS.

Accip iendi,	*de recevoir.*
Accip iendo,	*en recevant.*
(ad) Accip iendum,	*à* ou *pour recevoir.*

Ainsi se conjuguent :

Adspic io, is, adspex i, adspect um, adspic ere,	*regarder.*
Cap io, is, cep i, capt um, cap ere,	*prendre.*
Rap io, is, rapu i, rapt um, rap ere,	*ravir.*
Recip io, is, recep i, recept um, recip ere,	*reprendre.*

REMARQUE. Ce verbe ne diffère de *lego* qu'en ce qu'il prend quelquefois un *i* entre le radical et la terminaison.

---

§ 66. VERBE ACTIF DE LA QUATRIÈME CONJUGAISON.

IRE, IS.

Mode INDICATIF.

PRÉSENT.

Sing.	Aud io,	*j'entends.*
	Aud is,	*tu entends.*
	Aud it,	*il entend.*
Plur.	Aud imus,	*nous entendons.*
	Aud itis,	*vous entendez.*
	Aud iunt,	*ils entendent.*

IMPARFAIT.

Sing.	Aud iebam,	*j'entendais.*
	Aud iebas,	*tu entendais.*
	Aud iebat,	*il entendait.*
Plur.	Aud iebamus,	*nous entendions.*
	Aud iebatis,	*vous entendiez.*
	Aud iebant,	*ils entendaient.*

PARFAIT.

Sing. Audiv i,   *j'entendis*,   *j'ai* ou *j'eus entendu*, etc.
     Audiv isti,   *tu as entendu.*
     Audiv it,   *il a entendu.*
Plur. Audiv imus,   *nous avons entendu.*
     Audiv istis,   *vous avez entendu.*
     Audiv erunt *ou* ere,   *ils ont entendu.*

PLUS-QUE-PARFAIT.

Sing. Audiv eram,   *j'avais entendu.*
     Audiv eras,   *tu avais entendu.*
     Audiv erat,   *il avait entendu.*
Plur. Audiv eramus,   *nous avions entendu.*
     Audiv eratis,   *vous aviez entendu.*
     Audiv erant,   *ils avaient entendu.*

FUTUR.

Sing. Aud iam,   *j'entendrai.*
     Aud ies,   *tu entendras.*
     Aud iet,   *il entendra.*
Plur. Aud iemus,   *nous entendrons.*
     Aud ietis,   *vous entendrez.*
     Aud ient,   *ils entendront.*

FUTUR PASSÉ.

Sing. Audiv ero,   *j'aurai entendu.*
     Audiv eris,   *tu auras entendu.*
     Audiv erit,   *il aura entendu.*
Plur. Audiv erimus,   *nous aurons entendu.*
     Audiv eritis,   *vous aurez entendu.*
     Audiv erint,   *ils auront entendu.*

Mode IMPÉRATIF.

Sing. Aud i *ou* ito,   *entends.*
     Aud ito,   *qu'il entende.*
Plur. Aud iamus,   *entendons.*
     Aud ite *ou* itote,   *entendez.*
     Aud iunto,   *qu'ils entendent.*

Mode SUBJONCTIF.

PRÉSENT.

Sing. Aud iam,   *que j'entende.*
     Aud ias,   *que tu entendes.*
     Aud iat,   *qu'il entende.*
Plur. Aud iamus,   *que nous entendions.*
     Aud iatis,   *que vous entendiez.*
     Aud iant,   *qu'ils entendent.*

IMPARFAIT.

Sing. Aud irem, *que j'entendisse* ou *j'entendrais,* etc.
Aud ires, *que tu entendisses.*
Aud iret, *qu'il entendît.*
Plur. Aud iremus, *que nous entendissions.*
Aud iretis, *que vous entendissiez.*
Aud irent, *qu'ils entendissent.*

PARFAIT.

Sing. Audiv erim, *que j'aie entendu.*
Audiv eris, *que tu aies entendu.*
Audiv erit, *qu'il ait entendu.*
Plur. Audiv erimus, *que nous ayons entendu.*
Audiv eritis, *que vous ayez entendu.*
Audiv erint, *qu'ils aient entendu.*

PLUS-QUE-PARFAIT.

Sing. Audiv issem, *que j'eusse* ou *j'aurais entendu,* etc.
Audiv isses, *que tu eusses entendu.*
Audiv isset, *qu'il eût entendu.*
Plur. Audiv issemus, *que nous eussions entendu.*
Audiv issetis, *que vous eussiez entendu.*
Audiv issent, *qu'ils eussent entendu.*

Mode INFINITIF.

PRÉSENT. Aud ire, *entendre.*
PARFAIT. Audiv isse, *avoir entendu.*
FUTUR. Audit urum, am esse, *devoir entendre.*
FUTUR PASSÉ. Audit urum, am fuisse, *avoir dû entendre.*

PARTICIPES.

PRÉSENT. Aud iens, ientis, *entendant.*
FUTUR. Audit urus, a, um, *devant entendre.*

SUPIN.

Audit um, *à entendre.*

GÉRONDIFS.

Aud iendi, *d'entendre.*
Aud iendo, *en entendant.*
(ad) Aud iendum, *à entendre* ou *pour entendre.*

Ainsi se conjuguent :

Aper io, is, aperu i, apert um, aper ire, *ouvrir.*
Inven io, is, inven i, invent um, inven ire, *trouver.*
Mun io, is, muniv i, munit um, mun ire, *fortifier.*
Nutr io, is, nutriv i, nutrit um, nutr ire, *nourrir.*
Pol io, is, poliv i, polit um, pol ire, *polir.*

TABLEAU GÉNÉRAL

DANS LEQUEL ON A MIS SOUS UN MÊME COUP D'ŒIL LES QUATRE CONJUGAISONS ACTIVES.

		1	2	3	4
INDICATIF.	Présent,	Am o, as,	mon eo, es,	leg o, is,	aud io, is,
	Imparfait,	Am abam, abas,	mon ebam, ebas,	leg ebam, ebas,	aud iebam, iebas,
	Parfait,	Amav i, isti,	monu i, isti,	leg i, isti,	audiv i, isti,
	Plus-que-parfait,	Amav eram, eras,	monu eram, eras,	leg eram, eras,	audiv eram, eras.
	Futur,	Am abo, abis,	mon ebo, ebis,	leg am, es,	aud iam, ies.
	Futur passé,	Amav ero, eris,	monu ero, eris,	leg ero, eris,	audiv ero, eris.
IMPÉRATIF.		Am a, ato,	mon e, eto,	leg e, ito,	aud i, ito.
SUBJONCTIF.	Présent,	Am em, es,	mon eam, eas,	leg am, as,	aud iam, ias,
	Imparfait,	Am arem, ares,	mon erem, eres,	leg erem, eres,	audirem, ires,
	Parfait,	Amav erim, eris,	monu erim, eris,	leg erim, eris,	audiv erim, eris.
	Plus-que-parfait,	Amav issem, isses,	monu issem, isses,	leg issem, isses,	audivissem, isses.
INFINITIF.	Présent,	Am are,	mon ere,	leg ere,	aud ire.
	Parfait,	Amav isse,	monu isse,	leg isse,	audiv isse.
	Futur,	Amat urum esse, fuisse,	monit urum esse, fuisse,	lect urum esse, fuisse,	audit urum esse, fuisse.
PARTICIPES.	Présent,	Am ans, antis,	mon ens, entis,	leg ens, entis,	aud iens, ientis.
	Futur passé,	Amat urus, a, um,	monit urus, a, um,	lect urus, a, um,	audit urus, a, um.
SUPIN.		Amat um, u,	monit um, u,	lect um, u,	audit um, u.
GÉRONDIF.		Am andi, o, um,	mon endi, o, um,	leg endi, o, um,	aud iendi, o, um.

§ 67. FORMATION DES TEMPS DE L'ACTIF.

On appelle formes *primitives* celles d'où les autres se tirent. Les formes primitives sont : le présent et le parfait de l'indicatif, le présent de l'infinitif et le supin.

L'INDICATIF PRÉSENT forme :

1° L'imparfait de l'indicatif, en changeant *o* en *abam* dans la première conjugaison : *am o, am abam;* en *bam* dans la deuxième : *mon eo, mon ebam;* en *ebam* dans les deux autres : *leg o, leg ebam; aud io, aud iebam.*

2° Le futur de l'indicatif, en changeant *o* en *abo* pour la première conjugaison : *am o, am abo;* en *bo* pour la deuxième : *mon eo, mon ebo;* en *am* pour la troisième et la quatrième : *leg o, leg am; aud io, aud iam*

3° Le présent du subjonctif, en changeant *o* en *em* pour la première conjugaison : *am o, am em;* en *am* pour les trois autres : *mon eo, mon eam; leg o, leg am; aud io, aud iam.*

4° Le participe présent, en changeant *o* en *ans* dans la première conjugaison : *am o, am ans; eo* en *ens* dans la deuxième : *mon eo, mon ens;* o en *ens* dans les deux autres : *leg o, leg ens; aud io, aud iens.*

5° Le gérondif, en changeant *o* en *andi* dans la première conjugaison : *am o, am andi; eo* en *endi* dans la deuxième : *mon eo, mon endi;* o en *endi* dans les deux autres : *leg o, leg endi ; aud io, aud iendi.*

Le PARFAIT DE L'INDICATIF forme :

1° Le plus-que-parfait de l'indicatif, en changeant *i* en *eram : amav i, amav eram; monu i, monu eram; leg i, leg eram; audiv i, audiv eram.*

2° Le futur passé de l'indicatif, en changeant *i* en *ero : amav i, amav ero; monu i, monu ero; leg i, leg ero; audiv i, audiv ero.*

3° Le parfait du subjonctif, en changeant *i* en *erim : amav i, amav erim; monu i, monu erim; leg i, leg erim; audiv i, audiv erim.*

4° Le plus-que-parfait du subjonctif, en changeant *i*

en *issem* : *amav i, amav issem ; monu i, monu issem ; leg i, leg issem ; audiv i, audiv issem.*

5° Le parfait de l'infinitif, en changeant *i* en *isse* : *amav i, amav isse ; monu i, monu isse ; leg i, leg isse ; audiv i, audiv isse.*

Le PRÉSENT DE L'INFINITIF forme :

1° L'impératif, en retranchant la dernière syllabe *re* : *am are, am a; mon ere, mon e; leg ere, leg e; aud ire, audi.*

Quatre verbes très-usités, *dico, duco, facio, fero,* font à l'impératif, par exception, *dic, duc, fac, fer.*

2° L'imparfait du subjonctif, en ajoutant *m* : *am are, am arem ; mon ere, mon erem ; leg ere, leg erem ; aud ire, aud irem.*

Le SUPIN forme :

1° Le participe futur, en changeant *um* en *urus, a, um* : *amat um, amat urus ; monit um, monit urus ; lect um, lect urus ; audit um, audit urus.*

2° Le futur et le futur passé de l'infinitif, en changeant *um* en *urum,* et en ajoutant *esse, fuisse* : *amat um, amat urum esse, fuisse ; monit um, monit urum esse, fuisse ; lect um, lect urum esse, fuisse ; audit um, audit urum esse, fuisse.*

§ 68. *Remarques sur la formation des temps.*

1° Le radical du verbe est ce qui reste quand on retranche de l'infinitif présent la désinence *are, ere, ire.* Ainsi le radical de *amare* est *am ;* celui de *monere* est *mon.* Le radical subit souvent une altération au parfait et au supin, dont la véritable désinence est *i* et *um.* Ainsi pour les temps qui se tirent de *amavi* et *monui,* le radical sera *amav, monu ;* pour ceux qui se tirent de *amatum* et *monitum,* il sera *amat, monit.*

2° Quelques verbes manquent du parfait de l'indicatif ou du supin, ou même de ces deux formes. Ainsi *posco, poscis, poposci, poscere,* demander, n'a pas de supin ; *ferio, feris, ferire,* frapper, n'a ni parfait ni supin.

Dans ces verbes, les formes qui se tirent du parfait et du supin manquent également.

3° Les verbes dont le parfait est en *avi* ou *ivi* subissent quelquefois une *syncope*, c'est-à-dire que l'on retranche quelques lettres, au parfait et aux temps qui en sont formés.

On supprime ainsi la syllabe *vi* ou *ve*, dans les verbes de la première conjugaison, et l'on dit : *Amâsti, amâstis, amârunt*, pour *amavisti, amavistis, amaverunt* (mais *amavére* ne s'abrége pas) ; *amâram, amâro, amârim, amâssem, amâsse*, pour *amaveram, amavero, amaverim, amavissem, amavisse*.

Dans les verbes de la quatrième conjugaison, le *v* se peut retrancher partout : *Audii, audiisti*, pour *audivi, audivisti ; audieram, audiero, audierim, audiissem*, pour *audiveram, audivero, audiverim, audivissem ; audiisse* pour *audivisse*.

§ 69. RÈGLES DES VERBES ACTIFS.

I. Les verbes actifs prennent leur complément direct à l'accusatif. EXEMPLES :

J'aime Dieu, *amo Deum ;* vous instruisez les enfants, *doces pueros*.

II. Le complément indirect précédé de la préposition *à* se met en général au datif. EXEMPLES :

Je donne un habit au pauvre, *do vestem pauperi*.

III. Le complément indirect précédé de la préposition *de* peut se mettre en latin à différents cas ; mais il se met principalement à l'ablatif. EXEMPLE :

Emplir un tonneau de vin, *implere dolium vino*.

IV. En latin comme en français, beaucoup de verbes prennent un infinitif pour complément. EXEMPLES :

Tu sais lire, *scis legere ;* je ne sais pas écrire, *nescio scribere*.

Cet infinitif est quelquefois précédé en français d'une des prépositions *à* ou *de* : Il aime à jouer, *amat ludere ;* il souhaite de vivre, *optat vivere*.

VERBES PASSIFS.

§ 70. PREMIÈRE CONJUGAISON PASSIVE. *AMARI.*

Mode INDICATIF.

PRÉSENT.

S. Am or, je suis aimé.
Am aris *ou* are, tu es aimé.
Am atur, il est aimé.
P. Am amur, nous sommes aimés.
Am amini, vous êtes aimés.
Am antur, ils sont aimés.

IMPARFAIT.

S. Am abar, j'étais aimé.
Am abaris *ou* abare, tu étais aimé.
Am abatur, il était aimé.
P. Am abamur, nous étions aimés.
Am abamini, vous étiez aimés.
Am abantur, ils étaient aimés.

PARFAIT (*la première partie se décline*[1]).

S. Amat us sum *ou* fui, j'ai été aimé.
Amat us es *ou* fuisti, tu as été aimé.
Amat us est *ou* fuit, il a été aimé.
P. Amat i sumus *ou* fuimus, nous avons été aimés.
Amat i estis *ou* fuistis, vous avez été aimés.
Amat i sunt *ou* fuerunt, ils ont été aimés.

Autrement pour le français : *Je fus aimé, tu fus aimé,* etc.
Ou : *J'eus été aimé, tu eus été aimé,* etc.

PLUS-QUE-PARFAIT (*la première partie se décline*).

S. Amat us eram *ou* fueram, j'avais été aimé.
Amat us eras *ou* fueras, tu avais été aimé.
Amat us erat *ou* fuerat, il avait été aimé.
P Amat i eramus *ou* fueramus, nous avions été aimés.
Amat i eratis *ou* fueratis, vous aviez été aimés.
Amat i erant *ou* fuerant, ils avaient été aimés.

FUTUR.

S Am abor, je serai aimé.
Am aberis *ou* abere, tu seras aimé.

---

[1] C'est-à-dire qu'elle se met au masculin, au féminin ou au neutre, *amatus, amata, amatum; amati, amatæ, amata,* suivant le genre du sujet.

Am abitur, il sera aimé.
P. Am abimur, nous serons aimés.
Am abimini, vous serez aimés.
Am abuntur, ils seront aimés.

FUTUR PASSÉ (*la première partie se décline*).

S. Amat us ero *ou* fuero, j'aurai été aimé.
Amat us eris *ou* fueris, tu auras été aimé.
Amat us erit *ou* fuerit, il aura été aimé.
P. Amat i erimus *ou* fuerimus, nous aurons été aimés.
Amat i eritis *ou* fueritis, vous aurez été aimés.
Amat i erunt *ou* fuerint, ils auront été aimés.

Mode IMPÉRATIF.

S. Am are *ou* ator, sois aimé.
Am ator, qu'il soit aimé.
P. Am emur, soyons aimés.
Am amini, soyez aimés.
Am antor, qu'ils soient aimés.

Mode SUBJONCTIF.

PRÉSENT.

S. Am er, que je sois aimé.
Am eris *ou* ere, que tu sois aimé.
Am etur, qu'il soit aimé.
P. Am emur, que nous soyons aimés.
Am emini, que vous soyez aimés.
Am entur, qu'ils soient aimés.

IMPARFAIT.

S. Am arer, que je fusse aimé.
Am areris *ou* arere, que tu fusses aimé.
Am aretur, qu'il fût aimé.
P. Am aremur, que nous fussions aimés.
Am aremini, que vous fussiez aimés.
Am arentur, qu'ils fussent aimés.

Autrement pour le français : *Je serais aimé, tu serais aimé, il serait aimé*, etc.

PARFAIT (*la première partie se décline*).

S. Amat us sim *ou* fuerim, que j'aie été aimé.
Amat us sis *ou* fueris, que tu aies été aimé.
Amat us sit *ou* fuerit, qu'il ait été aimé.
P. Amat i simus *ou* fuerimus, que nous ayons été aimés.
Amat i sitis *ou* fueritis, que vous ayez été aimés.
Amat i sint *ou* fuerint, qu'ils aient été aimés.

PLUS-QUE-PARFAIT (*la première partie se décline*).

S. Amat us essem *ou* fuissem), que j'eusse
Amat us esses *ou* fuisses, que tu eusses
Amat us esset *ou* fuisset, qu'il eût
P. Amat i essemus *ou* fuissemus, que nous eussions
Amat i essetis *ou* fuissetis, que vous eussiez
Amat i essent *ou* fuissent, qu'ils eussent

été aimé, aimés.

Autrement pour le français : *J'aurais été aimé, tu aurais été aimé, il aurait été aimé,* etc.

Mode INFINITIF.

PRÉSENT.	Am ari,	*etre aimé.*
PARFAIT.	Amat um, am esse *ou* fuisse,	*avoir été aimé.*
FUTUR.	Amat um iri (indécl.), Am andum, am esse,	*devoir être aimé.*
FUTUR PASSÉ.	Am andum, am fuisse,	*avoir dû être aimé.*

PARTICIPES.

PASSÉ. Amat us, a, um, *aimé, ayant été aimé.*
FUTUR. Am andus, a, um, *devant être aimé.*

SUPIN.

Amat u, *à être aimé.*

Ainsi se conjuguent :

Laud or, aris, laudatus sum, laud ari, *être loué.*
Verber or, aris, verberatus sum, verber ari, *être frappé.*
Vituper or, aris, vituperatus sum, vituper ari, *être blâmé.*
Voc or, aris, vocatus sum, voc ari, *être appelé.*
Adjuv or, aris, adjutus sum, adjuv ari, *être aidé.*
Sec or, aris, sectus sum, sec ari, *être coupé.*

REMARQUES. 1° Les verbes passifs n'ont ni participe présent ni gérondif.

2° A l'impératif, les formes terminées en *tor, amator, amantor*, sont peu usitées. La deuxième personne du pluriel, *amamini*, ressemble toujours à celle de l'indicatif présent.

---

§ 71. DEUXIÈME CONJUGAISON PASSIVE. *MONERI.*

Mode INDICATIF.

PRÉSENT.

S. Mon eor, *je suis averti.*
Mon eris *ou* ere, *tu es averti.*

DE LA GRAMMAIRE LATINE.

Mon etur,	il est averti.
P. Mon emur,	nous sommes avertis.
Mon emini,	vous êtes avertis.
Mon entur,	ils sont avertis.

IMPARFAIT.

S. Mon ebar,	j'étais averti.
Mon ebaris *ou* ebare,	tu étais averti.
Mon ebatur,	il était averti.
P. Mon ebamur,	nous étions avertis.
Mon ebamini,	vous étiez avertis.
Mon ebantur,	ils étaient avertis.

PARFAIT (*la première partie se décline*).

S. Monit us sum *ou* fui,	j'ai été averti[1].
Monit us es *ou* fuisti,	tu as été averti.
Monit us est *ou* fuit,	il a été averti.
P. Monit i sumus *ou* fuimus,	nous avons été avertis
Monit i estis *ou* fuistis,	vous avez été avertis.
Monit i sunt *ou* fuerunt,	ils ont été avertis.

PLUS-QUE-PARFAIT (*la première partie se décline*).

S. Monit us eram *ou* fueram,	j'avais été averti.
Monit us eras *ou* fueras,	tu avais été averti.
Monit us erat *ou* fuerat,	il avait été averti.
P. Monit i eramus *ou* fueramus,	nous avions été avertis.
Monit i eratis *ou* fueratis,	vous aviez été avertis.
Monit i erant *ou* fuerant,	ils avaient été avertis.

FUTUR.

S. Mon ebor,	je serai averti.
Mon eberis *ou* ebere,	tu seras averti.
Mon ebitur,	il sera averti.
P. Mon ebimur,	nous serons avertis.
Mon ebimini,	vous serez avertis.
Mon ebuntur,	ils seront avertis.

FUTUR PASSÉ (*la première partie se décline*).

S. Monit us ero *ou* fuero,	j'aurai été averti.
Monit us eris *ou* fueris,	tu auras été averti.
Monit us erit *ou* fuerit,	il aura été averti.
P. Monit i erimus *ou* fuerimus,	nous aurons été avertis.
Monit i eritis *ou* fueritis,	vous aurez été avertis.
Monit i erunt *ou* fuerint,	ils auront été avertis.

---

[1] Dorénavant nous n'indiquerons plus que la première manière de rendre le parfait de l'indicatif. Mais on devra dire les deux autres, *je fus averti* ou *j'eus été averti*, etc., en conjuguant.

Mode IMPÉRATIF.

S. Mon ere *ou* etor,   *sois averti.*
   Mon etor,   *qu'il soit averti.*
P. Mon eamur,   *soyons avertis.*
   Mon emini,   *soyez avertis.*
   Mon entor,   *qu'ils soient avertis.*

Mode SUBJONCTIF.

PRÉSENT.

S. Mon ear,   *que je sois averti.*
   Mon earis *ou* eare,   *que tu sois averti.*
   Mon eatur,   *qu'il soit averti.*
P. Mon eamur,   *que nous soyons avertis.*
   Mon eamini,   *que vous soyez avertis.*
   Mon eantur,   *qu'ils soient avertis.*

IMPARFAIT.

S. Mon erer,   *que je fusse ou je serais averti,* etc.
   Mon ereris *ou* erere,   *que tu fusses averti.*
   Mon eretur,   *qu'il fût averti.*
P. Mon eremur,   *que nous fussions avertis.*
   Mon eremini,   *que vous fussiez avertis.*
   Mon erentur,   *qu'ils fussent avertis.*

PARFAIT (*la première partie se décline*).

S. Monit us sim *ou* fuerim,   *que j'aie été averti.*
   Monit us sis *ou* fueris,   *que tu aies été averti.*
   Monit us sit *ou* fuerit,   *qu'il ait été averti.*
P. Monit i simus *ou* fuerimus, *que nous ayons été avertis.*
   Monit i sitis *ou* fueritis,   *que vous ayez été avertis.*
   Monit i sint *ou* fuerint,   *qu'ils aient été avertis.*

PLUS-QUE-PARFAIT (*la première partie se décline*).

S. Monit us essem *ou* fuissem, *que j'eusse ou j'aurais été*
   Monit us esses *ou* fuisses, *que tu eusses été*
   Monit us esset *ou* fuisset, *qu'il eût été*
P. Monit i essemus *ou* fuissemus,*que nous eussions été*
   Monit i essetis *ou* fuissetis, *que vous eussiez été*
   Monit i essent *ou* fuissent, *qu'ils eussent été*

averti, avertis.

Mode INFINITIF.

PRÉSENT.   Mon eri,   *être averti.*
PARFAIT.   Monit um, am esse *ou* fuisse, *avoir été averti.*
FUTUR.   Monit um iri,   { *devoir être*
           Mon endum, am esse,   { *averti.*
FUT. PAS. Mon endum, am fuisse, *avoir dû être averti.*

PARTICIPES.

PASSÉ.	Monit us, a, um,	*averti, ayant été averti.*
FUTUR.	Mon endus, a, um,	*devant être averti.*

SUPIN.

Monit u,   *à être averti.*

Ainsi se conjuguent :

Adhib eor, eris, adhibitus sum, adhib eri,   *être employé.*
Deb eor, eris, debitus sum, deb eri,   *être dû.*
Impl eor, eris, impletus sum, impl eri,   *être rempli.*
Vid eor, eris, visus sum, vid eri,   *être vu.*

---

§ 72. TROISIÈME CONJUGAISON PASSIVE. *LEGI.*

Mode INDICATIF.

PRÉSENT.

S. Leg or,   *je suis lu.*
 Leg eris *ou* ere,   *tu es lu.*
 Leg itur,   *il est lu.*
P. Leg imur,   *nous sommes lus.*
 Leg imini,   *vous êtes lus.*
 Leg untur,   *ils sont lus.*

IMPARFAIT.

S. Leg ebar,   *j'étais lu.*
 Leg ebaris *ou* ebare,   *tu étais lu.*
 Leg ebatur,   *il était lu.*
P. Leg ebamur,   *nous étions lus.*
 Leg ebamini,   *vous étiez lus.*
 Leg ebantur,   *ils étaient lus.*

PARFAIT (*la première partie se décline*).

S. Lect us sum *ou* fui,   *j'ai été lu.*
 Lect us es *ou* fuisti,   *tu as été lu.*
 Lect us est *ou* fuit,   *il a été lu.*
P. Lect i sumus *ou* fuimus,   *nous avons été lus.*
 Lect i estis *ou* fuistis,   *vous avez été lus.*
 Lect i sunt *ou* fuerunt,   *ils ont été lus.*

PLUS-QUE-PARFAIT (*la première partie se décline*).

S. Lect us eram *ou* fueram,   *j'avais été lu.*
 Lect us eras *ou* fueras,   *tu avais été lu.*
 Lect us erat *ou* fuerat,   *il avait été lu.*

P. Lect i eramus *ou* fueramus, *nous avions été lus.*
    Lect i eratis *ou* fueratis, *vous aviez été lus.*
    Lect i erant *ou* fuerant, *ils avaient été lus.*

FUTUR.

S. Leg ar, *je serai lu.*
    Leg eris *ou* ere, *tu seras lu.*
    Leg etur, *il sera lu.*
P. Leg emur, *nous serons lus.*
    Leg emini, *vous serez lus.*
    Leg entur, *ils seront lus.*

FUTUR PASSÉ (*la première partie se décline*).

S. Lect us ero *ou* fuero, *j'aurai été lu.*
    Lect us eris *ou* fueris, *tu auras été lu.*
    Lect us erit *ou* fuerit, *il aura été lu.*
P. Lect i erimus *ou* fuerimus, *nous aurons été lus.*
    Lect i eritis *ou* fueritis, *vous aurez été lus.*
    Lect i erunt *ou* fuerint, *ils auront été lus.*

Mode IMPÉRATIF.

S. Leg ere *ou* itor, *sois lu.*
    Leg itor, *qu'il soit lu.*
P. Leg amur, *soyons lus.*
    Leg imini, *soyez lus.*
    Leg untor, *qu'ils soient lus.*

Mode SUBJONCTIF.

PRÉSENT.

S. Leg ar, *que je sois lu.*
    Leg aris *ou* are, *que tu sois lu.*
    Leg atur, *qu'il soit lu.*
P. Leg amur, *que nous soyons lus.*
    Leg amini, *que vous soyez lus.*
    Leg antur, *qu'ils soient lus.*

IMPARFAIT.

S. Leg erer, *que je fusse* ou *je serais lu,*
    Leg ereris *ou* erere, *que tu fusses lu.*   [etc.
    Leg eretur, *qu'il fût lu.*
P. Leg eremur, *que nous fussions lus.*
    Leg eremini, *que vous fussiez lus.*
    Leg erentur, *qu'ils fussent lus.*

PARFAIT (*la première partie se décline*).

S. Lect us sim *ou* fuerim, *que j'aie été lu.*
    Lect us sis *ou* fueris, *que tu aies été lu.*
    Lect us sit *ou* fuerit, *qu'il ait été lu.*

P. Lect i simus *ou* fuerimus, que nous ayons été lus.
　　Lect i sitis *ou* fueritis, que vous ayez été lus.
　　Lect i sint *ou* fuerint, qu'ils aient été lus.

PLUS-QUE-PARFAIT (*la première partie se décline*).

S. Lect us essem *ou* fuissem, que j'eusse *ou* j'aurais
　　Lect us esses *ou* fuisses, que tu eusses
　　Lect us esset *ou* fuisset, qu'il eût
P. Lect i essemus *ou* fuissemus, que nous eussions
　　Lect i essetis *ou* fuissetis, que vous eussiez
　　Lect i essent *ou* fuissent, qu'ils eussent

Mode INFINITIF.

PRÉSENT.　Leg i, être lu.
PARFAIT.　Lect um, am esse *ou* fuisse, avoir été lu.
FUTUR.　　Lect um iri,
　　　　　Leg endum, am esse, } devoir être lu.
FUT. PAS.　Leg endum, am fuisse, avoir dû être lu.

PARTICIPES.

PASSÉ.　Lect us, a, um, lu, ayant été lu.
FUTUR.　Leg endus, a, um, devant être lu.

SUPIN.

　　Lect u, à être lu.

Ainsi se conjuguent :

Collig or, eris, collectus sum, collig i, *être rassemblé.*
Dilig or, eris, dilectus sum, dilig i, *être chéri.*
Intellig or, eris, intellectus sum, intellig i, *être compris.*
Releg or, eris, relectus sum, releg i, *être relu.*

§ 73. *Autre verbe de la troisième conjugaison passive.*

ACCIPI.

Nous ne donnerons, à chaque temps, que les personnes nécessaires pour montrer comment il se conjugue ; mais on devra le réciter à toutes les personnes.

Mode INDICATIF.

PRÉSENT.

S. Accip ior, je suis reçu.
　　Accip eris *ou* ere, tu es reçu.
　　Accip itur, il est reçu.
P. Accip imur, nous sommes reçus.

Accip imini, vous êtes reçus.
Accip iuntur, ils sont reçus.

IMPARFAIT.

S. Accip iebar, j'étais reçu.
Accip iebaris *ou* iebare, tu étais reçu, etc.

PARFAIT (*la première partie se décline*).

S. Accept us sum *ou* fui, j'ai été reçu, etc.

PLUS-QUE-PARFAIT (*la première partie se décline*).

S. Accept us eram *ou* fueram, j'avais été reçu, etc.

FUTUR.

S. Accip iar, je serai reçu,
Accip ieris *ou* iere, tu seras reçu, etc.

FUTUR PASSÉ (*la première partie se décline*).

S. Accept us ero *ou* fuero, j'aurai été reçu, etc.

Mode IMPÉRATIF.

S. Accip ere *ou* itor, sois reçu.
Accip itor, qu'il soit reçu.
P. Accip iamur, soyons reçus.
Accip imini, soyez reçus.
Accip iuntor, qu'ils soient reçus.

Mode SUBJONCTIF.

PRÉSENT.

S. Accip iar, que je sois reçu.
Accip iaris *ou* iare, que tu sois reçu, etc.

IMPARFAIT.

S. Accip erer, que je fusse *ou* je serais reçu.
Accip ereris *ou* erere, que tu fusses reçu, etc.

PARFAIT (*la première partie se décline*).

S. Accept us sim *ou* fuerim, que j'aie été reçu, etc.

PLUS-QUE-PARFAIT (*la première partie se décline*).

S. Accept us essem *ou* fuissem, que j'eusse été *ou* j'aurais été reçu, etc.

Mode INFINITIF.

PRÉSENT. Accip i, être reçu.
PARFAIT. Accept um, am esse *ou* fuisse, avoir été reçu.
FUTUR. Accept um iri,
Accip iendum, am esse, } devoir être reçu.
FUT. PAS. Accip iendum, am fuisse, avoir dû être reçu.

PARTICIPES.

PASSÉ.	Accept us, a, um,	*reçu, ayant été reçu.*
FUTUR.	Accip iendus, a, um,	*devant être reçu.*

SUPIN.

Accept u, *à être reçu.*

Ainsi se conjuguent :

Adspic ior, eris, adspectus sum, adspic i,	*être regardé.*
Cap ior, eris, captus sum, cap i,	*être pris.*
Rap ior, eris, raptus sum, rap i,	*être ravi.*
Recip ior, eris, receptus sum, recip i,	*être repris.*

§ 74. QUATRIÈME CONJUGAISON PASSIVE. *AUDIRI*.

Mode INDICATIF.

PRÉSENT.

S.	Aud ior,	*je suis entendu.*
	Aud iris *ou* ire,	*tu es entendu.*
	Aud itur,	*il est entendu.*
P.	Aud imur,	*nous sommes entendus.*
	Aud imini,	*vous êtes entendus.*
	Aud iuntur,	*ils sont entendus.*

IMPARFAIT.

S.	Aud iebar,	*j'étais entendu.*
	Aud iebaris *ou* iebare,	*tu étais entendu.*
	Aud iebatur,	*il était entendu.*
P.	Aud iebamur,	*nous étions entendus.*
	Aud iebamini,	*vous étiez entendus.*
	Aud iebantur,	*ils étaient entendus.*

PARFAIT (*la première partie se décline*).

S.	Audit us sum *ou* fui,	*j'ai été entendu.*
	Audit us es *ou* fuisti,	*tu as été entendu.*
	Audit us est *ou* fuit,	*il a été entendu.*
P.	Audit i sumus *ou* fuimus,	*nous avons été entendus.*
	Audit i estis *ou* fuistis,	*vous avez été entendus.*
	Audit i sunt *ou* fuerunt,	*ils ont été entendus.*

PLUS-QUE-PARFAIT (*la première partie se décline*).

S.	Audit us eram *ou* fueram,	*j'avais été entendu.*
	Audit us eras *ou* fueras,	*tu avais été entendu.*
	Audit us erat *ou* fuerat,	*il avait été entendu.*
P.	Audit i eramus *ou* fueramus,	*nous avions été entendus.*
	Audit i eratis *ou* fueratis,	*vous aviez été entendus.*
	Audit i erant *ou* fuerant,	*ils avaient été entendus.*

FUTUR.

S. Aud iar,   je serai entendu.
    Aud ieris *ou* iere,   tu seras entendu.
    Aud ietur,   il sera entendu.
P. Aud iemur,   nous serons entendus.
    Aud iemini,   vous serez entendus.
    Aud ientur,   ils seront entendus.

FUTUR PASSÉ (*la première partie se décline*).

S. Audit us ero *ou* fuero,   j'aurai été entendu.
    Audit us eris *ou* fueris,   tu auras été entendu.
    Audit us erit *ou* fuerit,   il aura été entendu.
P. Audit i erimus *ou* fuerimus, nous aurons été entendus.
    Audit i eritis *ou* fueritis,   vous aurez été entendus.
    Audit i erunt *ou* fuerint,   ils auront été entendus.

Mode IMPÉRATIF.

S. Aud ire *ou* itor,   sois entendu.
    Aud itor,   qu'il soit entendu.
P. Aud iamur.   soyons entendus.
    Aud imini,   soyez entendus.
    Aud iuntor,   qu'ils soient entendus.

Mode SUBJONCTIF.

PRÉSENT.

S. Aud iar,   que je sois entendu.
    Aud iaris *ou* iare,   que tu sois entendu.
    Aud iatur,   qu'il soit entendu.
P. Aud iamur,   que nous soyons entendus.
    Aud iamini,   que vous soyez entendus.
    Aud iantur,   qu'ils soient entendus.

IMPARFAIT.

S. Aud irer,   que je fusse *ou* je serais
    Aud ireris *ou* irere,   que tu fusses
    Aud iretur,   qu'il fût   *entendu, us.*
P. Aud iremur,   que nous fussions
    Aud iremini,   que vous fussiez
    Aud irentur,   qu'ils fussent

PARFAIT (*la première partie se décline*).

S. Audit us sim *ou* fuerim,   que j'aie été
    Audit us sis *ou* fueris,   que tu aies été
    Audit us sit *ou* fuerit,   qu'il ait été   *entendu, us.*
P. Audit i simus *ou* fuerimus, que nous ayons été
    Audit i sitis *ou* fueritis,   que vous ayez été
    Audit i sint *ou* fuerint,   qu'ils aient été

PLUS-QUE-PARFAIT (*la première partie se décline*).

S. Audit us essem *ou* fuissem,   *que j'eusse ou j'aurais*
   Audit us esses *ou* fuisses,   *que tu eusses*
   Audit us esset *ou* fuisset,   *qu'il eût*
P. Audit i essemus *ou* fuissemus, *que nous eussions*
   Audit i essetis *ou* fuissetis, *que vous eussiez*
   Audit i essent *ou* fuissent,   *qu'ils eussent*

été entendu, us
été entendus, us

Mode INFINITIF.

PRÉSENT. Aud iri, *être entendu.*
PARFAIT. Audit um, am esse *ou* fuisse, *avoir été entendu.*
FUTUR.   Audit um iri,
         Aud iendum, am esse, } *devoir être entendu.*
FUT. PAS. Aud iendum, am fuisse, *avoir dû être entendu.*

PARTICIPES.

PASSÉ. Audit us, a, um,   *entendu, ayant été entendu.*
FUTUR. Aud iendus, a, um, *devant être entendu.*

SUPIN.

Audit u,   *à être entendu*

Ainsi se conjuguent :

Aper ior, iris, apertus sum, aper iri,   *être ouvert.*
Inven ior, iris, inventus sum, inven iri, *être trouvé.*
Mun ior, iris, munitus sum, mun iri,   *être fortifié.*
Nutr ior, iris, nutritus sum, nutr iri, *être nourri.*
Pol ior, iris, politus sum, pol iri,   *être poli.*

TABLEAU GÉNÉRAL

DANS LEQUEL ON A MIS SOUS UN MÊME COUP D'ŒIL LES QUATRE CONJUGAISONS PASSIVES

INDICATIF.	1	2	3	4
Présent.	Am or, aris,	mon eor, eris,	leg or, eris,	aud ior, iris.
Imparfait.	Am abar, abaris,	mon ebar, ebaris,	leg ebar, ebaris,	aud iebar, iebaris.
Parfait.	Amat us sum *ou* fui,	monit us sum,	lect us sum,	audit us sum.
Plus-que-parfait.	Amat us eram *ou* fueram,	monit us eram,	lect us eram,	audit us eram.
Futur.	Am abor, aberis,	mon ebor, eberis,	leg ar, eris,	aud iar, ieris.
Futur passé.	Amat us ero *ou* fuero,	monit us ero,	lect us ero,	audit us ero.
IMPÉRATIF.	Am are, ator,	mon ere, etor,	leg ere, itor,	aud ire, itor.
SUBJONCTIF.				
Présent.	Am er, eris,	mon ear, earis,	leg ar, aris,	aud iar, iaris.
Imparfait.	Am arer, areris,	mon erer, ereris,	leg erer, ereris,	aud irer, ireris.
Parfait.	Amat us sim *ou* fuerim,	monit us sim,	lect us sim,	audit us sim.
Plus-que-parfait.	Amat us essem *ou* fuissem,	monit us essem,	lect us essem,	audit us essem.
INFINITIF. *Présent.*	Am ari,	mon eri,	leg i,	aud iri.
Parfait.	Amat um esse *ou* fuisse,	monit um esse,	lect um esse,	audit um esse.
Futur.	Amat um iri,	monit um iri,	lect um iri,	audit um iri.
Futur passé.	Am andum fuisse,	mon endum fuisse,	leg endum fuisse,	aud iendum fuisse.
PARTICIPES. *Passé.*	Amat us, a, um,	monit us, a, um,	lect us, a, um,	audit us, a, um.
Futur.	Am andus, a, um,	mon endus, a, um,	leg endus, a, um,	aud iendus, a, um.
SUPIN.	Amat u,	monit u,	lect u,	audit u.

§ 75. FORMATION DES TEMPS DU PASSIF.

Parmi les temps du passif, les uns sont *simples*, c'est-à-dire formés d'un seul mot ; les autres sont *composés*, c'est-à-dire formés par la réunion de deux mots.

Les temps simples du passif sont : le présent, l'imparfait et le futur de l'indicatif ; l'impératif ; le subjonctif présent et imparfait ; l'infinitif présent, le participe passé et futur ; le supin est également formé d'un seul mot. Tous les autres temps sont composés.

I. Les temps simples de l'indicatif et du subjonctif se forment des mêmes temps de l'actif en ajoutant *r* à ceux qui sont terminés en *o* : *amo, amor ; amabo, amabor ;* et en changeant *m* en *r* à ceux qui sont terminés en *m* : *amabam, amabar ; amem, amer ; amarem, amarer.*

L'impératif ressemble à l'infinitif actif : *amare, monere, legere, audire.*

L'infinitif présent se forme de celui de l'actif en changeant *re* en *ri* pour la première, la deuxième et la quatrième conjugaison : *am are, am ari ; mon ere, mon eri ; aud ire, aud iri ;* et en changeant *ere* en *i* pour la troisième : *leg ere, leg i ; accip ere, accip i.*

Le participe passé se forme du supin actif, en changeant *um* en *us, amat um, amat us.*

Le participe futur se forme du gérondif en changeant *di* en *dus, da, dum : am andi, am andus.*

Le supin du passif se forme de celui de l'actif en retranchant *m : amat um, amat u.*

II. Les temps composés se forment, à l'indicatif et au subjonctif, à l'aide du participe passé, auquel on ajoute un temps du verbe *sum*, qui joue alors le rôle de verbe auxiliaire.

On se sert alors du présent ou du parfait de *esse* pour former le parfait passif : *amat us sum* ou *fui, amat us sim* ou *fuerim ;* on se sert de l'imparfait ou du plus-que-parfait de *sum* pour former le plus-que-parfait : *amatus eram* ou *fueram*, *amatus essem* ou *fuissem*. Pour le futur passé de l'indicatif, on prend le futur ou le futur passé de *sum* : *amatus ero* ou *fuero*.

L'infinitif parfait passif se forme du participe passé, auquel on ajoute *esse* ou *fuisse* : *amatum esse* ou *fuisse*.

L'infinitif futur passif a deux formes : l'une se compose du supin actif, auquel on ajoute *iri* : *amatum iri* (*amatum* est invariable); l'autre est composée du participe futur passif avec *esse* : *amandum esse*.

L'infinitif futur passé se forme du participe futur, avec *fuisse* : *amandum fuisse*.

Dans *amatum esse* ou *fuisse*, *amandum esse* et *amandum fuisse*, le participe se décline comme il a été dit pour *futurum esse*.

§ 76. *Remarques sur la signification du passif.*

1° Dans les verbes passifs, le présent a quelquefois en français le sens d'un passé. Ainsi cette phrase : Le *livre est lu*, peut signifier qu'on le lit en ce moment, ou qu'on a fini de le lire qu'il est entièrement lu. Dans le premier cas, on met en latin le présent, *liber legitur*; dans le deuxième, on emploie le parfait, *liber lectus est*.

De même, l'imparfait a quelquefois le sens d'un plus-que-parfait : La ville était prise, c'est-à-dire : elle avait été prise, *capta erat*.

2° Le participe futur passif en *dus, da, dum*, ne marque pas seulement un temps à venir, mais encore une obligation. Ainsi *amandus*, devant être aimé, ne signifie pas *qui sera aimé*, mais *qu'on doit aimer, qu'il faut aimer*.

Il en résulte que les deux formes de l'infinitif futur, *amatum iri* et *amandum esse*, ne sont pas synonymes. La première marque seulement que l'action se fera ; la deuxième, que c'est un devoir, une obligation de la faire. L'infinitif futur passé, *amandum fuisse*, implique toujours l'idée d'une obligation.

3° Les verbes passifs ont quelquefois une signification réfléchie. Ainsi *falli*, passif de *fallere*, tromper, signifiera tantôt *être trompé*, tantôt *se tromper*; de même *delectari*, être réjoui *ou* se réjouir, etc.

§ 77. RÈGLES DES VERBES PASSIFS.

I. *De* ou *par*, après un verbe passif, s'exprime en latin par la préposition *a* ou *ab*, en mettant le nom suivant à l'ablatif, quand c'est un nom d'être animé. Ex. :

Je suis aimé de Dieu, *amor a Deo*; il sera instruit par le maître, *docebitur a magistro*.

II. Si c'est un nom de chose, il se met également à l'ablatif; mais *de* ou *par* ne s'exprime pas. EXEMPLES :

Je suis accablé de chagrin, *mœrore conficior*; il a été frappé par la foudre, *ictus est fulmine*.

VERBES NEUTRES.

§ 78. Les verbes *neutres* sont ceux qui ne peuvent prendre de complément direct et n'ont point de passif, comme *dormire*, dormir; *nocere*, nuire; *placere*, plaire.

La plupart des verbes neutres se conjuguent comme les verbes actifs. Il y en a de chacune des quatre conjugaisons. EXEMPLES :

Nat o, as, natavi, natatum, nat are, *nager* (sur *amo*).
Rid eo, es, risi, risum, rid ere, *rire* (sur *moneo*).
Cad o, is, cecidi, casum, cad ere, *tomber* (sur *lego*).
Sap io, is, sapui, (sans supin), sap ere, *être sage* (sur *accipio*).
Serv io, is, servivi, servitum, serv ire, *être esclave* (sur *audio*).

REMARQUES. 1° Un grand nombre de verbes neutres se conjuguent en français avec l'auxiliaire *être* au lieu de l'auxiliaire *avoir*, comme : *Je suis venu, il est tombé, nous sommes restés, ils sont arrivés*. On ne doit pas prendre ces formes pour des passifs. On traduira donc en latin par le parfait du verbe neutre : *Veni, cecidit, mansimus, advenerunt*.

2° Beaucoup de verbes français conjugués avec deux pronoms se rendent en latin par un verbe neutre, comme : Se tromper, *errare ;* s'asseoir, *sedere ;* s'avancer, *incedere ;* s'approcher, *propinquare.*

3° En latin, comme en français, quelques verbes actifs deviennent neutres, quand on les emploie seuls et sans complément-direct. EXEMPLES :

Chanter des vers, *canere carmina* (actif) ; les oiseaux chantent, *aves canunt* (neutre).

Nous fuyons le péché, *fugimus peccatum* (actif) ; les ennemis ont fui, *hostes fugerunt* (neutre).

§ 79. RÈGLES DES VERBES NEUTRES.

I. Les verbes neutres qui prennent en français un complément indirect précédé de la préposition *à*, le veulent généralement au datif en latin. EXEMPLES :

Il nuit aux autres, *nocet aliis ;* il sourit à tout le monde, *arridet omnibus ;* cela me plaît, *id mihi placet.*

REMARQUE. Beaucoup de verbes, actifs en français, et suivis d'un complément direct, veulent le datif en latin : J'étudie la grammaire, *studeo grammaticæ ;* vous favorisez la noblesse, *faves nobilitati.*

II. Le complément indirect des verbes neutres, précédé de la préposition *de*, se met le plus souvent à l'ablatif. EXEMPLE :

Je manque de pain, *careo pane.*

III. Quelques verbes neutres peuvent prendre pour complément un autre verbe à l'infinitif. EXEMPLES :

Il s'applique à faire des progrès, *studet proficere ;* il cessa de craindre, *timere desiit.*

VERBES DÉPONENTS.

§ 80. Il y a en latin des verbes qui se conjuguent comme les verbes passifs, et qui cependant ont la signification active, comme *imitor*, j'imite. On les appelle verbes *déponents*.

Bien qu'ils se conjuguent en général comme les verbes passifs, les verbes déponents ont en même temps quelques formes de l'actif, telles que les participes présents en *ans* ou *ens*, les participes futurs en *rus*, les supins en *um*, et enfin les gérondifs en *di*, *do* et *dum*.

Il résulte de là qu'ils ont les trois temps du participe : *imitans*, imitant ; *imitatus*, ayant imité ; *imitaturus*, devant imiter. Ils ont en même temps le participe futur en *dus*, mais avec le sens du passif : *imitandus*, devant être imité.

Ils ont également deux supins, l'un en *um* avec sens actif, l'autre en *u* avec sens passif : *imitatum*, à imiter ; *imitatu*, à être imité.

Quelques verbes déponents ont le sens de verbes neutres ; ils seront par conséquent, sauf quelques rares exceptions, privés du participe futur passif en *dus* et du supin passif en *u*. Nous les indiquerons par l'initiale (*n.*).

Il y a des verbes déponents sur chacune des quatre conjugaisons passives.

Il suffira de donner la première ou les deux premières personnes de chaque temps ; mais on devra, en récitant, dire toutes les personnes.

---

§ 81. *Verbe déponent de la première conjugaison*, sur *AMOR*.

Mode INDICATIF.

PRÉSENT.

Imit or,	*j'imite*.
Imit aris ou are,	*tu imites*, etc.

IMPARFAIT.

Imit abar,	*j'imitais*, etc.

PARFAIT.

Imitat us sum *ou* fui,	*j'ai imité*, etc.

PLUS-QUE-PARFAIT.

Imitat us eram *ou* fueram,   j'avais imité, etc.

FUTUR.

Imit abor,   j'imiterai, etc.

FUTUR PASSÉ.

Imitat us ero *ou* fuero,   j'aurai imité, etc.

Mode IMPÉRATIF.

Imit are *ou* ator,   imite.
Imit ator,   qu'il imite, etc.

Mode SUBJONCTIF.

PRÉSENT.

Imit er,   que j'imite.
Imit eris *ou* ere,   que tu imites, etc.

IMPARFAIT.

Imit arer,   que j'imitasse *ou* j'imiterais.
Imit areris *ou* arere,   que tu imitasses *ou* tu imiterais, etc.

PARFAIT.

Imitat us sim *ou* fuerim,   que j'aie imité, etc.

PLUS-QUE-PARFAIT.

Imitat us essem *ou* fuissem,   que j'eusse *ou* j'aurais imité, etc.

Mode INFINITIF.

PRÉSENT.	Imit ari,	imiter.
PARFAIT.	Imitat um, am esse *ou* fuisse,	avoir imité.
FUTUR.	Imitat urum, am esse,	devoir imiter.
FUTUR PASSÉ.	Imitat urum, am fuisse,	avoir dû imiter.

PARTICIPES.

PRÉSENT.	Imit ans, antis,	imitant.
PASSÉ.	Imitat us, a, um,	ayant imité.
FUTUR (actif).	Imitat urus, a, um,	devant imiter.
(passif).	Imit andus, a, um,	devant être imité.

SUPINS.

Imitat um,   à imiter.
Imitat u,   à être imité.

GÉRONDIFS.

Imit andi,   d'imiter.

Imit ando, *en imitant.*
(ad) Imit andum, *à imiter* ou *pour imiter.*

Ainsi se conjuguent :

Hort or, aris, hortatus sum, hort ari, *exhorter.*
Mir or, aris, miratus sum, mir ari, *admirer.*
Prec or, aris, precatus sum, prec ari, *prier.*
Vener or, aris, veneratus sum, vener ari, *respecter.*

§ 82. *Verbe déponent de la deuxième conjugaison*, sur *MONEOR.*

Mode INDICATIF.

PRÉSENT.	Pollic eor,	*je promets.*
	Pollic eris ou ere,	*tu promets*, etc.
IMPARFAIT.	Pollic ebar,	*je promettais*, etc.
PARFAIT.	Pollicit us sum ou fui,	*j'ai promis*, etc.
PL.-Q.-PARF.	Pollicit us eram ou fueram,	*j'avais promis*, etc.
FUTUR.	Pollic ebor,	*je promettrai*, etc.
FUT. PASSÉ.	Pollicit us ero ou fuero,	*j'aurai promis*, etc.

Mode IMPÉRATIF.

Pollic ere ou etor, *promets.*
Pollic etor, *qu'il promette*, etc.

Mode SUBJONCTIF.

PRÉSENT.	Pollic ear,	*que je promette.*
	Pollic earis ou eare,	*que tu promettes*, etc.
IMPARFAIT.	Pollic erer,	*que je promisse* ou *je*
	Pollic ereris ou erere,	[*promettrais*, etc.
PARFAIT.	Pollicit us sim ou fuerim,	*que j'aie promis*, etc.
PL.-Q.-PARF.	Pollicit us essem ou fuissem,	*que j'eusse promis* ou *j'aurais promis*, etc.

Mode INFINITIF.

PRÉSENT.	Pollic eri,	*promettre.*
PARFAIT.	Pollicit um, am esse ou fuisse,	*avoir promis.*
FUTUR.	Pollicit urum, am esse,	*devoir promettre.*
FUT. PASSÉ.	Pollicit urum, am fuisse,	*avoir dû promettre.*

PARTICIPES.

PRÉSENT.	Pollic ens, entis,	*promettant.*
PASSÉ.	Pollicit us, a, um,	*ayant promis.*
FUT. (actif).	Pollicit urus, a, um	*devant promettre.*
(passif).	Pollic endus, a, um,	*devant être promis.*

SUPINS.

Pollicit um,   *à promettre.*
Pollicit u,   *à être promis.*

GÉRONDIFS.

Pollic endi,   *de promettre.*
Pollic endo,   *en promettant.*
(ad) Pollic endum,   *à ou pour promettre.*

Ainsi se conjuguent :

Confit eor, eris, confessus sum, confit eri,   *avouer.*
Ver eor, eris, veritus sum, ver eri,   *respecter.*
Miser eor, eris, misertus sum, miser eri (*n.*), *avoir pitié.*

Ce dernier, étant neutre, n'a ni participe futur en *dus*, ni supin en *u*.

---

§ 83. *Verbe déponent de la troisième conjugaison*, sur *LEGOR*.

Mode INDICATIF.

PRÉSENT.	Ut or (*n.*),	*je me sers.*
	Ut eris *ou* ere,	*tu te sers*, etc.
IMPARFAIT.	Ut ebar,	*je me servais*, etc.
PARFAIT.	Us us sum *ou* fui,	*je me suis servi*, etc.
PL.-Q.-PARF.	Us us eram *ou* fueram,	*je m'étais servi*, etc.
FUTUR.	Ut ar,	*je me servirai.*
	Ut eris *ou* ere,	*tu te serviras*, etc.
FUT. PASSÉ.	Us us ero *ou* fuero,	*je me serai servi*, etc.

Mode IMPÉRATIF.

Ut ere *ou* itor,   *sers-toi.*
Ut itor,   *qu'il se serve*, etc.

Mode SUBJONCTIF.

PRÉSENT.	Ut ar,	*que je me serve.*
	Ut aris *ou* are,	*que tu te serves*, etc.
IMPARFAIT.	Ut erer,	*que je me servisse* (1).
	Ut ereris *ou* erere,	*que tu te servisses*, etc.
PARFAIT.	Us us sim *ou* fuerim,	*que je me sois servi.*
PL.-Q.-PARF.	Us us essem *ou* fuissem,	*que je me fusse servi.*

---

(1) En récitant, on devra toujours indiquer la seconde manière de rendre l'imparfait et le plus-que-parfait du subjonctif, par le conditionnel présent et le conditionnel passé.

Mode INFINITIF.

PRÉSENT.	Ut i,	se servir.
PARFAIT.	Us um, am esse *ou* fuisse,	s'être servi.
FUTUR.	Us urum, am esse,	devoir se servir.
FUT. PASSÉ.	Us urum, am fuisse,	avoir dû se servir.

PARTICIPES.

PRÉSENT.	Ut ens, entis,	se servant.
PASSÉ.	Us us, a, um,	s'étant servi.
FUT. (actif).	Us urus, a, um,	devant se servir.
(passif).	Ut endus, a, um,	devant être employé, dont on doit se servir.

SUPINS.

Us um,	à se servir.
Us u,	à être employé.

GÉRONDIFS.

	Ut endi,	de se servir.
	Ut endo,	en se servant.
(ad)	Ut endum,	à *ou* pour se servir.

Ainsi se conjuguent :

Fung or, eris, functus sum, fung i (*n.*),   *s'acquitter de.*
Loqu or, eris, locutus sum, loqu i (*n.*),   *parler.*
Sequ or, eris, secutus sum, sequ i,   *suivre.*
Ulcisc or, eris, ultus sum, ulcisc i,   *venger.*

Remarquez que *utor*, quoique neutre, a néanmoins le participe futur en *dus* et le supin en *u*, avec sens passif.

Fungor et *loquor* ont également le participe en *dus* : *fungendus*, dont on doit s'acquitter ; *loquendus*, dont on doit parler ; mais ils n'ont pas de supin en *u*.

---

§ 84. *Autre verbe déponent de la troisième conjugaison, sur ACCIPIOR.*

Mode INDICATIF.

PRÉSENT.

Sing.	Pat ior,	je souffre.
	Pat eris *ou* ere,	tu souffres.
	Pat itur,	il souffre.
Plur.	Pat imur,	nous souffrons.
	Pat imini,	vous souffrez.
	Pat iuntur,	ils souffrent.
IMPARFAIT.	Pat iebar,	je souffrais, etc.
PARFAIT.	Pass us sum *ou* fui,	j'ai souffert, etc.

PL.-Q.-PARF.	Pass us eram *ou* fueram,	j'avais souffert, etc.
FUTUR.	Pat iar,	je souffrirai.
	Pat ieris *ou* iere,	tu souffriras, etc.
FUT. PASSÉ.	Pass us ero *ou* fuero,	j'aurai souffert, etc.

Mode IMPÉRATIF.

Sing.	Pat ere *ou* itor,	souffre.
	Pat itor,	qu'il souffre.
Plur.	Pat iamur,	souffrons.
	Pat imini,	souffrez.
	Pat iuntor,	qu'ils souffrent.

Mode SUBJONCTIF.

PRÉSENT.	Pat iar,	que je souffre.
	Pat iaris *ou* iare,	que tu souffres, etc.
IMPARFAIT.	Pat erer,	que je souffrisse.
	Pat ereris *ou* erere,	que tu souffrisses, etc.
PARFAIT.	Pass us sim *ou* fuerim,	que j'aie souffert, etc.
PL.-Q.-PARF.	Pass us essem *ou* fuissem,	que j'eusse souffert.

Mode INFINITIF.

PRÉSENT.	Pat i,	souffrir.
PARFAIT.	Pass um, am esse *ou* fuisse,	avoir souffert.
FUTUR.	Pass urum, am esse,	devoir souffrir.
FUTUR PASSÉ.	Pass urum, am fuisse,	avoir dû souffrir.

PARTICIPES.

PRÉSENT.	Pat iens, ientis,	souffrant.
PASSÉ.	Pass us, a, um,	ayant souffert.
FUT. (actif).	Pass urus, a, um,	devant souffrir.
(passif).	Pat iendus, a, um,	devant être souffert.

SUPINS.

	Pass um,	à souffrir.
	Pass u,	à être souffert.

GÉRONDIFS.

	Pat iendi,	de souffrir.
	Pat iendo,	en souffrant.
(ad)	Pat iendum,	à *ou* pour souffrir.

Ainsi se conjuguent :

Aggred ior, eris, aggressus sum, aggred i, *attaquer.*
Ingred ior, eris, ingressus sum, ingred i, *entrer.*
Mor ior, eris, mortuus sum, mor i (*n.*), *mourir.*
Ce dernier n'a pas de supins ni de participe en *dus*; il

forme irrégulièrement son autre participe futur, *moriturus*, d'où se tirent les infinitifs futur et futur passé, *moriturum esse*, *moriturum fuisse*.

§ 85. Verbe déponent de la quatrième conjugaison, sur *AUDIOR*.

Mode INDICATIF.

PRÉSENT.	Bland ior (n.),	*je flatte.*
	Bland iris *ou* ire,	*tu flattes*, etc.
IMPARFAIT.	Bland iebar,	*je flattais*, etc.
PARFAIT.	Blandit us sum *ou* fui,	*j'ai flatté*, etc.
PL.-Q.-PARF.	Blandit us eram *ou* fueram,	*j'avais flatté*, etc.
FUTUR.	Bland iar,	*je flatterai.*
	Bland ieris *ou* iere,	*tu flatteras*, etc.
FUTUR PASSÉ.	Blandit us ero *ou* fuero,	*j'aurai flatté*, etc.

Mode IMPÉRATIF.

Bland ire *ou* itor,	*flatte.*
Bland itor,	*qu'il flatte*, etc.

Mode SUBJONCTIF.

PRÉSENT.	Bland iar,	*que je flatte.*
	Bland iaris *ou* iare,	*que tu flattes*, etc.
IMPARFAIT.	Bland irer,	*que je flattasse.*
	Bland ireris *ou* irere,	*que tu flattasses*, etc.
PARFAIT.	Blandit us sim *ou* fuerim,	*que j'aie flatté*, etc.
PL.-Q.-PARF.	Blandit us essem *ou* fuissem,	*que j'eusse flatté ou j'aurais flatté*, etc.

Mode INFINITIF.

PRÉSENT.	Bland iri,	*flatter.*
PARFAIT.	Blandit um, am esse, fuisse,	*avoir flatté.*
FUTUR.	Blandit urum, am esse,	*devoir flatter.*
FUTUR PASSÉ.	Blandit urum, am fuisse,	*avoir dû flatter.*

PARTICIPES.

PRÉSENT.	Bland iens, ientis,	*flattant.*
PASSÉ.	Blandit us, a, um,	*ayant flatté.*
FUTUR (actif).	Blandit urus, a, um,	*devant flatter.*

SUPIN.

Blandit um,	*à flatter.*

GÉRONDIFS.

Bland iendi,	*de flatter,*

   Bland iendo,   *en flattant.*
 (ad) Bland iendum,   *à* ou *pour flatter.*

    Ainsi se conjuguent :

Experior, iris, expertus sum, exper iri, *éprouver.*
Ment ior, iris, mentitus sum, ment iri (*n.*), *mentir.*
Met ior, iris, mensus sum, met iri,   *mesurer.*
Part ior, iris, partitus sum, part iri,   *partager.*

 Remarquez que *blandior* et *mentior*, étant neutres, n'ont ni supin en *u*, ni participe en *dus*; mais *experior*, *metior* et *partior* ont ce participe.

§ 86. RÈGLES DES VERBES DÉPONENTS.

 I. Les verbes déponents à sens actif prennent leur complément direct à l'accusatif, et leur complément indirect au datif. EXEMPLES :

J'imite mon père, *imitor patrem meum;* vous avez promis une récompense à l'élève, *pollicitus es discipulo mercedem.*

 II. Les verbes déponents à signification neutre ne reçoivent que des compléments indirects.

 Les uns le veulent au génitif : Ayez pitié de nous, *miserere nostri* (et non *nostrûm*).

 D'autres le veulent au datif : Il caresse la nourrice, *blanditur nutrici;* je félicite le vainqueur, *gratulor victori.*

 Quelques-uns le prennent à l'ablatif : Je fais usage de lait, *utor lacte;* je me nourris de pain, *vescor pane.*

VERBES IRRÉGULIERS.

 § 87. Les verbes irréguliers sont ceux qui, en tout ou en partie, s'écartent des conjugaisons que nous avons étudiées jusqu'ici.

VERBES SEMI-DÉPONENTS.

Ce sont des verbes qui se conjuguent comme les verbes déponents au parfait de l'indicatif et aux temps qui en sont formés, et comme les verbes actifs aux autres temps.

GAUDEO, je me réjouis.

Mode INDICATIF.

PRÉSENT.	Gaud eo (*n.*),	*je me réjouis.*
	Gaud es,	*tu te réjouis,* etc.
IMPARFAIT.	Gaud ebam,	*je me réjouissais,* etc.
PARFAIT.	Gavis us sum *ou* fui,	*je me suis réjoui,* etc.
PL.-Q.-PARF.	Gavis us eram *ou* fueram,	*je m'étais réjoui,* etc.
FUTUR.	Gaud ebo,	*je me réjouirai,* etc.
FUTUR PASSÉ.	Gavis us ero *ou* fuero,	*je me serai réjoui,* etc.

Mode IMPÉRATIF.

Gaud e *ou* eto,   *réjouis-toi,* etc.

Mode SUBJONCTIF.

PRÉSENT.	Gaud eam,	*que je me réjouisse,* etc.
IMPARFAIT.	Gaud erem,	*que je me réjouisse,* etc.
PARFAIT.	Gavis us sim *ou* fuerim,	*que je me sois rejoui,* etc.
PL.-Q.-PARF.	Gavis us essem *ou* fuissem,	*que je me fusse réjoui,* etc.

Mode INFINITIF.

PRÉSENT.	Gaud ere,	*se réjouir.*
PARFAIT.	Gavis um esse *ou* fuisse,	*s'être réjoui.*
FUTUR.	Gavis urum esse,	*devoir se réjouir.*
FUTUR PASSÉ.	Gavis urum fuisse,	*avoir dû se réjouir.*

PARTICIPES

PRÉSENT.	Gaud ens, entis,	*se réjouissant.*
PASSÉ.	Gavis us, a, um,	*s'étant réjoui.*
FUTUR.	Gavis urus, a, um,	*devant se réjouir.*

SUPIN.

Gavis um,   *à se réjouir.*

GERONDIFS.

Gaud endi,	*de se réjouir.*
Gaud endo,	*en se réjouissant.*
(ad) Gaud endum,	*à ou pour se réjouir.*

Ainsi se conjuguent :

Aud eo, es, ausus sum, aud ere, *oser.*
Sol eo, es, solitus sum, sol ere (*n.*), *avoir coutume.*
Fid o, is, fisus sum, fid ere (*n.*), *se fier.*
Confid o, is, confisus sum, confid ere (*n.*), *se confier.*
Diffid o, is, diffisus sum, diffid ere (*n.*), *se défier.*

§ 88. *FERO*, JE PORTE.

Nous mettons en regard l'actif et le passif de ce verbe, qui présentent des irrégularités analogues.

Mode INDICATIF.

PRÉSENT.

Sing. Fero, *je porte.*   Feror, *je suis porté.*
Fers.   Ferris *ou* ferre.
Fert.   Fertur.
Plur. Ferimus.   Ferimur.
Fertis.   Ferimini.
Ferunt.   Feruntur.

IMPARFAIT.

Fer ebam, *etc.*   Fer ebar, *etc.*

PARFAIT.

Tul i, isti, it, *etc.*   Lat us sum *ou* fui, *etc.*

PLUS-QUE-PARFAIT.

Tul eram, *etc.*   Lat us eram *ou* fueram, *etc.*

FUTUR.

Fer am, fer es, *etc.*   Ferar, fer eris *ou* ere, *etc.*

FUTUR PASSÉ.

Tul ero, *etc.*   Lat us ero *ou* fuero, *etc.*

Mode IMPÉRATIF.

Sing. Fer *ou* ferto.   Ferre *ou* fertor.
Ferto.   Fertor.
Plur. Feramus.   Feramur.
Ferte *ou* fertote.   Ferimini.
Ferunto.   Feruntor.

Mode SUBJONCTIF.

PRÉSENT.

Fer am, fer as, *etc.*   Ferar, fer aris *ou* are, *etc.*

IMPARFAIT.

Ferr em, ferr es, *etc.* Ferr er, ferr eris, *etc.*

PARFAIT.

Tul erim, *etc.* Lat us sim *ou* fuerim, *etc.*

PLUS-QUE-PARFAIT.

Tul issem, *etc.* Lat us essem *ou* fuissem, *etc.*

Mode INFINITIF.

PRÉSENT.   Ferre.   Ferri.
PARFAIT.   Tul isse.   Lat um esse *ou* fuisse.
FUTUR.   Lat urum esse. Latum iri, fer endum esse.
FUTUR PASSÉ. Lat urum fuisse. Fer endum fuisse.

PARTICIPES.

PRÉSENT.   Ferens, entis.
PASSÉ.   . . . . . . Lat us, a, um.
FUTUR.   Lat urus, a, um. Fer endus, a, um.

SUPIN.

Lat um.   Lat u.

GÉRONDIFS.

Fer endi, endo, endum.   . . . . . .

Ainsi se conjuguent :

Aufero, aufers, abstuli, ablatum, auferre, *emporter.*
Differo, differs, distuli, dilatum, differre, *différer.*
Offero, offers, obtuli, oblatum, offerre, *offrir.*
Præfero, præfers, prætuli, prælatum, præferre, *préférer.*

---

§ 89. *EDO*, JE MANGE.

INDICATIF.

PRÉSENT.

Sing. Edo,   je mange.
         Edis *ou* es,   tu manges.
         Edit *ou* est,   il mange.
Plur. Edimus,   nous mangeons.
         Editis *ou* estis, vous mangez.
         Edunt,   ils mangent.

IMPÉRATIF.

S. Ede *ou* edito, es *ou* esto,   mange.

	Edito *ou* esto,	*qu'il mange.*
P.	Edamus,	*mangeons.*
	Edite *ou* editote, este *ou* estote,	*mangez.*
	Edunto,	*qu'ils mangent.*

SUBJONCTIF.

IMPARFAIT.

S.	Ederem *ou* essem,	*que je mangeasse.*
	Ederes *ou* esses,	*que tu mangeasses.*
	Ederet *ou* esset,	*qu'il mangeât.*
P.	Ederemus *ou* essemus,	*que nous mangeassions.*
	Ederetis *ou* essetis,	*que vous mangeassiez.*
	Ederent *ou* essent,	*qu'ils mangeassent.*

INFINITIF.

PRÉSENT.   Edere *ou* esse,   *manger.*

A tous les temps que nous n'avons pas donnés, *edo* se conjugue régulièrement sur *legere*. Il fait au parfait *edi*, au supin *esum*. Il n'est irrégulier qu'en ce qu'il a pour certains temps et certaines personnes deux formes, dont l'une ressemble à celle de *sum*.

---

§ 90.   *EO*, JE VAIS.

Mode INDICATIF.

PRÉSENT.

Sing.	Eo (*n.*),	*je vais.*
	Is,	*tu vas.*
	It,	*il va.*
Plur.	Imus,	*nous allons.*
	Itis,	*vous allez.*
	Eunt,	*ils vont.*
IMPARFAIT.	Ibam,	*j'allais,* etc.
PARFAIT.	Ivi *ou* ii,	*je suis allé,* etc.
PL.-Q.-PARF.	Iveram *ou* ieram,	*j'étais allé,* etc.
FUTUR.	Ibo,	*j'irai,* etc.
FUT. PASSÉ.	Ivero *ou* iero,	*je serai allé,* etc.

Mode IMPÉRATIF.

Sing.	I *ou* ito,	*va.*
	Ito,	*qu'il aille.*
Plur.	Eamus,	*allons.*

	Ite *ou* itote,	allez.
	Eunto,	qu'ils aillent.

Mode SUBJONCTIF.

PRÉSENT.	Eam, eas,	que j'aille, etc.
IMPARFAIT.	Irem, ires,	que j'allasse, etc.
PARFAIT.	Iverim *ou* ierim,	que je sois allé, etc.
PL.-Q.-PARF.	Ivissem *ou* iissem,	que je fusse allé, etc.

Mode INFINITIF.

PRÉSENT.	Ire,	aller.
PARFAIT.	Ivisse *ou* iisse,	être allé.
FUTUR.	Iturum esse,	devoir aller.
FUT. PASSÉ.	Iturum fuisse,	avoir dû aller.
PART. PRÉS.	Iens, euntis,	allant.
FUT.	Iturus, a, um,	devant aller.
SUPIN.	Itum,	à aller.
GÉROND.	Eundi,	d'aller.
	Eundo,	en allant.
	(ad) Eundum,	à *ou* pour aller.

Ainsi se conjuguent :

Ab eo, is, ii *ou* ivi, itum, ire (n.),	s'en aller.
Ad eo, is, ivi *ou* ii, itum, ire,	aborder.
Ex eo, is, ii *ou* ivi, itum, ire (n.),	sortir.
In eo, is, ivi *ou* ii, itum, ire,	entrer dans, commencer.
Per eo, is, ii, itum, ire (n.),	périr.
Præter eo, is, ii *ou* ivi, itum, ire,	omettre.
Prod eo, is, ii *ou* ivi, itum, ire (n.),	s'avancer.
Red eo, is, ii, itum, ire (n.),	revenir.
Trans eo, is, ivi *ou* ii, itum, ire,	passer.

REMARQUE. *Queo*, je peux, et *nequeo*, je ne peux pas, se conjuguent également sur *eo*. Mais ils n'ont ni impératif, ni participes, ni supin, ni gérondifs.

---

§ 91.   *FIO*, JE DEVIENS *ou* JE SUIS FAIT.

Ce verbe sert de passif à *facio*, je fais. Il signifie donc *je suis fait ;* mais plus souvent il est verbe neutre et signifie *je deviens*. Il est alors analogue au verbe *sum*, je suis, c'est-à-dire qu'il prend après lui un attribut au nominatif.

Mode INDICATIF.

PRÉSENT.

Sing.	Fio,	je deviens ou je suis fait.
	Fis,	tu deviens.
	Fit,	il devient.
Plur.	Fimus,	nous devenons.
	Fitis,	vous devenez.
	Fiunt,	ils deviennent.
IMPARFAIT.	Fiebam,	je devenais, etc.
PARFAIT.	Factus sum ou fui,	je suis devenu, etc.
PL.-Q.-PARF.	Factus eram ou fueram,	j'étais devenu, etc.
FUTUR.	Fiam, fies,	je deviendrai, etc.
FUTUR PASSÉ.	Factus ero ou fuero,	je serai devenu, etc.

Mode IMPÉRATIF.

Sing.	Fi ou fito,	deviens.
	Fito,	qu'il devienne.
Plur.	Fite ou fitote,	devenez.
	Fiunto,	qu'ils deviennent.

Mode SUBJONCTIF.

PRÉSENT.	Fiam, fias,	que je devienne, etc.
IMPARFAIT.	Fierem, fieres,	que je devinsse, etc.
PARFAIT.	Factus sim ou fuerim,	que je sois devenu, etc.
PL.-Q.-PARF.	Factus essem ou fuissem,	que je fusse devenu, etc.

Mode INFINITIF.

PRÉSENT.

Fieri,   devenir ou être fait.

PARFAIT.

Factum, am esse ou fuisse,   être devenu ou avoir été fait.

FUTUR.

Factum iri,   devoir devenir ou devoir être fait.
Faciendum, am esse,   devoir être fait.

FUTUR PASSÉ.

Faciendum, am fuisse,   avoir dû être fait.

PARTICIPES.

PASSÉ.	Factus, a, um,	étant devenu ou ayant été fait.
FUTUR.	Faciendus, a, um,	devant être fait.

SUPIN.

Factu,   à être fait.

§ 92. *VOLO,* je veux. — *NOLO,* je ne veux pas. — *MALO,* j'aime mieux.

Ces trois verbes se conjuguent d'une manière identique.

Mode INDICATIF.

PRÉSENT.

S. Volo.	Nolo.	Malo.
Vis.	Non vis.	Mavis.
Vult.	Non vult.	Mavult.
P. Volumus.	Nolumus.	Malumus.
Vultis.	Non vultis.	Mavultis.
Volunt.	Nolunt.	Malunt.

IMPARFAIT.

Volebam.   Nolebam.   Malebam.

PARFAIT.

Volui.   Nolui.   Malui.

PLUS-QUE-PARFAIT.

Volueram.   Nolueram.   Malueram.

FUTUR.

Volam, voles.   Nolam, es.   Malam, es.

FUTUR PASSÉ.

Voluero.   Noluero.   Maluero.

Mode IMPÉRATIF.

Pas d'impératif.   S. Noli *ou* nolito.   Pas d'impératif.
　　　　　　　　　　Nolito.
　　　　　　　　　P. Nolimus.
　　　　　　　　　　Nolite *ou* nolitote.
　　　　　　　　　　Nolunto.

Mode SUBJONCTIF.

PRÉSENT.

S. Velim.	Nolim.	Malim.
Velis.	Nolis.	Malis.
Velit.	Nolit.	Malit.
P. Velimus.	Nolimus.	Malimus.
Velitis.	Nolitis.	Malitis.
Velint.	Nolint.	Malint.

IMPARFAIT.

Vellem.   Nollem.   Mallem.
Velles.   Nolles.   Malles etc.

	PARFAIT.	
Voluerim.	Noluerim.	Maluerim.
	PLUS-QUE-PARFAIT.	
Voluissem.	Noluissem.	Maluissem.

Mode INFINITIF.

	PRÉSENT.	
Velle.	Nolle.	Malle.
	PARFAIT.	
Voluisse.	Noluisse.	Maluisse.

PARTICIPE.

	PRÉSENT.	
Volens.	Nolens.	Pas de part. prés.

§ 93. VERBES IRRÉGULIERS COMPOSÉS DE *SUM*.
POSSUM, je peux, et *PROSUM*, je sers.

Mode INDICATIF.

PRÉSENT.

Sing.	Possum, *je peux* ou *je puis.*	Prosum, *je sers.*
	Potes.	Prodes.
	Potest.	Prodest.
Plur.	Possumus.	Prosumus.
	Potestis.	Prodestis.
	Possunt.	Prosunt.
IMPARFAIT.	Poteram, *etc.*	Proderam, *etc.*
PARFAIT.	Potui, *etc.*	Profui, *etc.*
PL.-Q.-PARF.	Potueram, *etc.*	Profueram, *etc.*
FUTUR.	Potero, poteris, *etc.*	Prodero, *etc.*
FUTUR PASSÉ.	Potuero, *etc.*	Profuero, *etc.*

Mode IMPÉRATIF.

Sing.	Prod es *ou* esto.
	Prodesto.
Plur.	Prosimus.
	Prodeste *ou* estote.
	Prosunto.

Mode SUBJONCTIF.

| PRÉSENT. | Possim, possis, *etc.* | Prosim, prosis, *etc.* |

IMPARFAIT.	Possem, *etc.*	Prodessem, *etc.*
PARFAIT.	Potuerim, *etc.*	Profuerim, *etc.*
PL.-Q.-PARF.	Potuissem, *etc.*	Profuissem, *etc.*

Mode INFINITIF.

PRÉSENT.	Posse, *pouvoir.*	Prodesse, *servir*
PARFAIT.	Potuisse.	Profuisse.
FUTUR.	. . . .	Profut urum, am esse.
FUTUR PASSÉ.	. . . .	Profut urum, am fuisse.

PARTICIPE.

| FUTUR. | . . . . | Profut urus, *devant servir.* |

VERBES DÉFECTIFS.

§ 94. On appelle *défectifs* les verbes auxquels il manque plusieurs de leurs personnes ou de leurs temps.

Plusieurs des verbes irréguliers que nous avons vus jusqu'ici étaient déjà plus ou moins défectifs.

Les suivants le sont davantage.

MEMINI, JE ME SOUVIENS.

Mode INDICATIF.

PRÉSENT.

Sing.	Memin i,	*je me souviens.*
	Memin isti,	*tu te souviens.*
	Memin it,	*il se souvient.*
Plur.	Memin imus,	*nous nous souvenons.*
	Memin istis,	*vous vous souvenez.*
	Memin erunt *ou* êre,	*ils se souviennent.*
IMPARFAIT.	Memin eram,	*je me souvenais.*
	Memin eras,	*tu te souvenais*, etc.

Point de parfait ni de plus-que-parfait.

| FUTUR. | Memin ero, | *je me souviendrai.* |
| | Memin eris, | *tu te souviendras*, etc. |

Point de futur passé.

Mode IMPÉRATIF.

| Sing. | Memen to, | *souviens-toi.* |

Plur.	Memen to,	*qu'il se souvienne.*
	Memen tote,	*souvenez-vous.*

Mode SUBJONCTIF.

PRÉSENT.	Memin erim,	*que je me souvienne.*
	Memin eris,	*que tu te souviennes,* etc.
IMPARFAIT.	Memin issem,	*que je me souvinsse.*
	Memin isses,	*que tu te souvinsses,* etc.

Point de parfait ni de plus-que-parfait.

Mode INFINITIF.

PRÉSENT.	Memin isse,	*se souvenir.*

Point de parfait ni de futur à l'infinitif.
Point de supin, de gérondif ni de participe.

Conjuguez de même :

Odi, *je hais* ; oderam, odero, oderim, odissem, odisse.

Novi, *je sais* ; noveram, novero, noverim, novissem, novisse.

Cœpi, *j'ai commencé* ; cœperam, cœpero, cœperim, cœpissem, cœpisse.

REMARQUE. *Memini, odi* et *novi* ont le sens du présent avec la forme du parfait.

On explique sans peine cette divergence entre la forme et la signification : *Memini,* j'ai mis dans ma mémoire, et par conséquent je me souviens ; *odi,* j'ai pris en haine, et par conséquent je hais ; *novi,* j'ai appris, et par conséquent je sais. Quant à *cœpi,* il a à la fois la forme et le sens du parfait.

Odi, novi et *cœpi* sont privés d'impératif.

---

§ 95. *AIO,* JE DIS, DIS-JE, et *INQUAM,* DIS-JE.

Ils n'ont que les formes suivantes :

INDICATIF.

PRÉSENT.	Aio.	Inquam.
	Ais.	Inquis.
	Ait.	Inquit.
	. . .	Inquimus.
	. . .	Inquitis.
	Aiunt.	Inquiunt.
IMPARFAIT.	Aiebam.	Inquiebat.
	Aiebas, etc.	Inquiebant.

PARFAIT	Aisti.	Inquisti.
	Ait.	Inquit.
	Aistis.	Inquistis.

REMARQUES. *Inquam* est toujours, comme le français *dis-je, dit-il,* intercalé dans une proposition où il forme une sorte de parenthèse.

Aio s'emploie le plus souvent de la même manière; mais il signifie aussi *dire*, et quelquefois *affirmer*.

VERBES IMPERSONNELS.

§ 96. On appelle *impersonnels* les verbes qui n'ont que la troisième personne du singulier.

OPORTET, IL FAUT.

INDIC. PRÉS.	Oportet,	*il faut.*
IMPARF.	Oportebat,	*il fallait.*
PARF.	Oportuit,	*il a fallu.*
PL.-Q.-P.	Oportuerat,	*il avait fallu.*
FUTUR.	Oportebit,	*il faudra.*
FUT. PAS.	Oportuerit,	*il aura fallu.*
SUBJ. PRÉS.	Oporteat,	*qu'il faille.*
IMPARF.	Oporteret,	*qu'il fallût* ou *il faudrait.*
PARF.	Oportuerit,	*qu'il ait fallu.*
PL.-Q.-P.	Oportuisset,	*qu'il eût* ou *il aurait fallu.*
INFIN. PRÉS.	Oportere,	*falloir.*
PARF.	Oportuisse,	*avoir fallu.*

Ainsi se conjuguent :

Licet, licebat, licuit *ou* licitum est, licere, *il est permis.*
Libet, libebat, libuit *ou* libitum est, libere, *il plaît.*
Refert, referebat, retulit, referre, *il importe.*
Liquet, liquebat, (*pas de parfait*), liquere, *il est clair.*
Decet, decebat, decuit, decere, *il sied, il convient.*
Dedecet, dedecebat, dedecuit, dedecere, *il messied.*

REMARQUES. 1° Les verbes impersonnels se construisent le plus ordinairement, comme en français, avec un infinitif qui en est le véritable sujet : Il faut lire, *oportet legere;* il convient d'écouter, *decet audire* (mot à mot : lire est nécessaire ; écouter convient).

2° Les verbes qui expriment des phénomènes naturels appartiennent en général à la classe des verbes impersonnels, comme :

Pluit, *il pleut* : pluebat, pluit, pluere, pluisse.
Ningit, *il neige* : ningebat, ninxit, ningere, ninxisse.
Grandinat, *il grêle* : grandin abat, avit, are, avisse.
Tonat, *il tonne* : ton abat, uit, are, uisse.
Fulgurat, *il éclaire* : fulgur abat, avit, are, avisse.

§ 97. *ME PŒNITET*, JE ME REPENS.

Ce verbe et ceux qui se conjuguent comme lui, personnels en français, sont impersonnels en latin.

Le nom ou pronom qui leur sert de sujet se met à l'accusatif : Je me repens, *me pœnitet* ; Pierre se repent, *Petrum pœnitet*.

Mode INDICATIF.

PRÉSENT.

Sing.	me Pœnitet,	*je me repens.*
	te Pœnitet,	*tu te repens.*
illum, illam	Pœnitet,	*il, elle se repent.*
Plur.	nos Pœnitet,	*nous nous repentons.*
	vos Pœnitet,	*vous vous repentez.*
illos, illas	Pœnitet,	*ils, elles se repentent.*
IMPARFAIT.	me Pœnitebat,	*je me repentais*, etc.
PARFAIT.	me Pœnituit,	*je me suis repenti*, etc.
PL.-Q.-PARF.	me Pœnituerat,	*je m'étais repenti*, etc.
FUTUR.	me Pœnitebit,	*je me repentirai*, etc.
FUTUR PASSÉ.	me Pœnituerit,	*je me serai repenti*, etc.

Mode SUBJONCTIF.

PRÉSENT.	me Pœniteat,	*que je me repente*, etc.
IMPARFAIT.	me Pœniteret,	*que je me repentisse* ou *je me repentirais*, etc.
PARFAIT.	me Pœnituerit,	*que je me sois repenti*, etc.
PL.-Q.-PARF.	me Pœnituisset,	*que je me fusse repenti* ou *je me serais repenti*, etc.

Mode INFINITIF.

PRÉSENT.	Pœnitere,	*se repentir.*
PARFAIT.	Pœnituisse,	*s'être repenti.*
PART. PRÉSENT.	Pœnitens, entis,	*se repentant.*

FUTUR (passif). Pœnitendus, a, um, *dont on doit se repentir.*
GÉRONDIFS. Pœnitendi, *de se repentir.*
Pœnitendo, *en se repentant.*
(ad) Pœnitendum, *à* ou *pour se repentir.*

Conjuguez de même :

Me pudet, puduit, pudere, *j'ai honte.*
Me piget, piguit, pigere, *je suis fâché.*
Me tædet, pertæsum est, tædere, *je m'ennuie.*
Me miseret, misertum est, (*pas d'infinitif*), *j'ai pitié.*

REMARQUE. Ces quatre verbes n'ont ni gérondifs ni participes.

---

§ 98. IMPERSONNELS PASSIFS

I. Quelques verbes neutres s'emploient au passif, à la troisième personne du singulier, dans le sens qu'aurait en français le verbe précédé du pronom indéfini *on*. On les appelle alors *impersonnels passifs*. Dans les temps composés de ces verbes, la partie déclinable se met toujours au neutre. EXEMPLES :

Itur, *on va* : ibatur, itum est, ibitur, etc.
Venitur, *on vient* : ventum est, ventum erat, etc.
Curritur, *on court* : currebatur, etc.
Pugnatur, *on combat* : pugnabatur, pugnatum est, pugnabitur, etc.

II. Un assez grand nombre de verbes actifs peuvent de même se prendre impersonnellement à la troisième personne du singulier du passif. EXEMPLE :

INDIC. PRÉS. Dicitur, *on dit.*
IMPARF. Dicebatur, *on disait.*
PARF. Dictum est *ou* fuit, *on a dit.*
PL.-Q.-PARF. Dictum erat *ou* fuerat, *on avait dit.*
FUT. Dicetur, *on dira.*
FUT. PAS. Dictum erit *ou* fuerit, *on aura dit.*
SUBJ. PRÉS. Dicatur, *qu'on dise.*
IMPARF. Diceretur, *qu'on dît* ou *on dirait.*
PARF. Dictum sit *ou* fuerit, *qu'on ait dit.*
PL.-Q.-P. Dictum esset *ou* fuisset, *qu'on eût dit* ou *on aurait dit.*

Conjuguez de même :

Legitur, *on lit* : legebatur, legetur, etc.
Narratur, *on raconte* : narratum est, narrabitur, etc.
Traditur, *on rapporte* : traditum est, etc.

CHAPITRE V.
CINQUIÈME ESPÈCE DE MOTS.

Participes, Supins et Gérondifs.

§ 99. *Du participe.*

Le participe tient de la nature du verbe et de celle de l'adjectif.

Comme adjectif, il s'accorde en genre, en nombre et en cas avec le nom auquel il est joint. EXEMPLES :

L'ennemi approchant, *hostis propinquans;* les ennemis approchant, *hostes propinquantes;* les périls menaçants, *pericula imminentia;* aux périls menaçants, *periculis imminentibus;* le fils chéri, *filius dilectus;* la mère chérie, *mater dilecta;* les lettres chéries, *litteræ dilectæ.*

Comme mode du verbe, il gouverne le même cas que le verbe d'où il vient. EXEMPLES :

L'enfant écoutant, devant écouter son maître, *puer audiens, auditurus magistrum suum;* interrogé par son maître, *interrogatus a magistro.*

L'enfant ayant imité son père, *puer imitatus patrem suum;* l'enfant caressant, devant caresser sa nourrice, *puer blandiens, blanditurus nutrici.*

REMARQUE. Le génie de la langue française exige assez souvent que l'on rende le participe latin par *qui*, suivi d'un verbe à l'indicatif. EXEMPLES :

Præceptor discipulis interrogantibus respondet, le maître répond aux élèves *qui l'interrogent.*

Aranti Cincinnato dictatura oblata est, la dictature fut offerte à Cincinnatus *qui labourait.*

Quelquefois le nom ou pronom auquel se rapporte le participe est sous-entendu. On le rend alors par *celui qui, l'homme qui, ceux qui, les choses qui,* etc. EXEMPLES :

Responde interrogantibus, réponds à ceux qui t'interrogent; *da panem esurienti,* donne du pain à celui qui, à l'homme qui a faim.

§ 100. *Du supin.*

I. L'infinitif français précédé d'un verbe qui marque du mouvement, comme *aller, venir,* se rend en latin par le supin en *um.* EXEMPLE :

Je vais jouer, *eo lusum.*

II. Après les adjectifs *agréable, admirable, facile,* et autres semblables, l'infinitif français, précédé de *à,* se rend en latin par le supin en *u.* EXEMPLE :

Chose agréable à entendre (*c'est-à-dire* à être entendue), *res jucunda auditu.*

§ 101 *Des Gérondifs.*

I. L'infinitif français, précédé de la préposition *de,* et servant de complément à un nom, se rend par le gérondif en *di.* EXEMPLE :

Le temps de lire, *tempus legendi.*

II. Le participe présent, précédé de la préposition *en,* se rend par le gérondif en *do,* quand il s'agit d'exprimer la cause ou la manière. EXEMPLES :

Il a appris en lisant, *didicit legendo;* vous trouverez en cherchant, *quærendo invenies.*

Mais on le rend littéralement par le participe présent, quand il s'agit simplement de marquer que les deux actions se sont faites en même temps. EXEMPLE :

En mourant il pardonna à ses ennemis, *moriens inimicis suis ignovit.*

III. L'infinitif français, précédé de *à* ou de *pour*, se rend souvent en latin par le gérondif en *dum* précédé de *ad*. EXEMPLES :

Je vous exhorte à lire, *te hortor ad legendum*.
Il lit pour apprendre, *legit ad discendum*.

OBSERVATION. Les supins et les gérondifs gouvernent le même cas que les verbes d'où ils viennent. EXEMPLES :

J'irai les secourir, *ibo adjutum eos* ou *auxiliatum eis*. (*Auxiliari* gouverne le datif.)

Le temps d'étudier la grammaire, *tempus studendi grammaticæ*. (*Studere* gouverne le datif.)

CHAPITRE VI.

SIXIÈME ESPÈCE DE MOTS.

La Préposition.

§ 102. La *préposition* est un mot invariable qui, placé devant un nom ou un pronom, sert à le joindre à un mot précédent, pour compléter le sens de ce mot.

Par exemple, quand je dis : Il se promène *dans* le jardin, *in horto;* nous allons *à* la ville, *ad urbem;* il est mort *pour* la patrie, *pro patriâ;* les mots *dans*, in ; *à*, ad ; *pour*, pro, joignent aux verbes *il se promène, nous allons, il est mort*, les substantifs *jardin, ville* et *patrie*, qui en complètent le sens. Ce sont des prépositions. Le nom ou le pronom qui vient après la préposition en est le *complément*.

Parmi les prépositions latines, les unes veulent leur complément à l'accusatif; les autres le veulent à l'ablatif; quelques-unes le prennent tantôt à l'un, tantôt à l'autre de ces deux cas.

§ 103. PRÉPOSITIONS QUI GOUVERNENT L'ACCUSATIF.

Ad,	à, vers, pour.
Adversùm, adversùs,	contre, en face de.
Ante,	avant, devant.
Apud,	chez, auprès de.
Circà,	aux environs de, autour de.
Circùm,	autour de.
Cis (rare), citrà,	en deçà de.
Contrà,	contre, vis-à-vis de.
Ergà,	envers, à l'égard de.
Extrà,	hors de, outre.
Infrà,	au-dessous de.
Inter,	entre, parmi, au milieu de.
Intrà,	au dedans de.
Juxtà,	auprès de.
Ob,	devant, pour, à cause de.
Penès,	au pouvoir de, en la possession de.
Per,	par, à travers, pendant.
Ponè,	derrière, après.
Post,	après, derrière, depuis.
Præter,	au delà de, excepté, hormis, outre.
Prope,	près de, auprès de.
Propter,	le long de, pour, à cause de.
Secundùm,	le long de, selon, suivant.
Secùs (rare),	le long de.
Suprà,	au-dessus de.
Trans, Ultrà,	au delà de.
Versùs,	vers, du côté de.

REMARQUE. *Versùs* se met toujours après son complément : *Orientem versùs*, du côté de l'orient.

§ 104. PRÉPOSITIONS QUI GOUVERNENT L'ABLATIF.

A, ab, abs,	de, par, depuis.
Absque,	sans.
Clàm,	à l'insu de.
Coràm,	en présence de, devant.
Cum,	avec.
De,	de, sur, touchant, au sujet de.
E, ex,	de, hors de, par, d'après, depuis.
Palàm,	en présence de, devant.
Præ,	devant, au-dessus de, en comparaison de, à cause
Pro,	pour, devant, au lieu de, selon. [de.
Sine,	sans.
Tenùs,	jusqu'à.

REMARQUES. 1° *A* ne se met que devant les consonnes : *A tempore*, depuis le temps. *Ab* se met devant les voyelles et devant certaines consonnes, telles que *j*, *l*, *r* : *Ab anno*, depuis l'année ; *ab Jove*, par Jupiter ; *ab radice*, depuis la racine. *Abs* s'emploie très-rarement, excepté devant le pronom *te* : *Abs te*, par toi.

2° *E* ne se met que devant les consonnes ; *ex* se met devant les voyelles et devant plusieurs consonnes.

3° *Cum* se place après l'ablatif des pronoms personnels et relatifs, de manière à former avec eux une sorte de mot composé : *Mecum*, avec moi ; *tecum*, avec toi ; *secum*, avec soi ; *nobiscum*, avec nous ; *vobiscum*, avec vous ; *quocum*, avec lequel ; *quibuscum*, avec lesquels.

4° *Tenùs* se met après son complément : *Capulo tenùs*, jusqu'à la garde. Quand ce complément est au pluriel, on le met au génitif : *Aurium tenùs*, jusqu'aux oreilles.

---

§ 105. PRÉPOSITIONS QUI GOUVERNENT L'ACCUSATIF OU L'ABLATIF.

In,	à, en, dans, sur, contre.
Sub,	sous, auprès de, au pied de.

Super, *sur, au-dessus de.*
Subter, *sous, au-dessous de.*

On met l'accusatif avec *in* et *sub* quand le verbe qui précède la préposition marque mouvement, direction, passage d'un lieu dans un autre : Entrer dans la ville, *intrare in urbem ;* marcher contre l'ennemi, *incedere in hostem ;* faire passer sous le joug, *mittere sub jugum.*

On met l'ablatif quand ce verbe marque le repos, l'état, et non le mouvement : Demeurer dans la ville, *morari in urbe ;* dormir sous un arbre, *dormire sub arbore.*

Cette distinction ne s'observe pas rigoureusement pour *super* et *subter ;* ils prennent l'accusatif de préférence, même quand il n'y a pas de mouvement.

CHAPITRE VII.

SEPTIÈME ESPÈCE DE MOTS.

L'Adverbe.

§ 106. L'*adverbe* est un mot invariable qui se joint ordinairement au verbe pour en modifier la signification. Ainsi, dans *parler éloquemment*, le dernier mot marque de quelle manière on a parlé ; il modifie ou détermine l'action de parler. C'est un adverbe.

L'adverbe peut se joindre également à un substantif, à un adjectif ou à un autre adverbe : *Vraiment* roi, *verè rex* ; *vraiment* sage, *verè sapiens* ; *assez* dignement, *satis dignè* ; *trop* promptement, *nimis citò.*

On peut distinguer plusieurs sortes d'adverbes : 1° adverbes de temps ; 2° adverbes de lieu ; 3° adverbes de quantité ; 4° adverbes d'interrogation ; 5° adverbes d'affirmation ; 6° adverbes de négation ; 7° adverbes de doute ; 8° adverbes de ressemblance ou d'union ; 9° adverbes de différence ou de séparation; 10° adverbes de manière.

§ 107. ADVERBES DE TEMPS.

Il y en a un grand nombre ; voici les principaux :

Quandò? *quand?*
Hodiè, *aujourd'hui.*
Cràs, *demain.*
Heri, *hier.*
Pridiè, *la veille.*
Postridiè, *le lendemain.*
Mane, *le matin.*
Vespere, *le soir.*
Maturè, *tôt.*
Serò, *tard.*
Interdiù, *de jour.*
Noctu, *de nuit.*
Nunc, *maintenant.*
Tùm, tunc, *alors.*
Olim, quondàm, *autrefois.*
Mox, brevi, *bientôt.*
Denique, demùm, postremò, tandem, *enfin.*
Jàm, *déjà.*
Nondùm, *pas encore.*
Modò, nuper, *récemment.*
Dudùm, jamdudùm, pridem, jampridem, *depuis longtemps.*

Statim, *aussitôt.*
Extemplò, illicò, repente, subitò, *tout à coup.*
Quotidiè, *chaque jour.*
Quotannis, *chaque année.*
Adhùc, *encore, jusqu'à présent.*
Dein, deinde, *ensuite.*
Posteà, posthàc, *dans la suite.*
Plerùmque, *ordinairement.*
Aliquandò, interdùm, nonnunquàm, *quelquefois.*
Rarò, *rarement.*
Sæpe, *souvent.*
Semper, *toujours.*
Nunquàm, *jamais* (avec négation).
Unquàm, *quelquefois, jamais* (sans négation).
Diù, *longtemps.*
Tamdiù, *aussi longtemps.*
Quamdiù, *combien de temps? aussi longtemps que.*
Quousque? *jusqu'à quand?*

§ 108. ADVERBES DE LIEU.

Ces adverbes, comme ceux qui marquent le temps, sont fort nombreux.

Ils peuvent exprimer, soit le lieu où l'on est, soit le lieu où l'on va, soit le lieu d'où l'on vient, soit enfin le lieu par où l'on passe.

Pour abréger, on dit qu'ils répondent, les premiers à la question *ubi?* où? (sans mouvement). les seconds à la question *quò?* où (avec mouvement), les troisièmes à la question *unde?* d'où? et enfin les derniers à la question *quà?* par où?

QUESTION *ùbi?* Lieu où l'on est.	QUESTION *quò?* Lieu où l'on va.	QUESTION *unde?* Lieu d'où l'on vient.	QUESTION *quà?* Lieu par où l'on passe.
Ubi? *où?*	Quò? *où?*	Unde? *d'où?*	Quà? *par où?*
Ibi, *là.*	Eò, *là.*	Inde, *de là.*	Eà, *par là.*
Hìc, *ici (où je suis).*	Hùc, *ici (où je suis).*	Hinc, *d'ici (où je suis).*	Hàc, *par ici (où je suis).*
Istic, *là (où vous êtes).*	Istùc, *là (où vous êtes).*	Istinc, *de là (où vous êtes).*	Istàc, *par là (où vous êtes).*
Illic, *là (où il est).*	Illùc, *là (où il est).*	Illinc, *de là (où il est).*	Illàc, *par là (où il est).*
Alicubi, usquàm, uspiàm, *quelque part.*	Aliquò, quoquàm, quopiàm, *quelque part.*	Alicunde, *de quelque part.*	Aliquà, *par quelque endroit.*
Nusquàm, *nulle part.*	Nusquàm, *nulle part.*	—	—
Ibidem, *au même endroit.*	Eòdem, *vers le même lieu.*	Indidem, *du même lieu.*	Eàdem, *par le même endroit.*
Alibi, *ailleurs.*	Aliò, *ailleurs.*	Aliunde, *d'ailleurs.*	Alià, *par un autre endroit.*
Ubique, ubivis, *partout.*	Quòvis, quòlibet, *partout, vers un lieu quelconque.*	Undique, *de toutes parts.*	Quàlibet, *par un endroit quelconque.*
Ubicumque, *partout où, en quelque lieu que.*	Quòcumque, *partout où, vers quelque lieu que.*	Undecumque, *de quelque lieu que.*	Quàcumque, *par quelque endroit que.*

§ 109.   ADVERBES DE QUANTITÉ.

Voici les principaux :

Quantùm, *combien? autant que.*
Quantò, *de combien? d'autant que.*
Multùm, *beaucoup.*
Multò, *de beaucoup.*
Parùm, *peu.*
Paulùm, paulò, *un peu.*
Paululùm, *tant soit peu.*
Aliquantùm, aliquantò, *quelque peu.*
Tantùm, *tant, autant.*

Tantò, *d'autant.*
Plùs, ampliùs, *plus, davantage.*
Plurimùm, *le plus, extrêmement.*
Magis, *plus, plutôt.*
Maximè, *le plus, très.*
Minùs, *moins.*
Minimè, *le moins, très-peu.*
Satis, sat, *assez.*
Nimis, nimiùm, nimiò, *trop.*

Aux adverbes de quantité se rattachent :

1° Ceux qui marquent le nombre de fois, comme :

Quotiès, *combien de fois? autant de fois que.*
Totiès, *tant de fois, autant de fois.*
Multotiès, *un grand nombre de fois.*
Quotièscumque, *toutes les fois que.*
Semel, *une fois ;* bis, *deux fois,* etc.

2° Ceux qui marquent l'ordre ou le rang dans lequel une chose est faite, comme :

Primùm, *pour la première fois.*
Primò, *en premier lieu, d'abord.*
Iterùm, *pour la deuxième fois, de nouveau.*
Tertiùm, *pour la troisième fois.*
Tertiò, *en troisième lieu,* etc.

3° Ceux qui expriment jusqu'à quel point une chose a lieu, et que l'on appelle quelquefois adverbes d'*intensité*, comme :

Quantopere, *jusqu'à quel point? combien?*
Magnopere, valdè, *beaucoup, avec force.*
Tantopere, *tant, si fort.*
Adeò, *jusqu'à tel point, tellement.*
Tàm, *tant, si.*
Quàm, *combien? autant que.*
Omninò, prorsùs, *tout à fait.*
Modò, solùm, tantùm, tantummodò, duntaxat, *seulement.*
Non modò, non tantùm... sed etiam, verùm etiam, *non-seulement... mais encore.*
Partim, *en partie.*
Prope, *presque, à peu près.*
Ferè, fermè, pæne, *presque.*
Circiter, *environ.*
Vix, *à peine.*
Saltem, certè, *au moins, du moins.*

§ 110. ADVERBES D'INTERROGATION.

Nous avons déjà cité plusieurs adverbes qui interrogent sur le temps, le lieu, la quantité : *Quandò? quamdiù? quousque? ubi? quò? unde? quà? quantùm? quantò? quotiès? quantopere? quàm?*

D'autres servent à interroger purement et simplement sur le fait, comme :

An, anne, ne, nùm, *est-ce? est-ce que?*
Nonne, *n'est-ce pas? n'est-ce pas que?*
Utrùm, *est-ce? est-ce que?*

EXEMPLES :

Avez-vous vu le roi? *an vidisti* ou mieux *vidistine regem*? (*Ne* se met toujours après un mot auquel il se joint, et s'appelle pour cette raison *enclitique*.)

N'avez-vous pas vu le roi, *nonne vidisti regem*?

Sommes-nous, est-ce que nous sommes immortels, *nùm sumus immortales*? (*Nùm* suppose toujours une réponse négative.)

Êtes-vous éveillé, ou dormez-vous, *utrùm vigilas an dormis*? (*Utrùm* s'emploie quand, après l'interrogation, il en vient une autre précédée de *ou*, et dans ce cas *ou* se rend par *an*.)

D'autres interrogent sur la cause, la manière, etc. :

Cur, quarè, quamobrem, *pourquoi?*
Quin, quidni, *pourquoi ne, que ne...?*
Quippini, *pourquoi non?*
Quorsùm, *à quoi bon?*
Quomodo, qui, *comment?*

§ 111. ADVERBES D'AFFIRMATION.

Ità, *ainsi*.
Etiam, *aussi*.
Næ, certè, sanè, profectò, *certes, assurément*.
Quidem, *à la vérité, certes*.
Nimirùm, scilicet, videlicet, *sans doute, apparemment*.
Imò, imò etiam, quin, quin etiam, *bien plus, et même*.
Præsertim, præcipuè, maximè, *principalement, surtout*.
Imprimis (ou in primis), *en premier lieu, surtout*.

REMARQUES. 1° Au commencement d'une réponse, *ità* et *etiam* prennent le sens du français *oui*.

2° *Quidem* ne se met qu'après un mot : *Ego quidem*, moi certes.

3° *En, ecce*, voici, voilà, qui servent pour montrer une personne ou une chose, peuvent aussi être considérés comme adverbes d'affirmation.

§ 112. ADVERBES DE NÉGATION.

On a déjà vu quelques adverbes qui nient en même temps qu'ils marquent l'idée de temps ou de lieu, comme *nunquàm, nusquàm;* mais il y en a qui n'ont d'autre fonction que de nier.

Non, haud, *non, ne pas, ne point.*
Minimè, *point du tout, nullement.*
Nequaquàm, haudquaquàm, neutiquàm, *nullement, en aucune façon.*
Ne... quidem, *ne... pas même.*

EXEMPLES :

Je ne vois pas, *non video;* tu ne désires point, *non cupis;* un ouvrage non médiocre, *opus haud mediocre.*

Êtes-vous malade ? nullement ; *nùm ægrotas ? minimè.*

Il ne craint pas même la mort, *ne mortem quidem timet.* (On intercale entre *ne* et *quidem* le mot essentiel sur lequel porte la négation.)

---

§ 113. ADVERBES DE DOUTE.

Forsan, forsitan, fortasse, *peut-être.*
Forte, *par hasard.*

Un souhait roulant toujours sur une chose douteuse, on peut considérer comme un adverbe de doute

Utinàm, *plaise à Dieu que, fasse le ciel que.*

---

§ 114. ADVERBES DE RESSEMBLANCE ou D'UNION.

Ità, sic,   *ainsi, de même.*
Item, perinde,   *de même, semblablement*
Etiam, quoque,   *aussi, même.*
Pariter,   *pareillement.*
Simul, unà,   *ensemble, en même temps.*

REMARQUE. *Quoque* se met toujours après un mot : Moi aussi, *ego quoque.*

§ 115. ADVERBES DE DIFFÉRENCE
OU DE SÉPARATION.

Aliter, secùs,   *autrement.*
Alioqui, alioquin,   *d'ailleurs, sinon.*
Privatim,   *en particulier, séparément.*
Seorsim,   *à part.*

---

§ 116. ADVERBES DE MANIÈRE.

Les adverbes de manière forment la classe la plus nombreuse de toutes. Ils se tirent en général d'adjectifs ou de participes. Ils se forment de la manière suivante :

1° Dans les adjectifs de la première classe, en changeant *i* du génitif singulier en *è* :

Doct us, i,   *savant;*   doct è,   *savamment.*
Mal us, i,   *mauvais;*   mal è,   *mal.*
Liber, liber i,   *libre;*   liber è,   *librement.*
Piger, pigr i,   *lent;*   pigr è,   *lentement.*

Cependant *bonus*, bon, fait *benè*, bien.

2° Dans les adjectifs de la deuxième classe, autres que ceux en *ans* et en *ens*, en changeant *is* du génitif singulier en *iter* :

Fort is, is,   *courageux;* fort iter,   *courageusement.*
Acer, acr is,   *vif;*   acr iter,   *vivement.*
Felix, felic is,   *heureux;*   felic iter,   *heureusement.*
Brev is, is,   *court;*   brev iter,   *brièvement.*

3° Dans les adjectifs et participes en *ans* ou en *ens*, en changeant *is* du génitif singulier en *er* :

Constans, constant is, *constant;* constant er, *constamment.*
Amans, amant is,   *aimant;* amant er,   *avec amour.*
Prudens, prudent is, *prudent;* prudent er, *prudemment.*

§ 117. COMPARATIF ET SUPERLATIF DES ADVERBES.

Les adverbes tirés des adjectifs ont un comparatif et un superlatif.

Leur comparatif ressemble au comparatif neutre de l'adjectif correspondant. Leur superlatif se forme de celui de l'adjectif en changeant *us* en *è*. EXEMPLES :

Doctè, *savamment ;* doctiùs, doctissimè.
Miserè, *malheureusement ;* miseriùs, miserrimè.
Fortiter, *courageusement ;* fortiùs, fortissimè.
Prudenter, *prudemment ;* prudentiùs, prudentissimè.
Facilè, *facilement ;* faciliùs, facillimè.
Benè, *bien ;* meliùs, *mieux ;* optimè, *le mieux.*
Malè, *mal ;* pejùs, pessimè.
Magnificè, *magnifiquement ;* magnificentiùs, magnificentissimè.

Les adverbes tirés d'adjectifs dont le comparatif et le superlatif se forment à l'aide de *magis, maximè*, prennent également *magis* et *maximè :*

Assiduè, *assidûment ;* magis assiduè, maximè assiduè.
Piè, *pieusement ;* magis piè, maximè piè.

Un petit nombre d'adverbes, quoique ne venant pas d'adjectifs, ont cependant un comparatif et un superlatif :

Sæpe, *souvent ;* sæpiùs, sæpissimè.
Diù, *longtemps ;* diutiùs, diutissimè
Prope, *près ;* propiùs, proximè.

---

§ 118. COMPLÉMENT DE PLUSIEURS ADVERBES.

1° Les adverbes de quantité veulent le génitif : Peu de vin, *parùm vini ;* un peu de retard, *paululùm moræ ;*

beaucoup d'eau, *multùm aquæ ;* assez de blé, *satis frumenti ;* trop de confiance, *nimis fiduciæ*

2° *Pridiè* et *postridiè* prennent le génitif ou l'accusatif : La veille des calendes, *pridiè kalendarum* ou *kalendas ;* le lendemain des ides, *postridiè iduum* ou *idus.*

3° *Obviàm* veut le datif : Aller au-devant, à la rencontre de quelqu'un, *ire obviàm alicui.*

4° *En, ecce,* veulent le nominatif ou l'accusatif : Voici, voilà le loup, *en, ecce lupus* ou *lupum.*

5° *Utinàm* veut le subjonctif : Fasse le ciel qu'il vive longtemps, puisse-t-il vivre longtemps, *utinàm diù vivat !*

6° Le comparatif et le superlatif des adverbes prennent leur complément comme le comparatif et le superlatif des adjectifs. EXEMPLES :
Pierre étudie avec plus de zèle que Paul, *Petrus studet diligentiùs Paulo* ou *quàm Paulus.*
Il a parlé le plus éloquemment de tous, *dixit eloquentissimè omnium, ex omnibus* ou *inter omnes.*

REMARQUE. La plupart des adverbes par lesquels on interroge sur le temps, le lieu, la quantité, comme *quamdiù, ubi, quò, unde, quà, quantùm, quotiès,* peuvent aussi s'employer pour unir deux verbes, à la façon des pronoms relatifs, et alors ils ont pour antécédent exprimé ou sous-entendu un autre adverbe. EXEMPLES :

Il a résisté aussi longtemps qu'il a pu, *tamdiù restitit, quamdiù potuit ;* il ira où vous voulez, *ibit eò quò vis ;* il s'arrêta où il était, *ubi erat, constitit* (sous-entendu *ibi*) ; je vous aime autant que vous m'aimez, *tantùm te amo, quantùm me amas.*

CHAPITRE VIII.

HUITIÈME ESPÈCE DE MOTS.

La Conjonction.

§ 119. La *conjonction* est un mot invariable qui sert à unir ensemble deux propositions ou deux parties semblables d'une même proposition. EXEMPLES :

Pierre *et* Paul jouent. Les deux sujets de la proposition, *Pierre*, *Paul*, sont unis par le mot *et* ; c'est une conjonction.

Pierre étudie, *mais* Paul joue ; Pierre étudie *lorsque* Paul joue. Les deux propositions *Pierre étudie*, *Paul joue*, sont unies par les mots *mais*, *lorsque* ; ce sont encore des conjonctions.

Les principales conjonctions latines sont :

Et, ac, atque, que,	*et.*
Nec, neque,	*ni, et ne pas.*
Aut, vel, ve,	*ou, ou bien.*
At, sed,	*mais.*
Verò, autem,	*mais, or.*
Atqui, porrò,	*or.*
Nam, enim,	*car, en effet.*
Ergò, igitur,	*donc.*
Tamen,	*cependant.*
Itaque, ideò, quarè,	*c'est pourquoi, par conséquent, aussi.*
Ceterùm,	*d'ailleurs, au reste.*
Prætereà,	*en outre.*
Quàm,	*que* (après une comparaison).
Sicut, velut, quemadmodùm,	*comme, de même que.*

Tanquàm, ceu,	*comme, comme si.*
Quandò,	*quand, puisque.*
Quoniam,	*puisque.*
Quia, quòd,	*parce que.*
Quippe,	*attendu que, c'est que.*
Quanquàm, quamvis, licet,	*quoique.*
Ubi,	*dès que.*
Postquàm,	*après que.*
Antequàm, priusquàm,	*avant que.*
Potiusquàm,	*plutôt que.*
Quum (*ou* cùm),	*lorsque, comme, puisque, attendu que, quoique.*
Dùm,	*tandis que, pendant que, tant que, jusqu'à ce que, pourvu que.*
Donec, quoad,	*tant que, jusqu'à ce que.*
Modò, dummodò,	*pourvu que.*
Ut,	*de même que, dès que, depuis que, afin que, de sorte que, quoique.*
Quò,	*afin que.*
Ne,	*de peur que, afin que ne.*
Nedùm,	*bien loin que.*
Quin, quominùs,	*que ne.*
An, nùm, utrùm, ne,	*si* (interrogatif).
Si,	*si* (conditionnel).
Nisi,	*si ne pas, si ce n'est, a moins que.*
Sive, seu,	*soit, soit que* (répété).
Etsi, etiamsi,	*lors même que, quoique.*
Quasi,	*comme, comme si.*

REMARQUES. *Que, ve* et *ne* (interrogatif) sont enclitiques, c'est-à-dire qu'ils ne se mettent qu'après un mot auquel on les joint: *Pater materque*, le père et la mère; *pater materve*, le père ou la mère.

Ac ne se met pas ordinairement devant les voyelles.

Enim, autem et *verò* ne peuvent se mettre qu'après un mot : *Ille autem,* mais lui; *ego verò*, mais moi; *potes enim*, car tu le peux.

Igitur et *tamen* se placent de préférence après un mot : *Nunc igitur*, maintenant donc; *tu tamen*, toi cependant.

§ 120. RÈGLES DES CONJONCTIONS.

I. Parmi les conjonctions, les unes s'emploient pour unir deux termes semblables d'une même proposition, ou deux propositions de même nature, indépendantes l'une de l'autre, comme dans les exemples cités plus haut : Pierre *et* Paul jouent; Pierre étudie, *mais* Paul joue. Les principales conjonctions de cette espèce sont celles qui signifient *et, ou, ni, mais, car, donc, or, cependant, c'est pourquoi, d'ailleurs.*

II. Les autres conjonctions servent à unir deux propositions de nature différente, dont la deuxième dépend de la première, comme dans l'exemple : Pierre étudie *lorsque* Paul joue. La deuxième proposition s'appelle alors *subordonnée*. Les conjonctions de cette espèce veulent le verbe qui les suit à l'indicatif ou au subjonctif.

Quemadmodùm, ubi, quandò, postquàm, quoniam, quia, quanquàm, etc., veulent l'indicatif. EXEMPLES :

Dès que ces choses furent connues, *ubi ea comperta sunt;* après que la nouvelle fut arrivée, *postquàm nuntius pervenit;* parce que je suis brave, *quia sum fortis;* quoique vous soyez prudent, *quanquàm prudens es.*

Antequàm, priusquàm, quamvis, licet, ne (de peur que), *nedùm, potiusquàm, quin, quominùs, an, nùm, utrùm, ne* (enclitique), etc., veulent le subjonctif. EXEMPLES :

Avant que vous partiez, *antequàm proficiscaris;* quoique vous soyez prudent, *quamvis prudens sis;* de peur qu'il ne dise, pour qu'il ne dise pas, *ne dicat.*

Je demande s'il convient, *quœro an deceat, deceatne* ou *num deceat.*

Ut prend l'indicatif quand il signifie *de même que, dès que, depuis que ;* et le subjonctif quand il a le sens de *afin que, de sorte que, quoique.* EXEMPLES :

Dès que je me fus retiré, *ut discessi.*

Afin que je me repose, *ut quiescam.*

Quum, signifiant *lorsque,* gouverne ordinairement le subjonctif avant l'imparfait et le plus-que-parfait, et l'indicatif devant les autres temps; signifiant *puisque, quoique,* il prend toujours le subjonctif. EXEMPLES :

Lorsque je considère, *quum considero;* lorsque je fus parti, *quum profectus essem.*

Puisque vous le voulez, *quum id velis.*

Dùm veut ordinairement l'indicatif quand il signifie *pendant que, tant que ;* dans le sens de *jusqu'à ce que, pourvu que,* il prend le subjonctif. EXEMPLES :

Pendant que je parle, *dùm loquor;* tant que vous vivrez, *dùm vives.*

Jusqu'à ce qu'il arrive, *dùm adveniat;* pourvu que vous fassiez votre devoir, *dùm facias officium.*

Si gouverne ordinairement le subjonctif à l'imparfait et au plus-que-parfait, et l'indicatif aux autres temps. EXEMPLES :

Si vous voulez, *si vis;* si vous avez fait cela, *id si fecisti.*

Si vous faisiez cela, je me réjouirais, *id si faceres, gauderem.*

CHAPITRE IX.

NEUVIÈME ESPÈCE DE MOTS.

L'Interjection.

§ 121. L'interjection est un mot invariable qui sert à marquer les différents mouvements de l'âme.

Voici les principales interjections dont on se sert en latin :

Pour marquer la joie.	O ! io ! *oh ! bien ! bravo !*
Pour la douleur.	Ah ! hei ! heu ! eheu ! *ah ! hélas !*
Pour l'indignation.	Proh ! pro ! ô ! ha !
Pour la surprise.	Oh ! hem ! *oh ! ho !* ô !
Pour le dégoût.	Apage ! *loin ! loin ! fi !*
Pour adresser la parole.	O ! ô !
Pour appeler.	Heus ! hem ! *holà ! ho ! hé !*
Pour menacer.	Væ ! *malheur à... !*
Pour encourager.	Eia ! macte ! *bien ! bravo !* Age ! *va ! courage !* Agite ! *allons ! courage !*
Pour commander le silence.	St ! *chut !*

L'usage apprendra les autres interjections.

Quelques interjections prennent un complément. *Hei* et *væ* gouvernent le datif; *o, oh,* marquant la surprise, et *heu,* veulent l'accusatif. EXEMPLES :

Hei misero mihi !	} *hélas ! malheureux que je suis.*
Heu me miserum !	
Væ victis !	*malheur aux vaincus !*
O diem lætum !	*ô l'heureux jour !*

CHAPITRE X.

ANALYSE LOGIQUE.

§ 122. L'analyse logique a pour objet de décomposer la phrase en ses divers éléments, et de rendre compte du rôle que les mots y remplissent.

La phrase se divise en *propositions* ou énoncés de jugements, comme : *Dieu est saint, les hommes sont mortels;* et la proposition se compose de trois termes essentiels, le *sujet*, le *verbe* et l'*attribut*.

Le sujet est le mot qui désigne la personne ou la chose, les personnes ou les choses dont on affirme la manière d'être : *Dieu, les hommes.*

L'attribut est le mot qui exprime la manière d'être du sujet : *saint, mortels.*

Le verbe est le mot qui unit l'attribut au sujet, en affirmant que la manière d'être exprimée par l'attribut convient au sujet : *est, sont.*

En latin, le sujet peut être, soit un nom ou pronom, soit un adjectif ou un participe pris substantivement, soit un verbe à l'infinitif. L'attribut est presque toujours un nom, un adjectif ou un participe. EXEMPLES :

Cicero fuit consul, Cicéron fut consul. (Le sujet et l'attribut sont des noms.)

Terra est rotunda, la terre est ronde. (Le sujet est un nom et l'attribut un adjectif.)

Docti sunt modesti, les savants sont modestes. (Le sujet et l'attribut sont des adjectifs.)

Ego sum christianus, je suis chrétien. (Le sujet est un pronom et l'attribut un adjectif.)

Urbs capta est, la ville fut prise. (Le sujet est un nom, et l'attribut un participe.)

Turpe est mentiri, mentir est honteux, il est honteux

de mentir. (Sujet : *mentiri*. L'infinitif, employé comme sujet, est considéré comme étant du genre neutre.)

Quand le verbe est attributif, il contient en lui-même l'attribut. Ainsi *Petrus studet*, Pierre étudie, équivaut à *Petrus est studens*, Pierre est étudiant.

Quand le sujet est un pronom personnel, nous avons vu qu'on le supprime le plus souvent. Si de plus le verbe est attributif, la proposition se trouve tout entière dans un seul mot, comme *studeo*, j'étudie (pour *ego sum studens*.

Au contraire, il y a des propositions où le nombre des mots est plus grand que celui des termes essentiels.

1° Il peut y avoir plusieurs sujets ou plusieurs attributs. EXEMPLES :

Reges et pastores homines sunt, les rois et les bergers sont hommes. (Sujets : *reges* et *pastores*.)

Cæsar fortis et clemens fuit, César fut brave et clément. (Attributs : *fortis* et *clemens*.)

2° Chacun des trois termes de la proposition peut être non un mot unique, mais un mot accompagné d'autres mots qui en dépendent et le complètent.

Ainsi le sujet et l'attribut peuvent être formés par la réunion d'un nom et d'un adjectif qui le qualifie, par celle de deux noms faisant apposition, par celle d'un nom avec son complément. EXEMPLES :

Vir bonus est beatus, l'homme vertueux est heureux.

Cicero fuit consul egregius, Cicéron fut un consul distingué.

Cicero consul fuit orator egregius, le consul Cicéron fut un orateur distingué.

Timor Domini est initium sapientiæ, la crainte du Seigneur est le commencement de la sagesse.

Le verbe peut être complété par un adverbe, comme dans cette phrase : L'avare est toujours pauvre, *avarus est semper inops*.

Si le verbe est attributif, il peut avoir un complément, soit direct, soit indirect, soit circonstanciel.

Le complément direct est celui qui vient immédiatement après un verbe actif, et qui répond à la question *qui? quoi?* EXEMPLE :

Deus amat virum justum, Dieu aime l'homme juste. Dieu aime qui? l'homme juste, *virum justum,* complément direct de *amat.*

Le complément indirect est celui qui indique la personne ou la chose d'où part, ou à laquelle aboutit l'action marquée par le verbe. Il répond aux questions *à qui? à quoi? de qui? de quoi? par qui? par quoi?* EXEMPLES :

Do vestem pauperi, je donne un habit au pauvre. *Pauperi* est le complément indirect du verbe *do; vestem* en est le complément direct.

Amor a Deo, je suis aimé de Dieu. *A Deo* est le complément indirect du verbe *amor.*

Le complément circonstanciel exprime diverses circonstances de *lieu,* de *temps,* de *manière,* de *cause,* d'*instrument,* etc. Il répond aux questions *où? quand? comment? pourquoi? avec quoi?* et autres semblables. En latin, le complément circonstanciel est le plus souvent un nom à l'ablatif ou précédé d'une préposition. EXEMPLES :

Ferire aliquem baculo, frapper quelqu'un d'un bâton.
Ambulat in horto, il se promène dans le jardin.
Pugnare ad noctem, combattre jusqu'à la nuit.
Laudatur propter virtutem, il est loué pour sa vertu.

Les mots *baculo, in horto, ad noctem, propter virtutem,* sont les complénrents circonstanciels des verbes *ferire, ambulat, pugnare, laudatur.*

Un mot servant de complément peut lui-même en avoir un. EXEMPLES :

Cato filii mortem tulit constantissimè, Caton supporta avec beaucoup de fermeté la mort de son fils. *Mortem,* complément direct du verbe *tulit*, a lui-même pour omplément *filii*.

§ 123. La phrase peut se composer de plusieurs propositions.

Les propositions sont *principales* ou *subordonnées*.

La proposition principale est celle qui exprime l'idée principale de la phrase, et qui ne dépend d'aucune autre.

Les propositions subordonnées sont celles qui dépendent d'une autre proposition, et qui n'offrent un sens précis qu'autant qu'elles lui sont unies. EXEMPLES :

Deus, qui regnat, est omnipotens, Dieu qui règne est tout-puissant.

Ager, quum multos annos quievit, uberiores fruges efferre solet, un champ, lorsqu'il s'est reposé plusieurs années, a coutume de produire des fruits plus abondants.

Dans ces phrases, les propositions *Deus est omnipotens, ager uberiores fruges efferre solet*, qui ne dépendent d'aucune autre et expriment l'idée essentielle, sont principales. Les propositions *qui regnat, quum multos annos quievit*, n'offrant par elles-mêmes aucun sens précis, sont subordonnées.

La proposition subordonnée est le plus souvent unie à la principale par un pronom relatif ou par une conjonction, comme dans les exemples qui précèdent. Elle peut s'y joindre encore par un pronom ou adverbe d'interrogation, comme dans ceux-ci :

Dites-moi quel livre vous lisez, *dic mihi quem librum legas ;* d'où vous venez, *unde venias ;* pourquoi vous avez fait cela, *cur illud feceris*.

La proposition subordonnée peut, dans certains cas, remplir le rôle de sujet ou de complément. EXEMPLES :

Nescis quis ego sim, vous ignorez qui je suis.

Interest ut civitates suas leges habeant, il importe que les états aient leurs lois.

Dans ces exemples, la proposition *quis ego sim* sert de complément au verbe *nescis*. Vous ignorez quoi ?

qui je suis. La proposition *ut civitates suas leges habeant* sert de sujet au verbe *interest*. Qu'est-ce qui importe ? *que les états aient leurs lois.* (La construction logique serait : que les états aient leurs lois importe, est chose importante.)

La proposition subordonnée qui joue le rôle de complément s'appelle proposition *subordonnée complétive*, ou plus simplement proposition *complétive*. Celle qui joue le rôle de sujet peut s'appeler proposition *subjective*. Quant à celles qui ne sont ni complétives ni subjectives, on les appelle propositions *subordonnées incidentes*, ou simplement propositions *incidentes*.

Il peut y avoir dans une même phrase plusieurs propositions principales, soit simplement juxtaposées, comme : *Veretur Deum, amat parentes*, il craint Dieu, il aime ses parents; soit unies par une des conjonctions *et, ou, ni, mais, car, donc, comme*, et autres semblables. EXEMPLE :

Rosæ fulgent, sed pungunt ; les roses brillent, mais elles piquent.

Ces mêmes conjonctions peuvent unir entre elles des propositions subordonnées de même nature. Ex. :

Puer, qui veretur Deum et amat parentes, laudatur ; l'enfant qui craint Dieu, et qui aime ses parents, est loué. (*Qui* est sous-entendu devant *amat*.)

Dùm ludis, et tempus teris, vita præterfluit ; pendant que vous jouez et que vous perdez votre temps, la vie s'écoule. (*Dùm* est sous-entendu devant *tempus*.)

Les propositions, soit principales, soit subordonnées, qui sont ainsi unies l'une à l'autre sans dépendre l'une de l'autre, sont dites *coordonnées*.

Une proposition subordonnée peut dépendre d'une autre proposition subordonnée. EXEMPLE :

Discipulus qui lusit, quum studere deberet, pœnâ afficietur ; l'élève qui a joué quand il devait étudier, sera puni. La proposition subordonnée, *quum studere debe-*

ret, dépend de la précédente, *qui lusit*, subordonnée elle-même.

DE L'INVERSION.

§ 124. En français, les mots se construisent dans la proposition, sauf quelques exceptions rares, suivant un ordre uniforme et constant. C'est le sujet qu'on met le premier ; vient ensuite le verbe, et enfin l'attribut.

Il n'en est pas de même en latin : on peut commencer et finir la proposition par l'un quelconque de ces trois termes. Ainsi ces mots *paupertas est timida*, la pauvreté est timide, peuvent se construire encore de ces autres manières : *paupertas timida est, timida est paupertas, timida paupertas est, est paupertas timida, est timida paupertas*. La grammaire autorise toutes ces constructions ; c'est l'harmonie ou la pensée essentielle de celui qui parle, qui décide du choix.

En français, les mots qui complètent chacun des trois termes essentiels de la proposition se mettent généralement à la suite du terme dont ils dépendent. En latin, ils peuvent se mettre devant, par une figure qu'on appelle *inversion*.

Ainsi l'adjectif qui se rapporte à un nom peut presque toujours se mettre à volonté avant ou après ce nom : *Magnus vir*, ou *vir magnus*, grand homme ; *divina providentia*, ou *providentia divina*, providence divine ; *civis sum romanus*, ou *romanus sum civis*, je suis citoyen romain.

Les compléments des noms, des adjectifs, des verbes, etc., peuvent se mettre devant. EXEMPLES :

Lumen solis ou *solis lumen*, la lumière du soleil ; *avidus laudum* ou *laudum avidus*, avide de louanges ; *ama parentes* ou *parentes ama*, aime tes parents ; *exerceo corpus venatu*, ou *venatu corpus exerceo*, j'exerce mon corps par la chasse.

Dans un grand nombre de cas, l'ordre des propositions est le même en latin qu'en français, c'est-à-dire que les propositions subordonnées se mettent à la même place dans les deux langues. EXEMPLES :

Dùm spiro, spero; tant que je respire, j'espère.

Si id fecisti, tibi gratulor, si vous avez fait cela, je vous félicite.

Il y a néanmoins quelques différences. Ainsi, en latin, la proposition qui commence par un pronom relatif se met assez souvent avant l'antécédent de ce pronom, ou s'en trouve séparée par quelques mots. EXEMPLES :

Qui divitias cupit, is avarus est; celui qui désire la richesse est un avare.

Agri non omnes frugiferi sunt, qui coluntur; les champs qu'on cultive ne sont pas tous fertiles.

ELLIPSE.

§ 125. L'*ellipse* consiste à supprimer un ou quelques mots qui seraient nécessaires dans la construction pleine de la phrase, mais qu'on retranche, parce que la clarté n'en souffre pas, et que le style gagne en vivacité par suite de cette suppression.

Nous avons déjà vu l'ellipse de certains noms qui se fait en latin avec les adjectifs pris substantivement, celle de l'antécédent du pronom relatif, celle du pronom sujet d'un verbe, etc.

Nous ajouterons ici quelques ellipses très-familières aux Latins.

1° L'adjectif possessif est sous-entendu très-souvent quand il est de la même personne que le sujet du verbe. EXEMPLES :

Studiis animum exerceo, j'exerce mon esprit par l'étude. *Meum* est sous-entendu avec *animum.*

Parentes ama, aime tes parents. *Tuos* est sous-entendu avec *parentes.*

Cainus impius fratrem interemit, l'impie Caïn tua son frère. *Suum* est sous-entendu avec *fratrem.*

2° Le verbe *sum* se sous-entend assez souvent, surtout dans les temps composés des verbes passifs. Ex. :

Omnia præclara rara (sous-entendu *sunt*), toutes les belles choses sont rares.

Hostes victi fugatique (sous-entendu *sunt* ou *fuerunt*), les ennemis furent battus et mis en fuite.

3° Un mot exprimé dans une proposition est souvent sous-entendu dans une autre proposition de même nature. EXEMPLES :

Prosperâ fortunâ inebriamur, adversâ frangimur; nous sommes enivrés par la bonne fortune, abattus par la mauvaise. *Fortunâ* est sous-entendu avec *adversâ.*

Hic gloriæ cupidus est, ille pecuniæ.; celui-ci est avide de gloire, celui-là d'argent. Les mots *cupidus est* sont sous-entendus avec *pecuniæ.*

Studiis animum, venatu corpus exerceo; j'exerce mon esprit par l'étude, mon corps par la chasse. *Exerceo* est sous-entendu avec *animum.*

Crassum Sulpicius volebat imitari, Cotta malebat Antonium; Sulpicius voulait imiter Crassus, Cotta préférait imiter Antonius. *Imitari* est sous-entendu avec *malebat.*

Stultus est, qui arborum fructus spectat, altitudinem non metitur; il est insensé, celui qui regarde les fruits des arbres, et n'en mesure pas la hauteur. *Qui* est sousentendu en tête de la proposition *altitudinem non metitur. Arborum,* ou du moins le pronom *earum,* est sous-entendu avec *altitudinem.*

FIN DE LA PREMIÈRE PARTIE.

SUPPLÉMENT

A LA PREMIÈRE PARTIE.

SUPPLÉMENT AUX NOMS.

§ 126. PREMIÈRE DÉCLINAISON.

Il y a des noms de la première déclinaison, tirés du grec, dont le nominatif est en *e* pour le féminin, en *es* ou en *as* pour le masculin. Ils sont réguliers au pluriel; mais, au singulier, ils se déclinent de la manière suivante:

SINGULIER.

Nom.	Music e (f.), musique.	Comet es (m.), comète.	Æne as (m.), Énée.
Gén.	Music es.	Comet æ.	Æne æ.
Dat.	Music æ.	Comet æ.	Æne æ.
Acc.	Music en.	Comet en *et* am.	Æne an *et* am.
Voc.	o Music e.	o Comet e.	o Æne a.
Abl.	Music e.	Comet e *et* â.	Æne â.

Déclinez de même:

Sur *musice*.	Sur *cometes*.	Sur *Æneas*.
Cybele, *Cybèle*.	Alcides, *Hercule*.	Boreas, *Borée*.
Epitome, *abrégé*.	Anchises, *Anchise*.	Tiaras, *tiare*.
Grammatice, *grammaire*.	Geometres, *géomètre*.	Tobias, *Tobie*.

§ 127. DEUXIÈME DÉCLINAISON.

I. Il y a deux noms neutres de la deuxième déclinaison qui se terminent en *us*: *pelagus, i*, la mer; *vulgus, i*, le vulgaire. Ils ont l'accusatif et le vocatif du singulier terminés également en *us*, et ne sont pas usités au pluriel.

II. La deuxième déclinaison contient quelques noms en *eus* et en *os*, tirés du grec; ce sont surtout des noms propres.

Ceux en *eus* se déclinent régulièrement sur *dominus*, sauf le vocatif qui est en *eu;* mais ils ont de plus, aux autres cas, quelques-unes des formes qu'ils avaient en grec :

Nom. Orph eus (m.), *Orphée.*   *Acc.* Orph eum, ea, eon.
Gén. Orph ei, eos.   *Voc.* o Orph eu.
Dat. Orph eo *ou* ei.   *Abl.* Orph eo.

Déclinez de même : *Morpheus,* Morphée; *Prometheus,* Prométhée; *Theseus,* Thésée, etc.

Ceux en *os* ont au nominatif et à l'accusatif la forme latine et la forme grecque ; ils sont réguliers aux autres cas :

Nom. Del os *et* us (f.), *Délos.*   *Acc.* Del on *et* um.
Gén. Del i.   *Voc.* o Del e.
Dat. Del o.   *Abl.* Del o.

Déclinez de même : *Rhodos* ou *Rhodus,* f. Rhodes ; *Lemnos* ou *Lemnus,* f. Lemnos, etc.

§ 128. TROISIÈME DÉCLINAISON.

I. Quelques noms imparisyllabiques, et quelques monosyllabes dont le radical ne se termine pas par deux consonnes, ont néanmoins le génitif pluriel en *ium,* comme :

Cliens, entis, m.   *client.*   Lis, litis, f.   *procès.*
Cohors, ortis, f.   *cohorte.*   Mus, muris, m.   *rat.*
Fornax, acis, f.   *fournaise.*   Nix, nivis, f.   *neige.*
Glis, gliris, m.   *loir.*   Vas, vadis, m.   *caution.*

Ils font *clientium, cohortium, fornacium, glirium,* etc.

Plusieurs noms parisyllabiques font par exception leur génitif pluriel en *um.* Voici les principaux :

Accipiter, trum, m. *épervier.*   Panis, num, m.   *pain.*
Canis, num, m. f.   *chien.*   Pater, trum, m.   *père.*
Frater, trum, m.   *frère.*   Proles, lum, f.   *race.*
Fruges, gum, f.   *moissons.*   Senex, num, m.   *vieillard.*
Juvenis, num, m.   *jeune homme.* Strues, uum, f.   *monceau.*
Mater, trum, f.   *mère.*   Vates, tum, m.   *devin.*
Opes, pum, f.   *richesses.*   Volucris, crum, f. *oiseau.*

II. Quelques noms en *is* de la troisième déclinaison font l'accusatif singulier en *im,* et l'ablatif singulier en *i,* comme : *Securis, is,* f. la hache ; *sitis, is,* f. la soif ; *tussis, is,* f. la toux : *securim, securi; sitim, siti; tussim, tussi.*

Quelques-uns ont à la fois l'accusatif en *em* ou en *im*, et l'ablatif en *e* ou en *i*, comme : *Febris*, f. la fièvre ; *puppis*, f. la poupe ; *turris*, f. la tour : *febrim* ou *febrem*, *febri* ou *febre* ; *puppim* ou *puppem*, *puppi* ou *puppe* ; *turrim* ou *turrem*, *turri* ou *turre*.

Quelques noms neutres en *al, ar* ou *e* font, malgré la règle générale, leur ablatif en *e*, comme *sal*, le sel, abl. *sale* ; *nectar*, le nectar, *nectare*. *Rete*, filet, fait *rete* ou *reti*.

III. *Jupiter*, m. Jupiter, se décline ainsi : gén. *Jovis*, dat. *Jovi*, acc. *Jovem*, voc. *Jupiter*, abl. *Jove*.

Bos, bovis, m. bœuf, fait *boum* au génitif pluriel, et *bobus* ou *bubus* au datif et à l'ablatif de ce même nombre ; il est régulier à tous les autres cas.

Vis, f. violence, n'a au singulier ni génitif ni datif ; il fait à l'acc. *vim*, à l'abl. *vi*. Il a pour pluriel *vires, ium*, qui signifie *forces*, et est régulier.

Iter, itineris, n. chemin ; *supellex, supellectilis*, f. mobilier, et *jecur, jecinoris*, n. foie, sont à remarquer en ce que le génitif a deux syllabes de plus que le nominatif.

§ 129. Noms grecs de la troisième déclinaison.

I. Les noms féminins en *esis, isis*, tirés du grec, comme *hæresis*, l'hérésie ; *poesis*, la poésie, suivent ordinairement la déclinaison latine ; cependant ils font quelquefois le génitif singulier en *eos* et l'accusatif en *in* : Gén. *hæresis* ou *hæreseos* ; acc. *hæresim* ou *hæresin* ; abl. *hæresi*.

II. D'autres noms tirés du grec ont à la fois la forme grecque et la forme latine à l'accusatif singulier et pluriel.

	SINGULIER.	PLURIEL.
Nom.	Her os (m.), *héros*.	Her oes.
Gén.	Her ois.	Her oum.
Dat.	Her oi.	Her oibus.
Acc.	Her oem *ou* oa.	Her oes *ou* oas.
Voc. o	Her os.	Her oes.
Abl.	Her oe.	Her oibus.

Mais les accusatifs du singulier en *a* ne se mettent guère qu'en poésie ; les accusatifs du pluriel en *as* sont usités même en prose.

§ 130. QUATRIÈME DÉCLINAISON.

Acus, ûs, f. aiguille; *arcus, ûs,* m. arc; *artus, uum,* m. (sans sing.), membres; *pecu,* n. troupeau; *quercus, ûs,* f. chêne; *specus, ûs,* m. caverne; *tribus, ûs,* f. tribu; *veru, u,* n. broche, font le datif et l'ablatif du pluriel en *ubus* au lieu de *ibus*.

II. *Jesus,* m. Jésus, fait à l'accusatif *Jesum,* et à tous les autres cas *Jesu*.

§ 131. Noms défectifs, indéclinables, surabondants, etc.

1. On appelle *défectifs* les noms qui n'ont pas tous leurs cas.

Il y en a qui manquent de tous les cas du singulier. Ce sont notamment les suivants :

1° Beaucoup de noms de peuples ou de villes, comme *Volsci, orum,* m. les Volsques; *Athenæ, arum,* f. Athènes.

2° Les noms de fêtes, comme *Saturnalia,* n. les Saturnales; *Olympia,* n. les jeux olympiques.

3° Un grand nombre de noms qui n'appartiennent à aucune catégorie, comme *divitiæ, arum,* f. richesses; *tenebræ, arum,* f. ténèbres; *liberi, orum,* m. enfants; *arma, orum,* n. armes. Plusieurs de ces noms doivent être traduits en français par le singulier, comme *induciæ, arum,* f. une trêve; *castra, orum,* n. un camp.

D'autres noms défectifs manquent de tous les cas du pluriel. Ce sont :

1° Les noms d'hommes, de pays, de villes, de fleuves, comme *Scipio, Italia, Roma, Tiberis.*

2° Les noms abstraits qui, par la nature des choses qu'ils expriment, ne sont guère susceptibles d'avoir un pluriel, comme *juventus,* jeunesse; *senectus,* vieillesse; *justitia,* justice; *pietas,* piété; *gloria,* gloire.

3° Plusieurs noms de métaux et de liquides, comme *aurum,* or; *argentum,* argent; *ferrum,* fer; *oleum,* huile; *acetum,* vinaigre; *sanguis,* sang; *lac,* lait.

4° Un grand nombre d'autres mots que l'usage apprendra, comme *humus*, f. le sol; *tellus*, f. la terre; *aer*, m. l'air; *fames*, f. la faim; *pulvis*, m. la poussière; *vulgus*, n. le vulgaire; *plebs*, f. le bas peuple, etc.

Quelques noms défectifs sont privés seulement de certains cas de l'un ou de l'autre nombre.

Ainsi, *opes*, f. richesses, ressources, n'a que le gén., l'acc. et l'abl. du sing., *opis*, *opem*, *ope*; *collum*, *i*, n. le cou, n'a au pluriel que les trois cas en *a*. Plusieurs noms de la troisième déclinaison, notamment parmi les monosyllabes, n'ont pas de génitif pluriel, comme *pax*, *pacis*, f. paix; *rus*, *ruris*, n. campagne, etc.

Il y a des noms qui ne sont employés qu'à un cas et dans certaines locutions consacrées, comme : *jussu*, par l'ordre de; *injussu*, sans l'ordre de, etc.

II. Les noms *indéclinables* sont ceux qui n'ont qu'une forme.

Quelquefois cette forme ne s'emploie que pour certains cas. Ainsi, *fas*, n. ce qui est permis, action permise; *nefas*, n. action défendue, crime, ne s'emploient que pour les cas semblables du singulier.

D'autres fois, cette forme unique sert pour tous les cas du singulier et du pluriel, comme *pondo*, poids d'une livre.

III. On appelle noms *surabondants* ceux qui se déclinent de plusieurs manières.

Il y en a qui, sans changer de déclinaison, ont plusieurs formes différentes, comme :

Tigris, is *et* tigris, idis, m. f. *tigre*.
Jecur, oris *et* jecur, jecinoris, n. *foie*.

Il y en a qui sont à la fois de plusieurs déclinaisons différentes, comme :

Elephantus, i, *et* elephas, antis, m. *éléphant*.
Juventus, utis *et* juventa, æ, f. *jeunesse*.
Eventum, i, n. *et* eventus, ûs, m. *événement*.

IV. Quelques noms sont d'une déclinaison au singulier, et d'une autre au pluriel. On les appelle *hétéroclites*. EXEMPLES :

Epulum, i, n. = Epulæ, arum, f. *repas*.
Jugerum, i, n. = Jugera, um, n. *arpent*.
Vas, vasis, n. = Vasa, orum, n. *vase*.

V. Il y a des noms dont le pluriel a une autre signification que le singulier, comme :

Ædes, is, f. *temple;* ædes, ium, *maison.*
Castrum, i, n. *château fort ;* castra, *un camp.*
Copia, æ, f. *abondance;* copiæ, *troupes, richesses.*

§ 132. Noms communs, épicènes, douteux, hétérogènes.

I. On appelle noms *communs* ceux qui sont du masculin ou du féminin selon qu'ils désignent l'homme ou la femme, le mâle ou la femelle, comme :

Bos, m.	*bœuf;*		Bos, f.	*vache.*
Canis, m.	*chien;*		Canis, f.	*chienne.*
Conjux, m.	*époux;*		Conjux, f.	*épouse.*
Parens, m.	*père;*		Parens, f.	*mère,* etc.

II. On appelle *épicènes* les noms qui, n'ayant qu'un genre, servent également pour désigner le mâle et la femelle, comme *aquila,* f. l'aigle (mâle et femelle).

III. Un petit nombre de noms, sans avoir relation aux deux sexes, sont du masculin ou du féminin à volonté. Ainsi *phaselus,* barque; *cortex,* écorce, sont du masculin ou du féminin. On les appelle noms *douteux.*

IV. On appelle noms *hétérogènes* ceux qui sont d'un genre au singulier, et d'un autre au pluriel, comme :

Avernus, i, m. et Averna, orum, n. l'Averne.
Carbasus, i, f. et carbasa, orum, n. voile.

Quelques-uns ont un seul genre au singulier ou au pluriel, et deux à l'autre nombre, comme :

Dies, ei, m. f. jour ; au plur. *dies, erum,* m.
Locus, i, m. lieu ; au plur. *loca,* n. et *loci,* m.

§ 133. SUPPLÉMENT AUX ADJECTIFS.

I. Quelques adjectifs de la deuxième classe n'ont que l'ablatif en *e* ou en *i.* Ainsi les composés de *cor,* comme *concors, discors, vecors, socors, excors,* n'ont que l'ablatif en *i. Pauper,* pauvre, fait toujours *paupere. Par,* égal, fait toujours *pari;* son composé *impar,* inégal, fait *impare* ou *impari,* etc.

II. Un assez grand nombre d'adjectifs, imparisyllabiques de la deuxième classe font par exception leur génitif pluriel en *um*, au lieu de *ium*; quelques-uns n'ont en outre qu'une seule forme pour l'ablatif singulier, comme :

Anceps, ipitis,   *douteux* (abl. s. ancipiti).
Celer, eris,   *rapide* (celeri).
Dives, itis,   *riche* (divit e *ou* i).
Inops, opis,   *indigent* (inop e *ou* i).
Memor, oris,   *qui se souvient* (memor i *ou* e).
Pauper, eris,   *pauvre* (paupere).
Præceps, ipitis,   *qui se précipite* (præcipiti).
Supplex, icis,   *suppliant* (supplic e *ou* i).
Vetus, eris,   *ancien* (veter e *ou* i); et plusieurs autres que l'on apprendra par l'usage et le dictionnaire.

Parmi ces adjectifs qui font exceptionnellement le génitif pluriel en *um*, quelques-uns ont régulièrement les trois cas semblables du pluriel neutre en *ia*, comme *ancipitia*, *præcipitia*. Un seul les fait en *a*; c'est *vetus*, qui fait *vetera*. Les autres sont défectifs.

Plures, plusieurs, régulier au génitif *plurium*, fait néanmoins *plura* (et non *pluria*).

III. La plupart des adjectifs de la deuxième classe qui font par exception le génitif pluriel en *um*, sont défectifs.

Quelques-uns, comme *celer, dives, inops, pauper* et *supplex*, manquent des trois cas semblables du pluriel neutre. Ils n'ont donc pour le pluriel que trois formes, *celeres, celerum, celeribus*, etc.

Quelques-uns, comme *memor*, manquent des cas en *a* et des cas en *ibus*. Ils n'ont donc au pluriel que deux formes, *memores, memorum*.

IV. *Necesse*, nécessaire; *fas*, permis, et *nefas*, défendu, ne s'emploient que pour le nominatif et l'accusatif du neutre singulier.

Nequam, méchant, et *frugi*, honnête, s'emploient sans changer de forme pour tous les cas du singulier et du pluriel : *homo nequam, homines nequam; vir frugi, viro frugi*.

Ce sont des adjectifs indéclinables.

§ 134. Adjectifs pris substantivement.

I. Un grand nombre d'adjectifs se prennent substantivement par l'ellipse de divers noms. EXEMPLES :

Oriens, m. *le levant.* } Sous-entendu *sol.*
Occidens, m. *le couchant.* }

Altum, n. *la haute mer* (sous-ent. mare).
Præsens, præteritum, futurum, n. *le présent, le passé, l'avenir* (sous-ent. tempus).

II. Il y a des mots qui s'emploient tantôt comme noms, tantôt comme adjectifs. EXEMPLES :

SUBSTANTIFS.	ADJECTIFS.
Juvenis, m. *jeune homme.*	Juvenis, m. f. *jeune.*
Senex, m. *vieillard.*	Senex, m. f. *vieux.*
Princeps, m. *prince, chef.*	Princeps, m. f. *premier.*

Ils ont toujours le gén. pl. en *um* et l'abl. s. en *e*.

III. Quelques-uns de ces mots qui sont tantôt adjectifs et tantôt substantifs, ont deux formes, l'une en *tor* pour le masculin, l'autre en *trix* pour le féminin :

Genitor, genitrix, *père, mère.*
Adjutor, adjutrix, *celui, celle qui aide.*
Ultor, ultrix, *vengeur, vengeresse.*
Victor, victrix, *vainqueur, victorieuse,* etc.

Les masculins en *tor* sont plutôt substantifs qu'adjectifs; ils se déclinent comme *homo.*

Les féminins en *trix* se déclinent également sur *homo* quand ils sont substantifs ; mais employés comme adjectifs, ils ont l'abl. s. en *e* ou en *i*, et le gén. pl. en *ium*.

Ultor, ultrix et *victor, victrix,* ont comme adjectifs un pluriel neutre en *ia* : *Arma victricia*, des armes victorieuses; *tela ultricia*, des traits vengeurs.

---

§ 135. Comparatifs et superlatifs.

I. Les adjectifs en *uus* dans lesquels cette désinence est précédée de *q* et ne fait qu'une syllabe, forment leur comparatif et leur superlatif régulièrement :

Æquus, *juste* : æquior, æquissimus.
Antiquus, *antique* : antiquior, antiquissimus.
Propinquus, *prochain* : propinquior, propinquissimus.

II. On peut joindre aux comparatifs et superlatifs formés irrégulièrement :

Dives, itis, *riche* : ditior, ditissimus.
Juvenis, *jeune* : junior (sans superl.).

III. Plusieurs adjectifs ont un comparatif, mais sont privés de superlatif, comme *alacer*, vif, *alacrior*; *senex*, vieux, *senior* ; *juvenis*, jeune, *junior*, etc.

IV. D'autres adjectifs ont un superlatif, mais sont privés de comparatif, comme : *vetus*, ancien, *veterrimus*; *sacer*, sacré, *sacerrimus*; *novus*, nouveau, *novissimus*.

V. Un grand nombre d'adjectifs manquent de comparatif et de superlatif. Ce sont ceux qui expriment :

1° Une qualité infinie, comme *æternus, immortalis, infinitus*.
2° Le pays, comme *Romanus, Parisiensis.*
3° La matière, comme *aureus, ligneus, saxeus, argenteus*.
4° Le temps ou le nombre : *quartus, decimus, hibernus*.
5° L'espèce, l'origine : *femineus, paternus, equinus*.
Et beaucoup d'autres que l'usage apprendra.

VI. Il y a quelques comparatifs et superlatifs dont le positif n'existe pas, comme :

Ocior, *plus rapide*; ocissimus, *très-rapide*.
Potior, *préférable*; potissimus, *préférable à tous*.
Deterior, *pire*; deterrimus, *le pire*.
Propior, *plus proche*; proximus, *le plus proche*.

§ 136. Adjectifs numéraux cardinaux.

I. Au lieu de *decem et octo, decem et novem*, on peut dire :
Duodeviginti (deux ôtés de vingt, vingt moins deux).
Undeviginti (vingt moins un).

II. Entre *vingt* et *cent*, on met le plus petit nombre le premier avec *et*, ou le dernier sans *et* : *unus et viginti* ou *viginti unus*, 21 ; *quatuor et triginta* ou *triginta quatuor*, 34, etc.

Les deux derniers nombres de chaque dizaine peuvent, comme 18 et 19, s'exprimer par un mot composé :

28, octo et viginti, viginti octo, *ou* duodetriginta.
29, novem et viginti, viginti novem, *ou* undetriginta.

Les nombres 70 et 90 s'expriment comme s'il y avait en français *septante, nonante* :

74, quatuor et septuaginta *ou* septuaginta quatuor.
92, duo et nonaginta, *ou* nonaginta duo.
99, novem et nonaginta, nonaginta novem, *ou* undecentum.

III. Au-dessus de *cent,* on met toujours le plus grand nombre le premier, avec ou sans *et* : *centum quinque* ou *centum et quinque,* 105 ; *centum quadraginta sex* ou *centum et quadraginta sex,* 146. *Et* ne se met jamais qu'une fois, quel que soit le nombre des parties composantes.

IV. *Mille* est un adjectif indéclinable, comme le français *mille* : *mille homines,* mille hommes ; *cum mille hominibus,* avec mille hommes. Mais il s'emploie aussi au pluriel comme substantif, dans le sens du français *millier.* Alors il se décline, *millia, millium, millibus,* et gouverne le génitif : *duo millia hominum,* deux mille hommes.

Les composés de *mille* se forment en latin de deux manières, soit avec *mille,* précédé des adverbes *bis, ter, quater, deciès, centiès, milliès,* etc. ; soit avec *millia,* précédé des nombres cardinaux *duo, tria, quatuor, decem, centum, mille* :

Bis mille   *ou* duo millia,   2,000.
Centiès mille *ou* centum millia,   100,000.
Milliès mille *ou* mille millia,   1,000,000.

Dans les nombres composés de *mille* et de *centaines, dizaines* ou *unités,* on emploie toujours *millia,* et non *mille.* Ainsi l'on dira : *duo millia trecenti,* 2,300 (et non *bis mille trecenti*). Alors *millia* ne gouverne plus le génitif ; il prend le cas du nom suivant : *cum duobus millibus trecentis hominibus,* avec 2,300 hommes.

Onze cents, douze cents, etc., se disent en latin *mille centum, mille ducenti,* comme s'il y avait en français *mille cent, mille deux cents,* etc.

---

§ 137. **Adjectifs numéraux ordinaux.**

I. De 13e à 20e, le plus petit nombre se met le premier sans *et* ; au-dessus de 20e, on commence par le plus grand nombre sans *et,* ou par le plus petit avec *et.* Dans tous ces composés, *primus* peut être remplacé par *unus,* et *secundus* par *alter.*

13ᵉ, tertius decimus.
14ᵉ, quartus decimus.
18ᵉ, octavus decimus *ou* duodevicesimus.
19ᵉ, nonus decimus *ou* undevicesimus.
20ᵉ, vicesimus *ou* vigesimus.
21ᵉ, vicesimus primus (*rare*), primus et vicesimus, vicesimus unus, unus et vicesimus.
22ᵉ, vicesimus secundus, secundus et vicesimus, vicesimus alter, alter et vicesimus.
30ᵉ, tricesimus *ou* trigesimus.
40ᵉ, quadragesimus.
99ᵉ, nonagesimus nonus, nonus et nonagesimus, undecentesimus
100ᵉ, centesimus.
101ᵉ, centesimus primus, primus et centesimus.
200ᵉ, ducentesimus.
1,000ᵉ, millesimus.

III. Au-dessus de *millième*, on multiplie *millesimus* par les adverbes *bis, ter*, etc.

2,000ᵉ, bis millesimus.
3,000ᵉ, ter millesimus.
4,000ᵉ, quater millesimus.
10,000ᵉ, deciès millesimus.
100,000ᵉ, centiès millesimus.
1,000,000ᵉ, milliès millesimus.

§ 138. Adjectifs numéraux distributifs.

1, singuli, æ, a.
2, bini.
3, terni *ou* trini.
4, quaterni.
5, quini.
6, seni.
7, septeni.
8, octoni.
9, noveni.
10, deni.
11, undeni.
12, duodeni.
13, terni deni.
14, quaterni deni, etc.
19, noveni deni *ou* undeviceni.
20, viceni.
21, viceni singuli.
22, viceni bini, bini et viceni, bini viceni.
23, viceni terni, terni et viceni, terni viceni, etc.
30, triceni.
40, quadrageni, etc.
100, centeni.
200, duceni.
300, treceni.
400, quadringeni, etc.
1,000, milleni (*rare*) *ou* singula millia.
2,000, bina millia.
10,000, dena millia.
100,000, centena millia.
1,000,000, deciès centena millia.

§ 139. Adverbes numéraux.

Semel, *une fois.*
Bis, *deux fois.*
Ter, *trois fois.*
Quater, *quatre fois.*
Quinquiès, *cinq fois.*
Sexiès, *six fois.*
Septiès, *sept fois.*
Octiès, *huit fois.*
Noviès, *neuf fois.*
Deciès, *dix fois.*
Undeciès, *onze fois.*
Duodeciès, *douze fois.*
Tredeciès, *treize fois.*
Quaterdeciès, *quatorze fois.*
Quindeciès, *quinze fois.*
Sedeciès, *seize fois.*

Septiès deciès, *dix-sept fois.*
Duodeviciès, *dix-huit fois.*
Undeviciès, *dix-neuf fois.*
Viciès, *vingt fois.*
Semel et viciès, 21 *fois.*
Triciès, 30 *fois.*
Centiès, 100 *fois.*
Ducentiès, 200 *fois.*
Milliès, 1,000 *fois.*
Bis milliès, 2,000 *fois.*
Deciès milliès, 10,000 *fois.*
Centiès milliès, 100,000 *fois.*
Milliès milliès *ou* deciès centiès milliès, 1,000,000 *de fois.*

§ 140. SUPPLÉMENT AUX PRONOMS.

I. Pour donner plus de force aux pronoms personnels et au pronom réfléchi, on ajoute la syllabe *met* : *Egomet*, moi-même ; *meimet, mihimet, memet, temet, suimet, sibimet, semet, nosmet, vosmet*, de moi-même, à moi-même, etc. Mais le nominatif *tu*, et les génitifs du pluriel *nostrûm, vestrûm*, ne sont pas susceptibles de cet allongement.

Toujours en vue de renforcer la signification du pronom, on emploie à l'accusatif et à l'ablatif les formes redoublées *meme, tete, sese*. Ce dernier est fort usité.

II. Dans les phrases interrogatives, on intercale quelquefois la syllabe *ci* entre *hic* et *ne* enclitique : *hiccine, hæccine, hoccine, hunccine, hoscine, hascine, hiscine*. On fait de même quand *sic* doit être suivi de l'adverbe interrogatif *ne* : Est-ce ainsi, *siccine ?*

III. *Aliquis* fait au pluriel *aliqui, æ, a;* mais il a aussi, pour tous les cas de ce nombre, la forme indéclinable *aliquot*, quelques, un certain nombre, qui ne s'emploie qu'avec un nom exprimé : Il fit quelques ennemis prisonniers, *aliquot cepit hostes*.

On retranche ordinairement les deux premières syllabes de *aliquis* et des adverbes qui en sont formés, comme *aliquà, aliquandò,* quand ces mots viennent après *si, nisi, ne, nùm, sive, quum, quò, ubi.* EXEMPLES :

Si quelqu'un, *si quis* (pour *si aliquis*); dès que quelqu'un, *ubi quis;* de peur que quelqu'un, *ne quis;* si quelque chose, *si quid;* si parfois, *si quandò.*

IV. Aux pronoms interrogatifs qu'on a vus précédemment, il faut joindre ceux qui suivent :

Qualis, e, *de quelle qualité ? quel, quelle ?*
Quantus, a, um, *de quelle grandeur ? combien grand ?*
Quantulus, a, um, *combien petit ?*
Quot (indéclinable), *combien nombreux ? combien de...?*
Quotus, a, um, *en quel rang ? quel ?*
Quotusquisque, *combien peu nombreux ? combien peu de ?*

Qualis, quantus, quantulus et *quot* s'emploient aussi comme pronoms relatifs, et en ce sens ils ont pour antécédent, exprimé ou sous-entendu, *talis, tantus, tantulus, tot*:

Talis...	qualis,	*tel que.*
Tantus....	quantus,	*aussi grand que.*
Tantulus...	quantulus,	*aussi petit que.*
Tot...	quot,	*aussi nombreux que.*

§ 141. SUPPLÉMENT AUX VERBES.

I. Un certain nombre de verbes latins prennent, comme les verbes grecs, un redoublement au parfait.

Do, das, dare,	*donner*	=	parf. dedi.
Sto, stas, stare,	*se tenir*	=	parf. steti.
Cado, is, ere,	*tomber*	=	parf. cecidi.
Cano, is, ere,	*chanter*	=	parf. cecini.
Curro, is, ere,	*courir*	=	parf. cucurri.
Disco, is, ere,	*apprendre*	=	parf. didici.
Fallo, is, ere,	*tromper*	=	parf. fefelli.
Mordeo, es, ere,	*mordre*	=	parf. momordi
Posco, is, ere,	*demander*	=	parf. poposci.

II. A la deuxième personne de l'impératif, *scire,* savoir, ne fait jamais que *scito* (et non *sci*); et au pluriel, *scitote* (et jamais *scite*).

III. Le subjonctif s'emploie assez souvent pour affirmer une action, non comme *certaine* et *réelle*, mais comme *hypothétique*, *probable*, ou simplement *possible* : *Dicat aliquis*, quelqu'un dira peut-être, quelqu'un pourra dire.

IV. On a vu que le conditionnel présent se traduit par l'imparfait du subjonctif latin. Mais il peut se rendre aussi, dans certains cas, par le présent ou le parfait de ce mode. Cela se fait notamment quand le conditionnel n'est pas précédé ou suivi d'une proposition commençant par *si* : *Velim*, je voudrais ; *possis*, vous pourriez ; *nemo audeat*, personne n'oserait ; *libenter id crediderim*, je croirais cela volontiers ; *jure dicas* ou *dixeris*, vous diriez cela avec raison.

V. Un certain nombre de participes présents ou passés s'emploient quelquefois comme adjectifs. Ceux en *ans* et en *ens* ont alors l'ablatif du singulier en *e* ou en *i*.

Plusieurs de ces participes employés adjectivement ont des degrés de signification, comme *amans, amantior, amantissimus*, attaché à ; *paratus, paratior, paratissimus*, prêt.

D'autres participes sont devenus de véritables adjectifs, et s'emploient presque toujours en cette qualité, comme : *doctus*, savant ; *valens*, robuste. Ils ont généralement un comparatif et un superlatif : *doctior, doctissimus*, etc.

VI. Le participe futur de plusieurs verbes actifs, neutres ou déponents ne se tire pas du supin, selon la règle générale. Ainsi *morior*, mourir (supin inusité *mortuum*, participe passé *mortuus*), fait *moriturus* ; *nascor*, naître (supin *natum*), fait *nasciturus* ; *orior*, se lever (*ortum*), *oriturus* ; *pario* (*partum*), enfanter, *pariturus*.

§ 142. Des verbes passifs, neutres, déponents.

I. Les verbes passifs latins se rendent quelquefois en français par un verbe neutre. Il faut remarquer en ce genre *haberi* et *videri*, qui signifient régulièrement *être possédé*, *être vu*, comme passif de *habere* et *videre*, mais qui ont très-souvent aussi un sens neutre, et signifient, le premier *passer pour* (mot à mot : être tenu pour), le second *paraître* (mot à mot : être regardé comme).

II. On a vu (§ 78, rem. 3°) que certains verbes latins sont employés tantôt comme neutres, tantôt comme actifs.

Les verbes neutres qui ont en même temps le sens actif, peuvent en cette qualité recevoir un passif. Quelques-uns, toujours neutres, prennent cependant chez les poëtes et même chez les prosateurs, un participe passé passif, comme *laboratus*, fait avec soin (de *laborare*, travailler); *vigilatus*, fait à la veillée (de *vigilare*, veiller).

III. Quelques verbes ont à la fois la forme passive et la forme active, avec la même signification, c'est-à-dire que tantôt ils sont verbes déponents, et tantôt ils ne le sont pas, comme : *mereo, es, ui, itum, ere* et *mereor, eris, itus sum, eri,* mériter; *fabricari* et *fabricare*, fabriquer, etc.

Quelques verbes déponents se prennent tantôt dans le sens actif, et tantôt dans le sens passif, comme *criminari*, accuser *et* être accusé; *dignari*, juger digne *et* être jugé digne.

D'autres, en plus grand nombre, peuvent se prendre dans le sens passif au participe passé seulement, comme : *adeptus*, ayant acquis *ou* ayant été acquis (de *adipiscor*); *oblitus*, ayant oublié *ou* ayant été oublié (de *obliviscor*).

§ 143. Verbes irréguliers.

I. *Revertor*, retourner, revenir, est semi-déponent, mais en sens inverse, c'est-à-dire qu'il a forme active au parfait et à tous les temps qui en dérivent : *reverti*, je retournai ; *reverteram, revertero, reverterim, revertissem, revertisse* ; et forme passive à tous les autres temps : *revertor, revertebar, revertar, reverterer, reverti* (à l'infinitif).

II. Aux verbes défectifs, il faut joindre *fari*, dire *ou* parler. Ce verbe, employé principalement en vers, n'a guère que les formes suivantes :

INDIC. PRÉSENT.	Fatur, *il dit* ou *il parle.*
PARFAIT.	Fatus sum *ou* fui, etc.
PLUS-QUE-PARFAIT.	Fatus eram *ou* fueram, etc.
IMPÉRATIF.	Fare, *dis* ou *parle.*
INFIN. PRÉSENT.	Fari, *dire, parler.*
PARTIC. PRÉSENT.	Fans (inusité), fantis, *disant, parlant.*
PASSÉ.	Fatus, a, um, *ayant dit* ou *parlé.*
FUTUR (passif).	Fandus, a, um, *devant* ou *pouvant être dit.*
SUPIN (passif).	Fatu, *à être dit.*
GÉRONDIFS.	Fandi, *de dire, de parler.*
	Fando, *en disant, en parlant.*

III. Beaucoup de verbes personnels se prennent impersonnellement à la troisième personne du singulier, comme : *Præstat,* il vaut mieux ; *constat,* il est avéré ; *patet, apparet,* il est clair ; *fit, evenit, accidit, contingit,* il arrive ; *placet,* il plaît ; *juvat, delectat,* il fait plaisir, on aime ; *interest,* il importe ; *conducit, expedit,* il est avantageux.

Certaines locutions, composées du verbe *est* et d'un autre mot, équivalent à des verbes impersonnels, comme *fas est,* il est permis ; *necesse est,* il est nécessaire ; *opus est,* il est besoin, il faut, etc.

IV. On appelle verbes *surabondants* ceux qui, pour quelques-uns de leurs temps ou de leurs personnes, ont plusieurs formes différentes.

Il y en a qui ont un double parfait ou un double supin, comme :

Applic are, o, as, ui *ou* avi, itum *ou* atum, *appliquer.*
Evellere, o, is, evelli *ou* evulsi, evulsum, *arracher.*
Mulg ere, eo, es, mulsi *ou* mulxi, mulsum *ou* mulctum, *traire.*
Pang ere, o, is, panxi, pepigi *ou* pegi, pactum, *conclure.*
Sep ire, io, is, sepsi *ou* sepivi, septum, *environner.*
Sorb ere, eo, es, sorbui *ou* sorpsi, sorptum, *avaler,* etc.

Ils ont également deux formes pour tous les temps qui dérivent du double parfait ou du double supin.

Il y en a qui suivent à la fois deux conjugaisons, comme :

Lav o, as, are *et* lav o, is, ere (*parfait* lavi, *supin* lotum *ou* lavatum), *laver.*
Terg eo, es, ere *et* terg o, is, ere (*parfait* tersi, *supin* tersum), *essuyer,* etc.

§ 144. Conjugaison périphrastique.

I. En combinant le participe futur actif avec les différents temps du verbe *sum,* on forme une conjugaison composée, qui marque un avenir prochain, une intention, comme en français les verbes *devoir, aller,* suivis de l'infinitif. EXEMPLE : *Lecturus sum,* je vais *ou* je dois lire, je suis sur le point de lire. Cette conjugaison s'appelle *périphrastique,* parce qu'elle exprime le futur par périphrase.

INDIC. *Prés.*	Lecturus sum, es, est.	*je dois* ou *je vais lire,* etc.
	Lecturi sumus, estis, sunt.	*nous devons* ou *nous allons lire,* etc.
Imparfait.	Lecturus eram, eras, erat, etc.	*je devais* ou *j'allais lire,* etc.
Parfait.	Lecturus fui,	*j'ai dû lire,* etc.
Plus-que-p.	Lecturus fueram,	*j'avais dû lire,* etc.
Futur.	Lecturus ero,	*je devrai lire,* etc.

Point de futur passé ni d'impératif.

SUBJ. *Prés.*	Lecturus sim,	*que je doive lire,* etc.
Imparfait.	Lecturus essem,	*que je dusse* ou *je devrais lire,* etc.
Parfait.	Lecturus fuerim,	*que j'aie dû lire,* etc.
Plus-que-p.	Lecturus fuissem,	*que j'eusse dû* ou *j'aurais dû lire,* etc.

II. Le participe futur passif en *dus* forme également une conjugaison périphrastique, qui marque non-seulement l'avenir, mais encore le devoir, l'obligation.

INDIC. *Prés.*	Amandus sum,	*je dois être aimé,* etc.
Imparfait.	Amandus eram,	*je devais être aimé,* etc.
Parfait.	Amandus fui,	*j'ai dû être aimé,* etc.
Plus-que-p.	Amandus fueram,	*j'avais dû être aimé.*
Futur.	Amandus ero,	*je devrai être aimé,* etc.
SUBJ. *Prés.*	Amandus sim,	*que je doive être aimé,* etc.
Imparfait.	Amandus essem,	*que je dusse* ou *je devrais être aimé,* etc.
Parfait.	Amandus fuerim,	*que j'aie dû être aimé.*
Plus-que-p.	Amandus fuissem,	*que j'eusse dû* ou *j'aurais dû être aimé,* etc.

§ 145. **DES NÉGATIONS.**

I. En latin, la négation par excellence est l'adverbe *non*, non, ne pas, ne point. Les autres mots négatifs renferment tous en eux-mêmes l'idée de *non*. Ainsi *nullus* est pour *non ullus*, *nunquàm* pour *non unquàm*, *nusquàm* pour *non usquàm*, etc. Aussi, quand on se sert de *nullus, nihil, nunquàm*, etc., on ne traduit pas le *ne* du français.

II. Quand il y a en français deux mots négatifs dans la même proposition, le premier des deux seulement prend en latin la forme négative. EXEMPLES :

Personne n'a rien fait, *nemo quidquam fecit* ou *nihil quisquam fecit*; jamais personne, *nemo unquàm* ou *nunquàm quisquam*; jamais rien, *nihil unquàm* ou *nunquàm quidquam*.

III. L'adverbe de négation *non*, mis devant les autres mots négatifs, forme avec eux des composés affirmatifs :

Nonnemo, nonnullus, *quelqu'un*.
Nonnihil, *quelque chose*.
Nonnunquàm, *quelquefois*.

IV. Mis après ces mêmes mots négatifs, *non* leur donne la valeur d'une affirmation universelle :

Nullus non, nemo non, *tout le monde, tous*.
Nihil non, *toute chose, tout*.
Nunquàm non, *en tout temps, toujours*.
Nusquàm non, *en tout lieu, partout*.

V. Quelques conjonctions ont une valeur négative, comme *nec, neque*, qui sont pour *et non*; *ne*, qui tient la place de *ut non*; *nisi*, qui équivaut à *si non*.

Pour expliquer une phrase latine, il est souvent utile de supposer cette décomposition de *nec, ne, nisi*; on explique *et, ut* ou *si* immédiatement, et l'on reporte *non* devant le mot sur lequel tombe la négation contenue dans *nec, ne* ou *nisi*. Ce mot n'est pas toujours celui qui vient immédiatement après; il en est quelquefois séparé par d'autres mots.

Au lieu de *et nullus, et nemo, et nihil, et nunquàm, et nusquàm*, il vaut mieux dire *nec ullus, nec quisquam, nec quidquam, nec unquàm, nec usquàm*. Au lieu de *et nondùm*, et... ne pas encore, on dit mieux en un seul mot *necdùm*.

De même *ut nemo, ut nihil, ut nunquàm*, etc., se remplacent bien par *ne quisquam* ou *ne quis, ne quidquam* ou *ne quid, ne unquàm*.

FIN DU SUPPLÉMENT A LA PREMIÈRE PARTIE.

DEUXIÈME PARTIE.

SYNTAXE.

§ 146. La *Syntaxe* est la partie de la grammaire qui enseigne les règles suivant lesquelles les divers éléments du discours s'unissent et se combinent pour exprimer nos pensées.

Elle se divise en *Syntaxe de la proposition* et *Syntaxe de la phrase*.

La Syntaxe de la proposition traite de la manière d'unir les mots pour en former une proposition.

La Syntaxe de la phrase apprend à lier plusieurs propositions pour en former une phrase complexe.

LIVRE PREMIER.
Syntaxe de la proposition.

§ 147. Les règles relatives à l'arrangement des mots dans la proposition sont de deux sortes : 1° règles d'*accord*, suivant lesquelles deux mots s'accordent en genre, en nombre, en cas, en personne; 2° règles de *complément* ou de *régime*, suivant lesquelles un mot agit sur un autre mot, et le veut à tel ou tel cas.

CHAPITRE I.
RÈGLES D'ACCORD.

§ 148. *Accord de deux noms.*

Ludovicus rex.

Quand deux noms désignent une seule et même personne, une seule et même chose, et que le second sert à qualifier le premier, ces deux noms se mettent au même cas. EXEMPLES :

Louis roi, *Ludovicus rex;* de Louis roi, *Ludovici regis.*

Ésope auteur, *Æsopus auctor ;* à Ésope auteur, *Æsopo auctori.*

Les mots *rex, regis, auctor, auctori,* forment ce qu'on appelle une *apposition.*

Urbs Roma.

Quoique séparés en français par la préposition *de,* les deux noms ne laissent pas de se mettre au même cas lorsqu'ils ne désignent qu'un même objet. EXEMPLES :

La ville de Rome, *urbs Roma;* le fleuve du Pô, *Padus amnis.*

---

§ 149. *Accord de l'adjectif avec le nom.*

Deus sanctus.

L'adjectif s'accorde en genre, en nombre et en cas avec le nom auquel il se rapporte. EXEMPLES :

Dieu saint, *Deus sanctus;* du Dieu saint, *Dei sancti;* Vierge sainte, *Virgo sancta;* de la Vierge sainte, *Virginis sanctæ;* temple saint, *templum sanctum;* du temple saint, *templi sancti.*

La même règle s'applique aux pronoms adjectifs et aux participes. EXEMPLES :

Cet homme, *hic homo;* cette femme, *hæc mulier;* ce temple, *hoc templum;* de cet homme, *hujus hominis;* les mêmes fleurs, *iidem flores;* mon livre, *meus liber;* de ta maison, *tuæ domûs;* par notre travail, *nostro labore.*

Le fils chéri, *filius dilectus;* la fille chérie, *filia dilecta;* le temple bâti, *templum ædificatum.*

§ 150. *Accord du verbe avec le sujet.*

Ego audio; discipuli audiunt.

Le sujet de tout verbe à un mode personnel se met en latin au nominatif, et le verbe s'accorde avec ce sujet en nombre et en personne. EXEMPLES :

J'écoute, *ego audio;* vous enseignez, *tu doces;* il lit, *ille legit.*

Le maître enseigne, *magister docet;* les élèves écoutent, *discipuli audiunt.*

Tu rides, ego fleo.

Quand le sujet du verbe est un pronom personnel, il se sous-entend d'ordinaire : *audio, doces, legit.*

Mais il faut l'exprimer quand il y a deux verbes dont le sens est opposé, ou quand la phrase contient quelque chose de vif. EXEMPLES :

Vous riez, et je pleure; *tu rides, ego fleo.*
Vous osez parler ainsi! *tu loqui sic audes!*

Petrus et Paulus ludunt.

Quand le verbe a plusieurs sujets, il se met au pluriel. EXEMPLE :

Pierre et Paul jouent, *Petrus et Paulus ludunt.*

Ego et tu valemus.

Si les sujets d'un même verbe sont de différentes personnes, le verbe se met à la première personne de préférence aux deux autres, et à la deuxième personne de préférence à la troisième. EXEMPLES :

Vous et moi nous nous portons bien, *ego et tu valemus;* vous et votre frère vous causez, *tu fraterque garritis.* (Dans ce cas il faut exprimer le pronom.)

REMARQUE. En français, la politesse exige que la première personne se nomme après les autres, *vous et moi;* c'est le contraire qui a lieu en latin, *ego et tu.*

§ 151. *Accord de l'attribut avec le sujet.*

Cicero fuit consul.

Le nom qui sert d'attribut se met au même cas que le sujet. EXEMPLE :
Cicéron fut consul, *Cicero fuit consul.*

Deus est sanctus.

Quand l'attribut est un adjectif ou un participe, il s'accorde avec le sujet, non-seulement en cas, mais encore en genre et en nombre. EXEMPLES :
Dieu est saint, *Deus est sanctus;* la terre est ronde, *terra rotunda est;* les hommes sont mortels, *homines mortales sunt;* Rome fut prise, *Roma capta est;* les Carthaginois furent vaincus, *Pœni victi sunt.*

Pater et filius sunt boni ; mater et filia sunt bonæ.

Quand l'adjectif qui sert d'attribut se rapporte à deux ou plusieurs noms du même genre, il se met au pluriel, et prend le genre de ces noms. EXEMPLES :
Le père et le fils sont bons, *pater et filius sunt boni;* la mère et la fille sont bonnes, *mater et filia sunt bonæ;* la terre et la lune sont rondes, *terra et luna rotundæ sunt;* le mensonge et le vol sont honteux, *mendacium et furtum turpia sunt.*

Pater et mater sunt boni.

Si les noms sont de différents genres, mais expriment des êtres animés, l'accord se fait avec le genre masculin de préférence aux deux autres, et avec le féminin de préférence au neutre. EXEMPLES :
Le père et la mère sont bons, *pater et mater sunt boni;* la brebis et le cerf sont timides, *ovis et cervus timidi sunt.*

Virtus et vitium sunt contraria.

Si ces noms de différents genres expriment des choses inanimées, l'adjectif se met au pluriel neutre. EXEMPLE :

La vertu et le vice sont contraires, *virtus et vitium sunt contraria.*

Turpe est mentiri.

Quand le sujet est un infinitif, l'adjectif qui sert d'attribut se met au neutre singulier. EXEMPLE :

Il est honteux de mentir, *tournez :* mentir est honteux, *turpe est mentiri.*

On voit que le *de* qui précède l'infinitif français servant de sujet ne se traduit pas en latin.

REMARQUES. 1° L'infinitif s'emploie aussi comme sujet avec un nom pour attribut : C'est une faute de mentir, *tournez :* mentir est une faute, *culpa est mentiri.* (On ne traduit ni *ce* ni *de.*)

2° C'est également comme sujet que l'infinitif s'emploie avec les verbes impersonnels ou pris impersonnellement : Il faut s'instruire, *discere oportet* (c'est-à-dire s'instruire est chose nécessaire); il convient d'écouter, *tournez :* écouter convient, *decet audire.*

Ego nominor leo.

Le nom ou l'adjectif qui vient après les verbes *fio*, je deviens ; *videor*, je parais ; *habeor*, je passe pour ; *existimor*, je suis regardé comme ; *nominor*, je suis nommé, je me nomme, et quelques autres de signification analogue, est assimilé à un attribut, et s'accorde également avec le sujet. EXEMPLES :

Je m'appelle lion, *ego nominor leo.*

Il paraît sage, *videtur sapiens.*

Cicéron fut nommé consul, *Cicero creatus est consul.*

REMARQUES. 1° En général, le nom ou l'adjectif qui se rapporte au sujet et en marque l'état ou la qualité, s'accorde avec lui, par quelque verbe qu'il en soit séparé. EXEMPLES :

Aristide mourut pauvre, *Aristides mortuus est pauper;* personne ne naît riche, *nemo nascitur dives;* le geai revint tout chagrin, *graculus rediit mœrens;* il a régné le premier, *primus regnavit;* il s'est retiré le dernier, *ultimus excessit.*

2° Dans ces sortes de phrases, les mots *pour, comme, en qualité de,* qui viennent quelquefois devant le nom ou l'adjectif, ne se rendent pas en latin. EXEMPLES :

Il passe pour savant, *habetur doctus;* il fut choisi pour chef, *dux electus est;* il est regardé comme très-prudent, *existimatur prudentissimus;* il fut envoyé comme *ou* en qualité de général, *missus est imperator.*

3° L'infinitif *esse,* mis entre ces verbes et le nom ou l'adjectif qui suit, n'empêche pas l'accord : Il paraît être sage, *videtur esse sapiens;* il paraît devoir venir, *videtur esse venturus;* ils paraissent avoir été forcés, *videntur esse coacti.*

§ 152. *Additions aux règles d'accord.*

Senatus populusque romanus.

Quand l'adjectif qui se rapporte à plusieurs noms n'est pas attribut, mais simple épithète, l'usage est de le faire accorder en genre et en nombre avec celui dont il se trouve le plus rapproché dans la phrase. EXEMPLES :

Le sénat et le peuple romain, *senatus populusque romanus;* les envieux haïssent la vertu et le bonheur d'autrui, *invidi virtutem et bonum alienum oderunt.*

Tullia, deliciæ nostræ, valet.

Quand le sujet est accompagné d'un nom mis en apposition, c'est avec le sujet principal qu'on fait accorder le verbe et l'attribut. EXEMPLE :

Tullie, nos délices, se porte bien, *Tullia, deliciæ nostræ, valet.*

Quand un nom propre de ville est accompagné d'un des mots *urbs, civitas, oppidum,* c'est ordinairement avec ce dernier que l'accord a lieu : La ville d'Athènes fut détruite, *urbs Athenæ eversa est.*

Ratio et consilium in senibus est.

Quand il y a plusieurs sujets, le verbe s'accorde quelquefois avec le plus rapproché, surtout quand les sujets expriment des idées de même nature ; mais il faut qu'ils soient de la même personne. EXEMPLE :

La raison et la prudence se trouvent dans les vieillards, *ratio et consilium in senibus est.*

L'attribut peut aussi s'accorder avec un seul sujet, surtout quand les sujets sont de même genre et de même nombre. EXEMPLE :

La légèreté et l'ignorance sont vicieuses, *temeritas et ignoratio vitiosa est.*

Mais on peut toujours dire suivant la règle générale, *in senibus sunt, vitiosæ sunt.*

REMARQUE. Quand deux ou plusieurs sujets sont unis par les conjonctions *ou, ni, non-seulement... mais encore,* et autres semblables, il est d'usage de faire l'accord avec le plus rapproché. EXEMPLES :

Ni Pierre ni Paul ne lit, *nec Petrus nec Paulus legit;* les mœurs ou la science rendent l'homme estimable, *aut mores, aut doctrina hominem commendat.*

Si cependant les sujets ne sont pas de la même personne, il faut mettre le pluriel : Ni toi ni moi n'avons fait cela, *hæc neque ego neque tu fecimus.*

Magna multitudo latronum convenerant.

Quand le sujet est un nom collectif, c'est-à-dire qui exprime la réunion de plusieurs personnes ou de plusieurs choses, et qu'il est suivi d'un autre nom au génitif pluriel, le verbe et l'attribut peuvent s'accorder avec ce pluriel. EXEMPLES :

Une grande multitude de brigands s'étaient rassemblés, furent arrêtés, *magna multitudo latronum convenerant, comprehensi sunt.*

Une partie des vaisseaux furent engloutis, *pars navium haustæ sunt.*

CHAPITRE II.
COMPLÉMENT DES NOMS ET DES ADJECTIFS.

§ 153. *Complément des noms.*

Liber Petri.

Lorsqu'un nom est uni à un autre nom par *de, du, de la, des*, sans désigner la même personne ou la même chose, il en est le complément, et se met en latin au génitif. EXEMPLES :

Le livre de Pierre, *liber Petri;* la bonté de Dieu, *bonitas Dei.*

REMARQUE. On peut souvent remplacer le nom au génitif par un adjectif équivalent. EXEMPLES :

La bonté de Dieu, *tournez :* la bonté divine, *bonitas divina;* le sénat de Rome, *tournez :* le sénat romain, *senatus romanus;* les calendes de janvier, *kalendæ januariæ.*

Puer egregiæ indolis *ou* egregiâ indole.

Quand le nom qui sert de complément à un autre nom exprime une qualité bonne ou mauvaise, il se met au génitif ou à l'ablatif. EXEMPLES :

Un enfant d'un bon naturel, *puer egregiæ indolis* ou *egregiâ indole;* d'un mauvais naturel, *pravæ indolis* ou *pravâ indole.*

§ 154. *Adjectifs qui gouvernent le génitif.*

Avidus laudum.

Les adjectifs *avidus*, avide de; *cupidus*, désireux de; *studiosus*, qui a du goût pour; *peritus*, habile dans; *patiens, impatiens*, capable, incapable de supporter; *rudis*, qui ne sait pas; *memor*, qui se souvient de; *immemor*, qui ne se souvient pas de; *plenus*, plein de, et beaucoup d'autres que l'usage fera connaître, gouvernent le génitif. EXEMPLES :

Avide de louanges, *avidus laudum;* habile dans la musique, *peritus musicæ;* plein de vin, *plenus vini.*

§ 155. *Adjectifs qui gouvernent le datif.*

Id mihi utile est.

Les adjectifs *utilis*, utile à ; *commodus*, avantageux à ; *necessarius*, nécessaire à ; *gratus, jucundus*, agréable à ; *infensus, iratus*, irrité contre ; *assuetus*, accoutumé à ; *aptus, idoneus*, propre à ; *natus*, né pour, etc., gouvernent le datif. EXEMPLES :

Cela m'est utile, *id mihi utile est;* corps accoutumé au travail, *corpus assuetum labori.*

Le datif sert encore, après un grand nombre d'adjectifs, à rendre la préposition *pour :* Cela sera doux pour moi, *id mihi dulce erit.*

§ 156. *Adjectifs qui gouvernent le génitif ou le datif.*

Similis patris ou patri.

Les adjectifs *similis*, semblable à ; *dissimilis*, différent de ; *proprius*, propre à ; *communis*, commun à, et quelques autres, gouvernent le génitif ou le datif. EXEMPLE :

Semblable à son père, *similis patris* ou *patri.*

§ 157. *Adjectifs qui gouvernent l'accusatif avec AD.*

Propensus ad lenitatem.

Les adjectifs *propensus, pronus*, porté à ; *proclivis*, enclin à ; *paratus*, prêt à, et en général ceux qui marquent une inclination ou un penchant à quelque chose, gouvernent l'accusatif avec *ad.* EXEMPLES :

7.

Porté à la douceur, *propensus ad lenitatem.*

Enclin aux vices, *proclivis ad vitia.* (*Proclivis* se dit principalement d'une inclination vicieuse.)

REMARQUE. Quelques-uns des adjectifs qui gouvernent le datif, comme *aptus, idoneus* et *natus,* peuvent prendre aussi l'accusatif avec *ad :* Propre à la guerre, *aptus militiæ* ou *ad militiam ;* né pour l'empire, *natus imperio* ou *ad imperium.*

§ 158. *Adjectifs qui gouvernent l'ablatif.*

Præditus virtute.

Les adjectifs *præditus,* doué de ; *dignus,* digne de ; *indignus,* indigne de ; *contentus,* content de ; *lætus,* joyeux de ; *ferox,* fier de ; *superbus,* orgueilleux de ; *orbus,* privé de, etc., gouvernent l'ablatif. EXEMPLES :

Jeune homme doué de vertu, *adolescens virtute præditus ;* digne de louange, *dignus laude ;* content de son sort, *contentus suâ sorte.*

REMARQUE. Quelques adjectifs gouvernent le génitif ou l'ablatif. Ainsi *plenus,* plein de, se construit quelquefois avec l'ablatif ; au contraire *refertus,* rempli de, prend ordinairement l'ablatif, et quelquefois le génitif.

Liber metu *ou* **a metu.**

Beaucoup d'adjectifs qui marquent *exemption, séparation* ou *éloignement,* comme *vacuus,* vide de ; *liber,* libre de ; *immunis,* exempt de ; *extorris, profugus,* banni de ; *alienus,* étranger à, prennent leur complément à l'ablatif avec ou sans *a, ab.* EXEMPLES :

Libre de crainte, *liber metu* ou *a metu ;* ville vide de défenseurs, *urbs defensoribus vacua ;* vie exempte de danger, *vita a periculo vacua.*

§ 159. *Complément des comparatifs.*

Paulus est doctior Petro *ou* **quàm Petrus.**

Quand le comparatif de l'adjectif est exprimé en

latin par un seul mot, le nom qui lui sert de complément peut se construire en latin de deux manières : 1° on le met à l'ablatif sans exprimer *que*; 2° on exprime *que* par *quàm,* et le deuxième nom se met au même cas que le nom précédent auquel il est opposé.

EXEMPLES :

Paul est plus savant que Pierre, *Paulus est doctior Petro* ou *quàm Petrus.*

Je ne connais personne plus savant que Paul, *neminem novi doctiorem Paulo* ou *quàm Paulum.*

Pour vous assurer à quel cas doit se mettre le nom qui vient après *quàm*, complétez la phrase, et voyez à quel cas il serait dans la proposition nouvelle que vous obtiendrez ainsi : Paul est plus savant que Pierre, *c'est-à-dire* que n'est Pierre, *quàm Petrus est ;* je ne connais personne plus savant que Paul, *c'est-à-dire* que je ne connais Paul, *quàm novi Paulum ;* et en faisant l'ellipse du verbe, *quàm Petrus, quàm Paulum.*

REMARQUES. 1° Lorsqu'on ne peut pas, en complétant la phrase, faire entrer dans la deuxième proposition le même verbe que dans la première, il faut exprimer en latin le verbe *sum* après *quàm*. EXEMPLE :

J'ai un cheval meilleur que le vôtre, *tournez :* meilleur que n'est le vôtre, *habeo equum meliorem quàm tuus est.* Ce serait une faute grave de mettre *quàm tuum*, parce que l'on ne peut pas tourner : J'ai un cheval meilleur que *je n'ai* le vôtre. On pourrait d'ailleurs dire aussi, mais moins bien, *habeo equum meliorem tuo,* l'ablatif se mettant plus rarement quand le comparatif est à l'accusatif.

2° Quand le comparatif est à tout autre cas que le nominatif ou l'accusatif, il faut toujours se servir de *quàm*, et ajouter *sum*. EXEMPLES :

J'ai lu une lettre d'un enfant plus savant que Pierre, *tournez :* plus savant que n'est Pierre, *legi epistolam pueri doctioris quàm Petrus est ;* le prix a été donné à un élève plus laborieux que Pierre, *datum est præmium discipulo diligentiori quàm Petrus est.*

3° Quand le comparatif ne se rapporte pas au premier des deux noms mis en rapport par *que*, on se sert toujours de *quàm*, sans ajouter le verbe *sum*, et le deuxième nom se met au même cas que le premier. EXEMPLES :

Dieu a donné aux hommes une nature meilleure qu'aux autres animaux, *Deus naturam hominibus meliorem dedit quàm ceteris animantibus.* (Les deux noms mis en rapport par *que* sont *hommes* et *animaux;* le comparatif *meilleure* se rapporte à *nature.*)

Magis pius est quàm tu.

Quand l'adjectif latin forme son comparatif à l'aide de *magis*, le *que* s'exprime toujours par *quàm*, et l'on observe pour le cas ce qui a été exposé dans la règle précédente. EXEMPLES :

Il est plus pieux que vous, *magis pius est quàm tu;* je ne connais personne plus capable que vous, *neminem novi magis idoneum quàm te*, ou mieux *quàm tu es*.

REMARQUE. Si plusieurs comparatifs sont de suite, et que l'un d'eux se forme à l'aide de *magis*, on mettra tous les adjectifs latins au positif, en n'exprimant *magis* qu'une fois : Il est plus pieux et plus prudent, *magis pius et prudens est;* plus brave et plus heureux, *magis strenuus ac felix.*

Diligentiùs Petro ou quàm Petrus.

Après le comparatif des adverbes, comme après celui des adjectifs, on met l'ablatif ou *quàm*, en observant les mêmes règles. EXEMPLES :

Paul étudie avec plus de zèle que Pierre, *Paulus studet diligentiùs Petro* ou *quàm Petrus;* plus assidûment que Pierre, *magis assiduè quàm Petrus.*

Felicior quàm prudentior.

Quand le complément du comparatif est exprimé par un adjectif, cet adjectif se met également au comparatif en latin, et il s'accorde avec le premier en genre, en nombre et en cas. EXEMPLES :

Il est plus heureux que prudent, *felicior est quàm prudentior*.

Ils envoyèrent un général plus hardi qu'habile, *miserunt ducem audaciorem quàm peritiorem*.

Cependant, si *plus* est exprimé par *magis* avec l'un des deux adjectifs, ils se mettront tous deux au positif : Plus brave qu'heureux, *magis strenuus quàm felix*.

Cette même règle s'applique aux adverbes : Avec plus de bonheur que de prudence, *feliciùs quàm prudentiùs ;* avec plus de courage que de circonspection, *magis strenuè quàm cautè*.

Doctior quàm putas.

Si le complément du comparatif est exprimé par un verbe, *que* se rend toujours par *quàm*, et le verbe se met au même temps et au même mode que dans le français. EXEMPLES :

Il est plus savant que vous ne pensez, *doctior est quàm putas ;* rien n'est plus honteux que de mentir, *nihil turpius est quàm mentiri ;* l'affaire a mieux tourné que je ne pensais, *res feliciùs cessit quàm putâram*.

On voit qu'on ne rend pas en latin la particule *ne* qui précède le second verbe français.

Malo discere quàm nescire.

Les verbes *malo*, j'aime mieux ; *præstat*, il vaut mieux, exprimant une comparaison, le *que* qui suit se rend par *quàm*. EXEMPLES :

J'aime mieux apprendre que d'ignorer, *malo discere quàm nescire ;* il vaut mieux se taire que de médire, *tacere præstat quàm maledicere ;* j'aime mieux la vertu que l'or, *malo virtutem quàm aurum*.

§ 160. *Complément des superlatifs.*

Altissima arborum, ex arboribus ou inter arbores.

Le nom pluriel qui vient après le superlatif relatif et lui sert de complément, se met au génitif, ou à l'ablatif avec *e* ou *ex*, ou à l'accusatif avec *inter*, et le superlatif s'accorde en genre avec ce nom. EXEMPLES :

Le cèdre est le plus haut des arbres, *cedrus est altissima arborum, ex arboribus* ou *inter arbores*. (*Altissima* s'accorde en genre avec *arbor*; c'est comme s'il y avait : *cedrus est arbor altissima arborum.*)

Le lion est le plus courageux des animaux, *leo est fortissimum animalium*. (C'est comme s'il y avait : *leo est animal fortissimum animalium.*)

L'homme le plus remarquable de tous, *vir maximè conspicuus omnium, ex omnibus* ou *inter omnes*.

Le superlatif des adverbes prend son complément de la même manière : Il a parlé le plus éloquemment de tous, il a combattu le plus vaillamment de tous, *dixit eloquentissimè, pugnavit maximè strenuè omnium, ex omnibus* ou *inter omnes*.

Ditissimus urbis.

Si le nom qui suit le superlatif relatif est au singulier, il se met toujours au génitif, et le superlatif ne s'accorde pas en genre avec ce nom, mais avec celui auquel il se rapporte. EXEMPLE :

Il est le plus riche de la ville, *ditissimus est urbis* (c'est-à-dire *homo ditissimus ex hominibus urbis*).

Validior manuum.

Quand on ne parle que de deux personnes ou de deux choses, le superlatif qui est en français se remplace en latin par le comparatif, et si le mot *deux* se trouve en français, on ne l'exprime pas. EXEMPLES :

La plus forte des deux mains, *validior manuum*.

REMARQUE. En vertu de ce principe, *le premier, le dernier*, s'expriment par *prior, posterior*, quand on ne parle que de deux, et par *primus, postremus*, quand on parle de plus de deux.

De même l'adverbe *d'abord, en premier lieu*, s'exprime par *priùs*, quand il n'est question que de deux actions successives, et partout ailleurs par *primùm*.

§ 161. *Complément des mots partitifs.*

Unus militum, ex militibus *ou* **inter milites.**

Les mots employés dans un sens partitif, c'est-à-dire pour marquer une partie prise dans un plus grand nombre, comme *unus*, un de; *nullus*, aucun de; *nemo*, personne de; *quis*, qui de? *aliquis*, quelqu'un de; *solus*, seul de; *multi*, *pauci*, beaucoup, peu d'entre; *plures*, plusieurs de, gouvernent les mêmes cas que le superlatif. EXEMPLES :

Un des soldats, *unus militum, ex militibus* ou *inter milites*.

Personne de nous, personne de vous, *nemo nostrûm, vestrûm* (et non *nostri, vestri*).

Beaucoup d'entre les écrivains grecs, *multi græcorum scriptorum* ou *ex scriptoribus græcis*.

On fait de même après les adjectifs qui marquent le rang : Le premier, le dernier de tous, *primus, postremus omnium* ou *ex omnibus*.

CHAPITRE III.
COMPLÉMENTS DES VERBES.

§ 162. *Complément direct à l'accusatif.*

Amo Deum. — Imitor patrem.

Les verbes actifs en latin, ainsi que les verbes déponents qui ont la signification active, veulent leur complément direct à l'accusatif. EXEMPLES :

J'aime Dieu, *amo Deum*.

J'imite mon père, *imitor patrem*.

Je n'ai pas de pain, *non habeo panem;* j'ai acheté des livres, *emi libros*. (*De, du, de la, des*, mis en français devant le complément direct, n'empêchent pas de mettre l'accusatif en latin.)

Thebani Philippum ducem eligunt.

Le complément direct de quelques verbes, comme *eligere*, élire; *reddere, efficere*, rendre tel ou tel; *vocare*, appeler; *judicare*, juger; *existimare, putare, ducere*, regarder comme; *habere*, avoir pour, etc., est souvent suivi d'un nom ou d'un adjectif, qu'on met également à l'accusatif, par la règle de l'apposition, sans exprimer les mots *pour, comme, en qualité de*, qui le précèdent quelquefois en français. EXEMPLES :

Les Thébains élisent Philippe général, pour général, en qualité de général, *Thebani Philippum ducem eligunt*.

Alexandre eut Aristote pour maître, *Alexander Aristotelem præceptorem habuit*.

Nous regardons Dieu comme éternel, *Deum æternum existimamus, ducimus, putamus, habemus*.

Musica me juvat ou delectat.

Les verbes *juvare, delectare*, faire plaisir à; *manere*, être réservé à; *decere*, convenir à; *dedecere*, ne pas convenir à; *deficere*, manquer à, sont actifs en latin et prennent leur complément à l'accusatif. Ils s'emploient principalement à la troisième personne du singulier et du pluriel. EXEMPLES :

La musique me fait plaisir, *musica me juvat* ou *delectat*, mot à mot : me charme, me réjouit. (Cette phrase se rendrait fort bien par *j'aime la musique*.)

Les forces me manquent, *vires me deficiunt*.

La clémence convient au roi, *regem decet clementia*.

Une gloire éternelle nous est réservée, nous attend, *gloria æterna nos manet*.

Id te non fugit, fallit, præterit.

Les trois verbes *fallere, fugere, præterire*, échapper à, gouvernent l'accusatif; ils s'emploient comme les précédents à la troisième personne du singulier et du pluriel. EXEMPLES :

Bien des choses nous échappent, *multa nos fugiunt*,

fallunt, prætereunt. (On dirait fort bien en français : *nous ignorons bien des choses.*)

Vous n'ignorez pas cela, *ou* vous savez cela, *id te non fugit, fallit, præterit.*

---

§ 163. *Complément indirect au datif.*

Do vestem pauperi.

Un grand nombre de verbes actifs ou déponents, et particulièrement ceux qui signifient *donner, accorder, rendre, promettre, dire, montrer,* etc., reçoivent un complément indirect marqué en français par la préposition *à.* Ce complément se met en latin au datif.
EXEMPLES :

Je donne un habit au pauvre, *do vestem pauperi.*

Dieu promet une vie éternelle au juste, *Deus vitam æternam justo promittit* ou *pollicetur.*

Les verbes passifs correspondants prennent également ce complément indirect au datif : La raison a été donnée aux hommes, *ratio hominibus data est.*

Vir bonus nocet nemini. — Studeo grammaticæ.

La plupart des verbes neutres prennent au datif le complément indirect précédé de *à.* EXEMPLES :

L'homme de bien ne nuit à personne, *vir bonus nocet nemini;* il obéit à Dieu, *Deo paret.*

Beaucoup de verbes, actifs en français, sont neutres en latin; leur complément direct devient en latin complément indirect, et se met au datif. EXEMPLES :

J'étudie la grammaire, *studeo grammaticæ;* nous favorisons la noblesse, *favemus nobilitati;* il a contenté le maître, *satisfecit præceptori.*

Deus amat virum bonum, illique favet.

Quand deux verbes français ont le même complément, et que les verbes latins gouvernent différents cas, on met d'abord le complément au cas voulu par le premier verbe, et l'on se sert ensuite d'un des pronoms *is* ou *ille*, qu'on met au cas du second verbe. EXEMPLE :

Dieu aime et favorise l'homme de bien, *tournez :* Dieu aime l'homme de bien et le favorise, *Deus amat virum bonum, illique favet.*

Vitæ tuæ metuebam.

Après beaucoup de verbes actifs ou neutres, on met au datif le complément indirect précédé de *pour*, et marquant le but, l'intention qu'on se propose, la personne à l'avantage ou au désavantage de qui se fait l'action. EXEMPLES :

Je craignais pour votre vie, *vitæ tuæ metuebam;* demander grâce pour quelqu'un, *veniam alicui petere.*

REMARQUE. *Pour* peut souvent, dans ce cas, se traduire littéralement par *pro :* Combattre pour la patrie, pour la liberté, *pro patriâ, pro libertate pugnare.*

Id mihi accidit, evenit, contigit.

Les verbes *accidit, evenit, contingit,* il arrive; *conducit, expedit,* il est avantageux; *placet, libet,* il plaît; *necesse est,* il est nécessaire, etc., veulent leur complément indirect au datif. EXEMPLES :

Cela m'est arrivé, *id mihi accidit, evenit, contigit;* cela vous est avantageux, *hoc tibi expedit;* cela me plaît, *id mihi placet.*

Magna calamitas tibi imminet, impendet, instat.

Les trois verbes *imminere, impendere, instare,* être imminent, menacer, gouvernent le datif. EXEMPLE :

Un grand malheur vous menace, *magna calamitas tibi imminet, impendet, instat.*

Hic homo irascitur mihi.

Les verbes déponents qui sont neutres en latin, comme *irasci,* s'irriter contre; *blandiri,* flatter; *opitulari, auxiliari,* secourir; *mederi,* porter remède, guérir; *minari,* menacer; *gratulari,* féliciter, gouvernent le datif. EXEMPLES :

Cet homme se fâche contre moi, *hic homo irascitur mihi;* il me menace, *minatur mihi.*

Minari mortem alicui.

Minari et *gratulari*, construits avec deux compléments, veulent le nom de la chose à l'accusatif, et le nom de la personne au datif. EXEMPLES :

Menacer quelqu'un de la mort, *tournez :* menacer la mort à quelqu'un, *minari mortem alicui;* féliciter quelqu'un d'une victoire, *gratulari victoriam alicui.*

Est mihi liber.

Quand on se sert du verbe *sum* pour rendre le français *avoir*, on met le nom de la personne au datif, et le nom de la chose au nominatif. EXEMPLE :

J'ai un livre, *tournez :* un livre est à moi, *est mihi liber.*

REMARQUE. Quand on se sert de la locution *est mihi nomen*, pour rendre le français *j'ai nom, je me nomme*, le nom propre se met au datif ou au nominatif : Je me nomme Pierre, *est mihi nomen Petro* ou *Petrus.*

Defuit officio.

Les composés du verbe *sum,* à l'exception de *absum,* gouvernent le datif. EXEMPLES :

Il a manqué à son devoir, *defuit officio;* il était présent à ce spectacle, *aderat huic spectaculo.*

Abesse, être éloigné, être différent, veut l'ablatif avec *a* ou *ab :* Il est éloigné de la mer, *abest a mari.*

Hoc erit tibi dolori.

Quand on se sert de *sum* pour rendre le français *causer, procurer,* etc., il se construit avec deux datifs, celui de la personne et celui de la chose. EXEMPLES :

Cela vous causera de la douleur, *tournez :* sera à douleur à vous, *hoc erit tibi dolori;* cela vous servira d'exemple, *hoc erit tibi exemplo.*

Crimini dedit mihi meam fidem.

Les verbes *do, verto, tribuo,* imputer à; *habeo, duco,* tenir à, et plusieurs autres, prennent également ces deux datifs. EXEMPLES :

Il m'a fait un crime de ma bonne foi, *tournez :* il m'a donné *ou* imputé à crime, *crimini dedit mihi meam fidem;* il se fait honneur de cela, *id sibi laudi ducit.*

Blâmer quelqu'un de quelque chose, *vitio vertere aliquid alicui* (mot à mot : tourner quelque chose à défaut à quelqu'un).

Venir au secours de quelqu'un, *venire alicui auxilio.*

§ 164. *Verbes qui gouvernent deux accusatifs.*

Doceo pueros grammaticam.

Les verbes *docere,* instruire, enseigner; *celare,* cacher, se construisent avec deux accusatifs, celui de la personne et celui de la chose. EXEMPLES :

J'enseigne la grammaire aux enfants, *tournez :* j'instruis les enfants sur la grammaire, *doceo pueros grammaticam.*

Je ne t'ai pas caché cela, *non te id celavi.*

Quand *enseigner, cacher,* sont au passif, le nom de la personne devient le sujet, et celui de la chose reste à l'accusatif. EXEMPLES :

La grammaire est enseignée aux enfants, *tournez :* les enfants sont instruits sur la grammaire, *pueri docentur grammaticam;* la mort de son fils lui fut cachée, *mortem filii celatus est.*

§ 165. *Verbes qui gouvernent l'accusatif avec AD.*

Hæc via ducit ad virtutem.

Après les verbes qui marquent un mouvement ou une inclination vers quelque objet, comme *conduire à, exhorter à, exciter à,* etc., le complément indirect se met en latin à l'accusatif avec *ad.* EXEMPLES :

Ce chemin conduit à la vertu, *hæc via ducit ad virtutem;* je vous exhorte au travail, *te hortor ad laborem.*

Hoc ad me pertinet.

Les trois verbes *pertinere, attinere, spectare,* concerner, regarder, avoir rapport à, veulent leur complément à l'accusatif avec *ad.* EXEMPLES :

Cela me regarde, me concerne, *hoc ad me pertinet, attinet* ou *spectat.*

Scribo ad te *ou* tibi epistolam.

Les trois verbes *scribo,* j'écris ; *mitto,* j'envoie ; *fero,* je porte, et plusieurs de leurs composés, veulent le nom de la personne qui leur sert de complément indirect au datif, ou à l'accusatif avec *ad.* EXEMPLE :

Je vous écris une lettre, *scribo ad te* ou *tibi epistolam.*

---

§ 166. *Complément indirect des verbes passifs à l'ablatif avec ou sans* A, AB.

Amor a Deo.

Le complément indirect des verbes passifs, marqué en français par les prépositions *de* ou *par,* se met en latin à l'ablatif avec *a* ou *ab,* quand c'est un nom d'être animé. EXEMPLES :

Je suis aimé de Dieu, *amor a Deo;* le monde a été créé par Dieu, *mundus a Deo creatus est.*

Mœrore conficior.

Il se met à l'ablatif sans préposition quand c'est un nom de chose inanimée. EXEMPLE :

Je suis accablé de chagrin, *mœrore conficior.*

Si la chose est personnifiée, on exprime la préposition : Envoyé par la République, *missus a Republicâ.*

Mihi favet fortuna.

Quand un verbe, au passif en français, manque de passif en latin, ce qui a lieu surtout pour les verbes neutres ou déponents, il faut le tourner par l'actif, en faisant du complément du verbe français le sujet du verbe latin. EXEMPLES :

Je suis favorisé de la fortune, *tournez :* la fortune me favorise, *mihi favet fortuna;* il est admiré de tout le monde, *tournez :* tout le monde l'admire, *omnes cum admirantur;* il était haï de tous les gens de bien, *omnes illum boni oderant.* (*Favere, mirari* et *odisse* n'ont point de passif.)

§ 167. *Verbes qui gouvernent l'ablatif.*

Implere dolium vino. — Abundat divitiis.

Les verbes actifs ou neutres qui marquent *abondance, disette* ou *privation,* veulent généralement leur complément indirect à l'ablatif. EXEMPLES :

Emplir un tonneau de vin, *implere dolium vino;* combler quelqu'un de bienfaits, *cumulare aliquem beneficiis;* priver quelqu'un de secours, *nudare aliquem præsidio.*

Il regorge de biens, *abundat divitiis;* il ne manque de rien, *nullâ re caret.*

Fruor otio.

Les huit verbes déponents *frui, fungi, potiri, vesci, uti, gloriari, lætari, dignari,* et leurs composés *perfrui, perfungi, defungi, abuti,* prennent leur complément indirect à l'ablatif. EXEMPLES :

Je jouis du repos, *fruor otio;* je m'acquitte de mon devoir, *fungor officio;* je m'empare de la ville, *potior urbe;* je me nourris de pain, *vescor pane;* je me sers de livres, *utor libris;* abuser de ses forces, *viribus abuti;* se glorifier d'avantages étrangers, *gloriari alienis bonis;* je me réjouis de cela, *lætor hâc re;* je ne me juge pas digne d'un tel honneur, *non tali me dignor honore.*

Mihi opus est amico.

Avec l'impersonnel *opus est,* exprimant le français

avoir besoin, on met au datif le nom de la personne qui a besoin, et le nom de la chose dont on a besoin à l'ablatif. EXEMPLE :

J'ai besoin d'un ami, *tournez :* besoin est à moi, *mihi opus est amico.*

Interdico tibi domo meâ.

Interdicere, interdire, veut le nom de la personne au datif, et le nom de la chose à l'ablatif. EXEMPLE :

Je vous interdis ma maison, *interdico tibi domo meâ.* (On dit aussi, mais moins bien, *interdico tibi domum meam.*)

Donare aliquem præmio *ou* alicui præmium.

Le verbe *donare*, donner à, gratifier de, se construit avec l'accusatif de la personne et l'ablatif de la chose, ou avec l'accusatif de la chose et le datif de la personne. EXEMPLE :

Donner une récompense à quelqu'un, *donare alicui præmium;* ou mieux *donare aliquem præmio* (mot à mot : gratifier quelqu'un d'une récompense).

Au passif, il prend le nominatif de la personne et l'ablatif de la chose, ou le nominatif de la chose et le datif de la personne : Une coupe d'or lui fut donnée, *paterâ donatus est aureâ* ou *patera ei donata est aurea.*

---

§ 168. *Verbes qui gouvernent l'ablatif avec ou sans* A *ou* AB, E *ou* EX.

Accepi litteras a patre meo.

Les verbes *accipere*, recevoir de ; *sumere*, prendre de ; *petere*, demander à ; *mutuari*, emprunter à ; *emere*, acheter à *ou* de ; *sperare*, espérer de ; *exspectare*, attendre de ; *impetrare*, obtenir de, et autres semblables, veulent leur complément indirect à l'ablatif avec *a* ou *ab*, quand c'est un nom de personne. EXEMPLES :

J'ai reçu une lettre de mon père, *accepi litteras a patre meo.*

Il a demandé une grâce au roi, *petivit beneficium a rege.* (On voit que la préposition *à*, qui vient en français après quelques-uns de ces verbes, se rend en latin comme s'il y avait *de.*)

Accepi magnam voluptatem ex tuis litteris.

Après les verbes mentionnés dans la règle précédente, le complément indirect se met à l'ablatif avec *e* ou *ex* quand c'est un nom de chose inanimée. Ex. :

J'ai reçu, j'ai ressenti une grande joie de votre lettre, *accepi magnam voluptatem ex tuis litteris.*

Haurire, puiser à, et *accendere*, allumer à, ayant nécessairement pour complément indirect un nom de chose, prendront toujours *e* ou *ex* : Puiser de l'eau à une fontaine, *haurire aquam ex fonte.*

Id audivi ex amico ou ab amico meo.

Les verbes *audire, discere*, apprendre ; *quærere*, demander, s'informer, veulent leur complément indirect à l'ablatif avec ou sans *a* ou *ab*, *e* ou *ex* ; mais après *cognoscere*, connaître, savoir, et *judicare*, juger, on se sert toujours de *e* ou *ex*. EXEMPLES :

J'ai appris cela de mon ami, *id audivi ex amico* ou *ab amico meo.*

J'ai appris, j'ai su par votre lettre, *ex litteris tuis cognovi.*

Juger sur l'apparence, *ex specie judicare.*

Christus redemit hominem a morte.

Après les verbes *liberare*, délivrer ; *redimere*, racheter ; *removere, arcere*, éloigner ; *avellere*, arracher ; *dividere, separare*, séparer ; *secernere*, distinguer ; *deterrere*, détourner, et autres de signification analogue, le complément indirect précédé de la préposition *de* se met en latin à l'ablatif avec *a* ou *ab*, *e* ou *ex*, et assez souvent aussi sans préposition. EXEMPLES :

Jésus-Christ a racheté l'homme de la mort, *Christus redemit hominem a morte.*

Délivrer quelqu'un de la servitude, *eximere aliquem servitute, a servitute, ex servitute.*

Pour tous ces verbes, il faut consulter avec soin le dictionnaire, afin de voir quelle construction on doit préférer.

§ 169. *Verbes qui gouvernent le génitif.*

Miserere pauperum.

Misereri, avoir pitié, gouverne le génitif. EXEMPLE : Ayez pitié des pauvres, *miserere pauperum.*

Oblivisci injuriarum *ou* injurias.

Oblivisci, oublier; *recordari, meminisse, reminisci*, se souvenir, gouvernent le génitif ou l'accusatif. Ex. :

Oublier les injures, *oblivisci injuriarum* ou *injurias.*

Je me souviens des vivants, et je ne puis oublier les morts, *vivorum memini, nec possum oblivisci mortuorum.*

Admonui eum periculi *ou* de periculo.

Les verbes *monere, admonere*, avertir de, ainsi que les locutions *certiorem facere*, informer de ; *certior fio*, je suis informé de, veulent leur complément indirect au génitif ou à l'ablatif avec *de*. EXEMPLES :

Je l'ai averti du danger, *admonui eum periculi* ou *de periculo.*

Il les a informés de son dessein, *eos certiores fecit sui consilii* (mot à mot : il les a rendus plus certains, mieux informés de son dessein).

Insimulare aliquem furti.

Les verbes *accusare, insimulare, arguere*, accuser ; *convincere*, convaincre ; *damnare*, condamner ; *absolvere*, absoudre, veulent au génitif le complément indirect qui exprime le délit. EXEMPLES :

Accuser quelqu'un de larcin, *insimulare aliquem furti ;* de concussion, *repetundarum.*

Condamné pour trahison, *proditionis damnatus.*

Quand ce complément est exprimé par *crimen*, dont le sens propre est *grief, accusation*, il se met à l'ablatif. Ainsi l'on dira : *Arguere aliquem furti crimine, damnatus crimine proditionis.*

Quand il est exprimé par *caput*, crime capital, on le met régulièrement au génitif : Accuser, absoudre de crime capital, *capitis arcessere, absolvere.*

Damnare morte, capitis, ad triremes.

Après les verbes *damnare*, condamner; *mulctare*, punir, le nom de la peine se met à l'ablatif; et si c'est *caput*, pris dans le sens de *peine capitale*, au génitif ou à l'ablatif. EXEMPLES :

Condamner à mort, *damnare morte ;* à l'amende, *mulctare pecuniâ* (mot à mot : punir d'amende); à la peine capitale, *damnare capite* ou *capitis.*

Après *damnare*, le nom qui exprime le genre ou l'instrument du supplice se met à l'accusatif avec *ad :* Condamner aux galères, *damnare ad triremes ;* aux mines, *ad metalla*[1] ; à la meule, c'est-à-dire à tourner la meule d'un moulin, *ad molam*[2].

§ 170. *Complément des impersonnels POENITET, PUDET, PIGET,* etc.

Me pœnitet culpæ meæ.

Les cinq verbes *pœnitet*, se repentir ; *pudet*, avoir honte ; *piget*, avoir regret ; *tædet*, être ennuyé ; *miseret*, avoir pitié, veulent à l'accusatif le nom ou pronom qui

---

[1] Travaux forcés chez les peuples anciens.
[2] Punition infligée par les maîtres aux esclaves coupables de quelque délit domestique.

sert de sujet en français, et au génitif le nom de la chose dont on se repent, dont on a honte, etc. Ex. :

Je me repens de ma faute, *me pœnitet culpæ meæ.*

Les écoliers se repentiront de leur paresse, *discipulos suæ pigritiæ pœnitebit.*

Le roi a pitié de cet homme, *regem miseret ejus hominis.*

---

§ 171. *Génitif après le verbe ESSE.*

Hic liber est Petri.

Le verbe *esse*, pris dans le sens du français *être à, appartenir à*, veut le nom de la personne au génitif. EXEMPLE :

Ce livre est à Pierre, *tournez :* de Pierre, *hic liber est Petri.*

REMARQUE. Les verbes *esse* et *fieri*, suivis du génitif, rendent bien le français *être au pouvoir de, tomber au pouvoir de.* EXEMPLES :

Toute la Syrie était au pouvoir des Romains, *tota Syria Romanorum erat ;* tomba au pouvoir des Macédoniens, *Macedonum facta est.*

Hic liber est meus.

Quand la personne est exprimée par un des pronoms personnels *à moi, à toi, à nous, à vous*, on tourne en latin par le pronom possessif. EXEMPLES :

Ce livre est à moi, à toi, à nous, à vous, *tournez :* est mien, tien, nôtre, vôtre, *hic liber est meus, tuus, noster, vester ;* ces choses sont à moi, *hæc mea sunt.*

Mais les pronoms de la troisième personne, *à lui, à eux,* se rendent par le génitif, suivant la règle générale : *est ejus, eorum.*

Est regis tueri subditos.

Le verbe *est*, pris dans le sens du français *il est de, il appartient à, il convient à, c'est le propre* ou *le devoir de*, avec un infinitif pour sujet, veut encore le nom de la personne au génitif. EXEMPLE :

Il est d'un roi, il appartient à un roi de défendre ses sujets, *est regis tueri subditos.*

REMARQUE. Le verbe *est*, employé dans ce sens, peut avoir pour sujet un nom au lieu d'un infinitif : La prudence appartient aux vieillards, est le propre des vieillards, *senum est prudentia.*

Meum est loqui.

Après le verbe *est*, signifiant *il appartient à, c'est à*, et suivi d'un infinitif, les pronoms *à moi, à toi, à nous, à vous*, se rendent en latin par *meum, tuum, nostrum, vestrum.* EXEMPLE :

C'est à moi de parler, il m'appartient de parler, *meum est loqui.*

Mais *à lui, à eux*, s'expriment par *ejus, eorum :* C'est à lui, à eux de parler, *ejus, eorum est loqui.*

---

§ 172. *Génitif après les verbes impersonnels*
REFERT, INTEREST.

Refert, interest regis.

Les verbes *refert, interest*, il importe à, veulent au génitif le nom de la personne. EXEMPLES :

Il importe au roi, *refert* ou *interest regis.*

Il importe à tous les hommes de bien faire, *interest omnium rectè facere.*

Refert, interest meâ, tuâ, nostrâ, vestrâ.

Quand la personne est exprimée par les pronoms *me* ou *à moi, te* ou *à toi, nous* ou *à nous, vous* ou *à vous*, on les remplace par l'ablatif féminin singulier du pronom possessif, *meâ, tuâ, nostrâ, vestrâ.* EXEMPLES :

Il m'importe, *refert* ou *interest meâ ;* il vous importe, *tuâ ;* il nous importe, *nostrâ.*

Mais les pronoms *lui, à lui, leur, à eux*, se rendent

par *ejus, eorum,* suivant la règle générale : Il lui importe, il leur importe, *ejus, eorum interest.*

Ad honorem nostrum interest.

Lorsque les verbes *refert, interest,* ont pour complément un nom de chose inanimée, il se met à l'accusatif avec *ad.* EXEMPLE :
Il importe à notre honneur, *ad honorem nostrum interest.*

Cependant, quand la chose est personnifiée, on met le génitif : Il importe au Sénat, à la République, à la cité, *interest senatûs, reipublicæ, civitatis.*

---

§ 173. *Observations sur certains verbes dont le complément se construit de différentes manières.*

Adjicere laudi ou ad laudem.

Plusieurs verbes composés de *ad, in, ob, sub,* avec un nom de chose pour complément indirect, le prennent soit au datif, soit à l'accusatif avec *ad* ou avec la préposition contenue dans le verbe. EXEMPLES :
Ajouter à la gloire, *adjicere laudi* ou *ad laudem;* s'exposer à la mort, *se offerre morti* ou *ad mortem;* mettre sous les yeux, *subjicere oculis* ou *sub oculos.*

Cæsarem Alexandro ou cum Alexandro conferre.

Les verbes qui marquent *union, accord, ressemblance, comparaison,* comme *comparare, conferre,* comparer ; *jungere, conjungere,* joindre, unir ; *consentire, congruere,* s'accorder avec, prennent le datif ou l'ablatif avec *cum.*
EXEMPLES :
Comparer César à Alexandre, avec Alexandre, *Cæsarem Alexandro* ou *cum Alexandro conferre.*

S'accorder avec quelqu'un, *consentire alicui* ou *cum aliquo;* être d'accord avec soi-même, *constare sibi* ou *secum.*

Certare cum aliquo *ou* adversùs aliquem.

Les verbes qui signifient *lutter*, *combattre*, comme *pugnare*, *certare*, *dimicare*, *contendere*, gouvernent l'ablatif avec *cum*, ou l'accusatif avec *in*, *adversùs*, *contrà*. EXEMPLES :

Combattre quelqu'un, avec quelqu'un *ou* contre quelqu'un, *certare cum aliquo* ou *adversùs aliquem*.

Præstare alicui *ou* aliquem.

Præstare, surpasser, l'emporter sur, gouverne le datif ou l'accusatif. EXEMPLES :

L'emporter sur quelqu'un, *præstare alicui* ou *aliquem;* sur quelque chose, *alicui rei*.

Consulere aliquem; consulere saluti.

Certains verbes gouvernent différents cas, suivant qu'ils ont telle ou telle signification. EXEMPLES :

Consulter quelqu'un, *consulere aliquem;* pourvoir au salut, *consulere saluti*.

Veiller sur quelqu'un, *cavere alicui;* se méfier de quelqu'un, *cavere ab aliquo;* de quelque chose, *aliquid* ou *ab aliquâ re*.

Commander à une armée, *imperare exercitui;* commander, prescrire des choses justes, *justa imperare*.

S'appliquer à la philosophie, *vacare philosophiæ;* être exempt de passion, *cupiditate* ou *a cupiditate vacare*.

---

§ 174. *Manière de commander et de défendre.*

Puer, abige muscas.

Quand on commande à la première ou à la deuxième personne, le verbe se met à l'impératif en latin. Ex. :

Laquais, chassez les mouches, *puer, abige muscas*.

Fuyez d'ici, *hinc fugite*.

Imitez-moi, *imitamini me*.

Aimons notre patrie, *amemus patriam*.

Abeat proditor.

A la troisième personne, on commande par le subjonctif, sans exprimer le *que* français. EXEMPLE :
Qu'il s'en aille le traître, *abeat proditor*.

Ne insultes miseris.

Pour défendre de faire une chose, on se sert en latin de *ne* avec le subjonctif. EXEMPLES :
N'insultez pas, n'insultons pas les malheureux, *ne insultes, ne insultemus miseris*.

Qu'il ne dise pas, *ne dicat;* qu'il ne sorte pas de la maison, *domo ne exeat*.

A la deuxième personne, on peut remplacer *ne* par *noli* pour le singulier, *nolite* pour le pluriel, avec l'infinitif : N'insulte pas, n'insultez pas les malheureux, *noli, nolite insultare miseris*, mot à mot : ne veuille pas, ne veuillez pas insulter les malheureux.

REMARQUE. On n'exprime pas *ne* en latin quand le verbe par lequel on défend est accompagné d'un mot négatif, comme *nemo, nullus, nihil, nunquàm, nusquàm*, etc. EXEMPLES :

Que personne ne dise, *nemo dicat;* ne dites rien, *nihil dicas;* ne faites jamais, *nunquàm facias*.

CHAPITRE IV.
COMPLÉMENTS CIRCONSTANCIELS.

§ 175. Les compléments circonstanciels sont ceux qui expriment certaines circonstances de lieu, de temps, de cause, de manière, etc. Ils se joignent le plus souvent aux verbes; mais ils peuvent se joindre aussi aux noms et aux adjectifs.

Les compléments circonstanciels se forment généralement, en latin comme en français, à l'aide des prépositions. Mais il y a beaucoup de cas où la préposition doit être sous-entendue, ainsi qu'on le verra dans les règles qui vont suivre.

§ 176. *Noms d'origine et de matière.*

Jove *ou* ex Jove natus.

Le nom qui marque l'origine ou l'extraction se met à l'ablatif avec ou sans *e* ou *ex*. EXEMPLE :

Issu de Jupiter, *Jove* ou *ex Jove natus*.

REMARQUES. 1° La préposition est ordinairement sous-entendue avec les termes généraux, comme *genus, stirps,* race; *domus, locus,* maison, famille, ainsi qu'avec le nom du père : Issu d'une humble famille, *ortus humili loco;* né d'Amilcar, fils d'Amilcar, *Amilcare natus*.

2° Devant un nom de ville ou de peuple, la préposition, si elle est exprimée, est ordinairement *a* ou *ab* : Originaire de Syracuse, *Syracusis* ou *a Syracusis oriundus*.

Si le nom de la ville vient immédiatement après le nom de la personne, il se tourne par l'adjectif : Miltiade d'Athènes, *Miltiades Atheniensis*.

Vas ex auro.

Le nom qui exprime la matière dont une chose est faite se met à l'ablatif avec *e* ou *ex ;* quand il est joint à un autre nom, il se remplace élégamment par un adjectif. EXEMPLES :

Un vase d'or, *vas ex auro* ou *aureum ;* une statue d'airain, *signum ex ære* ou *æneum;* de marbre, *ex marmore* ou *marmoreum*.

§ 177. *Noms de mesure et de distance.*

Velum longum tres ulnas.

Le nom qui marque la mesure se met, après les adjectifs et les verbes, à l'accusatif, et quelquefois à l'ablatif, sans préposition. EXEMPLE :

Un voile long de trois aunes, *velum longum tres ulnas* ou *tribus ulnis*.

Après un nom, il se met au génitif : Un fossé de quinze pieds, *quindecim pedum fossa.*

Après un comparatif, il se met toujours à l'ablatif.
EXEMPLE :

Vous n'êtes pas plus grand que moi de deux doigts, *duobus digitis major me non es.*

Abest viginti passus *ou* passibus.

Le nom de distance se met à l'accusatif ou à l'ablatif avec *abesse* et *distare;* avec les autres verbes, il se met le plus souvent à l'accusatif. EXEMPLES :

Il est éloigné de vingt pas, *abest, distat viginti passus* ou *passibus.*

Il s'arrêta à trois milles de la ville, *tria millia passuum ab urbe constitit.* (Le lieu à partir duquel se compte la distance se met à l'ablatif avec *a* ou *ab.*)

Quand la distance est exprimée par le mot *lapis,* pierre milliaire[1], on met l'ablatif sans préposition, ou l'accusatif avec *ad,* et l'on se sert du nombre ordinal : A quatre milles de Rome, *quarto ab Urbe lapide,* ou *ad quartum ab Urbe lapidem.*

§ 178. *Noms d'instrument, de moyen, de cause, de manière.*

Ferire gladio.

Le nom qui marque l'instrument ou le moyen dont on se sert pour faire une chose, la cause d'une action, ou la manière dont elle s'est faite, se met à l'ablatif sans préposition. EXEMPLES :

Frapper de l'épée, *ferire gladio* (instrument).
Obtenir par prières, *precibus impetrare* (moyen).
Il mourut de faim, *fame interiit* (cause).

---

[1] On appelait *pierres milliaires* des bornes qui, sur les routes partant de Rome ou des principales villes, marquaient la distance en milles par rapport à ces villes.

8.

Vous l'emportez en beauté, en grandeur, *vincis formâ, vincis magnitudine* (manière).

REMARQUES. 1° Quand *par* signifie *par l'entremise* ou *l'intermédiaire de, par l'organe* ou *par le ministère de,* on l'exprime par *per* avec l'accusatif : Demander du secours par ambassadeurs, *auxilium per legatos petere.*

2° *Avec*, suivi d'un nom de manière, se rend par l'ablatif quand ce nom est accompagné d'un adjectif : Avec une rapidité incroyable, *incredibili celeritate ;* avec une extrême prudence, *summâ prudentiâ.*

S'il n'y a pas d'adjectif, il faut en ajouter un en latin, ou tourner par un adverbe : Combattre avec courage, *magno animo* ou *fortiter dimicare ;* résister avec force, *summâ vi* ou *vehementer resistere ;* agir avec prudence, *prudenter agere ;* avec plus de prudence, *prudentiùs ;* avec beaucoup de prudence, *prudentissimè.*

3° Suivi d'un nom d'instrument, *avec* se rend par l'ablatif : Tuer quelqu'un avec un poignard, *sicâ ;* remuer le fer avec des tenailles, *forcipe.*

4° Quand le nom qui suit *avec* ne marque ni la manière ni l'instrument, il faut exprimer *cum :* L'assassin fut trouvé avec un poignard, *cum sicâ ;* le général s'avança avec une armée, *cum exercitu.*

§ 179. *Noms de partie.*

Teneo lupum auribus.

Le nom qui exprime la partie se met à l'ablatif sans préposition. EXEMPLE :

Je tiens le loup par les oreilles, *teneo lupum auribus* [1].

On met de même à l'ablatif le nom qui marque le

---

[1] Proverbe qui signifie qu'on est dans un grand embarras ou dans un grand danger, le péril étant le même à lâcher ou à retenir l'animal.

rapport sous lequel on considère une personne ou une chose. EXEMPLES :

Il n'a pas d'égal pour l'éloquence, *nemo illi par est eloquentiâ.*

Robuste de corps, *robustus corpore;* ferme d'esprit, *validus ingenio.*

§ 180. *Nom du prix, de la valeur.*

Hic liber constat viginti assibus.

Le nom qui marque le prix, la valeur, le coût d'un objet, se met à l'ablatif sans préposition. EXEMPLE :

Ce livre coûte vingt sous, *hic liber constat viginti assibus.*

Il en est de même au figuré : La victoire coûta beaucoup de sang, *multo sanguine stetit victoria.*

§ 181. *Noms de temps.*

Veniet die dominicâ.

Le nom qui marque en quel temps, à quelle époque une chose se fait, s'est faite ou se fera, et qui répond à la question *quand* (*quandò?*), se met à l'ablatif sans préposition. EXEMPLES :

Il viendra dimanche, *veniet die dominicâ;* le mois prochain, *mense proximo;* à trois heures, *tournez :* à la troisième heure, *horâ tertiâ.*

REMARQUES. 1° Pour indiquer une date approximative, on joint à l'ablatif du nom de temps un des adverbes *ferè, fermè, circiter;* ou bien l'on se sert d'une des prépositions *ad, sub, circà :* Vers trois heures, sur les trois heures, *horâ circiter* ou *ferè tertiâ;* sur le soir, *ad vesperam;* vers ce temps-là, *circà id tempus.*

2° Pour marquer après quel laps de temps une chose se renouvelle, on emploie l'ablatif du nombre ordinal, en y joignant *quisque :* Tous les cinq ans, *tournez :* chaque cinquième année, *quinto quoque anno;* tous les sept jours, *septimo quoque die.*

3° Quand on exprime qu'un fait s'est passé avant ou après un autre, le nom de temps se met à l'ablatif avec le nombre cardinal ou le nombre ordinal : Cent ans avant, cent ans après la fondation de Rome, *centum annis* ou *centesimo anno ante, post Urbem conditam* (mot à mot : avant, après Rome fondée).

Si les prépositions *avant*, *après*, n'ont pas de complément, on peut mettre le nom de temps à l'accusatif ou à l'ablatif : Peu de jours avant, après, *ante, post paucos dies*, ou *paucis ante, paucis post diebus*. (Dans la seconde manière, *ante* et *post* sont pris adverbialement.)

Devant *ante* et *post*, on exprime *beaucoup*, *longtemps*, par *multò*; et *peu*, *peu de temps*, par *non multò* ou *paulò*.

Regnavit tres annos *ou* tribus annis.

Le nom qui marque combien de temps une chose dure habituellement, a duré ou durera (question *quamdiù?*) se met à l'accusatif ou à l'ablatif sans préposition, avec le nombre cardinal. EXEMPLE :

Il a régné trois ans, *regnavit tres annos* ou *tribus annis*.

Tertium annum regnat.

Le nom qui marque depuis combien de temps une chose se fait (question *quàm dudùm?*) se met à l'accusatif, et, s'il y a un nombre exprimé, l'on se sert du nombre ordinal. EXEMPLES :

Il règne depuis trois ans, il y a trois ans qu'il règne, *tertium annum regnat*.

Il y a plusieurs années que je suis lié avec votre père, *multos annos utor familiariter patre tuo*.

REMARQUES. 1° Pour marquer depuis combien de temps est faite une action qui ne dure plus, on se sert du nombre cardinal, qu'on met à l'accusatif ou à l'ablatif, en le faisant précéder de *abhinc* : Il y a trois ans qu'il est mort, *abhinc tres annos* ou *tribus annis mortuus est*.

2° Le nom qui marque depuis quelle époque une chose se fait (question *a quo tempore?*) se met à l'ablatif avec *a* ou *ab*, *e* ou *ex*, ou à l'accusatif avec *post* : Depuis la fondation de Rome, *ab Urbe conditâ* ou *post Urbem conditam;* depuis ce temps, *ex illo tempore.*

Id fecit tribus diebus.

Le nom qui marque en quel espace de temps une chose s'est faite (question *quanto tempore?*) se met à l'ablatif. EXEMPLE :

Il l'a fait en trois jours, *id fecit tribus diebus.*

Post tres dies proficiscar.

Le nom qui marque dans combien de temps une chose se fera, se met à l'accusatif avec *post.* EXEMPLE :

Je partirai dans *ou* sous trois jours, *c'est-à-dire* après trois jours, *post tres dies proficiscar.*

Magistratum in annum creare.

Le nom qui exprime pour combien de temps ou pour quel temps une chose se fait, se met à l'accusatif avec *in.* EXEMPLES :

Nommer un magistrat pour un an, *magistratum in annum creare;* inviter pour le lendemain, *invitare in posterum diem.*

Ad noctem pugnare.

Le nom qui exprime jusqu'à quand une action s'est faite ou se fera se met à l'accusatif avec *ad* ou *in.* EXEMPLES :

Combattre jusqu'à la nuit, *ad noctem pugnare;* dormir jusqu'au jour, *dormire in lucem.*

---

§ 182. *Noms d'âge.*

Annos tres et triginta natus.

Pour marquer l'âge d'une personne, on emploie le participe passé *natus,* avec le nombre cardinal à l'accusatif. EXEMPLE :

Agé de trente-trois ans, *annos tres et triginta natus* (mot à mot : né depuis trente-trois ans).

REMARQUE. Cette phrase : Il mourut à trente-trois ans *ou* à l'âge de trente-trois ans, peut se rendre en latin de ces différentes manières :

Decessit

Tres et triginta annos natus (âgé de 33 ans).
Tertio et tricesimo ætatis anno (dans sa 33ᵉ année).
Tertium et tricesimum annum agens (menant sa 33ᵉ année).
Trium et triginta annorum (par la règle **Egregiæ indolis**).

§ 183. *Noms de lieu.*

Il y a quatre questions de lieu :

Question UBI ? Lieu où l'on est.

Question QUÒ ? Lieu où l'on va.

Question UNDE ? Lieu d'où l'on vient.

Question QUÀ ? Lieu par où l'on passe.

QUESTION UBI.

Sum in Galliâ, in urbe.

A la question *ubi*, le nom de lieu se met à l'ablatif avec *in*. EXEMPLES :

Je suis en France, *sum in Galliâ;* dans la ville, *in urbe.*

Il se promène dans le jardin, *ambulat in hortò.* (On met *horto* à l'ablatif, parce que celui qui se promène ne sort pas du jardin.)

Natus est Avenione, Athenis.

La préposition se sous-entend avec les noms propres de villes, ainsi qu'avec *rus*, campagne. EXEMPLES :

Il est né à Avignon, *natus est Avenione;* à Athènes, *Athenis.*

Il passe sa vie à la campagne, *rure* ou mieux *ruri vitam agit.* (*Ruri* est un ancien ablatif, pris adverbialement.)

On dit également sans préposition *terrâ marique*, sur terre et sur mer, par terre et par mer.

Habitat Romæ, Lugduni.

Les noms de villes de la première et de la deuxième déclinaison, et du singulier, se mettent au génitif, ainsi que *domus* et *humus*. EXEMPLES :

Il demeure à Rome, *habitat Romæ*; à Lyon, *Lugduni*.

Il est à la maison, *domi est*; il est étendu à terre, par terre, *jacet humi*.

Domi signifie quelquefois *en temps de paix*, et en ce sens on l'oppose à *militiæ* : En temps de paix et en temps de guerre, *domi militiæque*.

REMARQUE. Pour marquer le lieu près duquel un fait a eu lieu, on emploie les prépositions *ad*, *apud* ou *circà* : On combattit à Cannes, près de Cannes, *ad Cannas* ou *apud Cannas pugnatum est*.

§ 184. QUESTION QUÒ.

Eo in Galliam. — Venerunt ad eumdem rivum.

A la question *quò*, le nom de lieu se met à l'accusatif avec *in* quand on entre dans ce lieu, et avec *ad* si l'on ne fait qu'en approcher ou en prendre la direction. EXEMPLES :

Je vais en France, *eo in Galliam*; il part pour la France, *proficiscitur in Galliam*.

Ils vinrent au même ruisseau, *venerunt ad eumdem rivum*.

Devant un nom de chose, c'est toujours *ad* qu'on emploie : Je vais au sermon, *eo ad sacram concionem*; être traîné au supplice, *ad supplicium trahi*.

Ibo Lutetiam, Lugdunum.

On sous-entend la préposition *in* devant les noms

propres de villes, ainsi que devant *rus* et *domus*.
EXEMPLES :

J'irai à Paris, *ibo Lutetiam ;* à Lyon, *Lugdunum.*

Je vais à la campagne, *eo rus ;* à la maison, *domum.*

§ 185. QUESTION UNDE.

Redeo ex Galliâ, ex urbe.

A la question *unde*, le nom de lieu se met à l'ablatif avec *e* ou *ex* quand on sort réellement du lieu, et avec *a* ou *ab* quand on ne fait que s'en éloigner. Ex. :

Je reviens de la France, *redeo ex Galliâ ;* de la ville, *ex urbe ;* il est sorti de sa chambre, *egressus est e cubiculo.*

Il s'est éloigné de la ville, *ab urbe discessit.*

C'est toujours *a* ou *ab* qu'on emploie quand le nom qui suit n'est pas un nom de lieu : Revenir de la chasse, *redire a venatione ;* du spectacle, *a spectaculo.*

Redeo Româ, Lugduno.

On sous-entend la préposition *e* ou *ex* devant les noms propres de villes, et devant *rure* et *domo.* Ex. :

Je reviens de Rome, *redeo Româ ;* de Lyon, *Lugduno ;* de la campagne, *rure ;* de la maison, *domo.*

§ 186. QUESTION QUÂ.

Iter feci per Galliam; per Lugdunum.

A la question *quà*, le nom de lieu se met à l'accusatif avec *per*. EXEMPLES :

J'ai passé par la France, *iter feci* ou *transii per Galliam ;* par Lyon, *per Lugdunum.*

Cependant il peut se mettre à l'ablatif sans préposition quand c'est le nom d'un chemin, d'une rue, d'une porte : Par la voie Sacrée, *viâ Sacrâ ;* par la porte Esquiline, *Esquilinâ portâ.*

§ 187. *Observations sur les noms de lieu.*

Habitat Lugduni in Galliâ.

Quand deux noms de lieu, d'espèce différente, sont de suite, on construit chacun d'eux suivant la règle qui le concerne. EXEMPLES :

Il habite à Lyon en France, *habitat Lugduni in Galliâ;* il est parti pour Alexandrie en Égypte, *profectus est Alexandriam in Ægyptum.*

Constiterunt Corinthi, in loco nobili.

Quand un nom propre de ville est suivi d'un nom commun, comme *ville, endroit,* etc., mis en apposition, on met le nom propre au cas voulu par la question, et on exprime généralement la préposition devant le nom commun. EXEMPLES :

Ils s'arrêtèrent à Corinthe, lieu célèbre, *constiterunt Corinthi, in loco nobili.*

Je vais à Rome, ville d'Italie, *eo Romam, in urbem Italiæ.*

Je reviens de Lyon, ville de France, *redeo Lugduno, ex urbe Galliæ.*

A la question *quà,* on exprime la préposition une fois seulement, devant le nom propre.

Habitat in urbe Lugduno.

Si le nom commun *ville* est devant le nom propre, il faut exprimer la préposition devant le nom commun, et mettre les deux noms au cas voulu par cette préposition. EXEMPLE :

Il habite dans la ville de Lyon, *habitat in urbe Lugduno.*

In magnâ Româ, in domo Cæsaris.

Quand le nom propre de ville est accompagné d'un adjectif, on exprime la préposition. EXEMPLE :

Dans la grande Rome, *in magnâ Româ.*

On l'exprime également avec *rus* et *domus,* quand

ces mots sont accompagnés d'un adjectif ou d'un nom au génitif. EXEMPLES :

Il demeure dans la maison de César, *habitat in domo Cæsaris ;* dans une campagne agréable, *in rure amœno.*

Cœnabam apud patrem; venio a patre.

Chez se rend par *apud* à la question *ubi :* Je soupais chez mon père, *cœnabam apud patrem ;* et par *ad* à la question *quò :* Je vais chez mon père, *eo ad patrem.*

De chez s'exprime par *a* ou *ab :* Je viens de chez mon père, *venio a patre.*

Par chez se tourne ainsi : *par la maison de*, en latin, *per domum :* Je passerai par chez mon oncle, *iter faciam per domum avunculi mei.*

CHAPITRE V.
COMPLÉMENT DES ADVERBES ET DES INTERJECTIONS.

§ 188. *Adverbes de quantité.*

Parùm vini.

Les adverbes de quantité, suivis d'un nom singulier, le veulent au génitif. EXEMPLES :

Peu de vin, *parùm vini ;* beaucoup d'eau, *multùm aquæ ;* autant d'audace, *tantùm audaciæ ;* combien d'or, *quantùm auri ;* plus de blé, *plùs frumenti ;* moins de courage, *minùs virtutis.*

§ 189. *Adverbes de lieu et de temps.*

Ubi terrarum ?

Les adverbes de lieu susceptibles de recevoir un complément le prennent généralement au génitif. EXEMPLES :

En quel lieu du monde? *ubi terrarum?* Nulle part, en aucun lieu du monde, *nusquàm gentium.*

A quel point de folie en est-il venu! *quò amentiæ progressus est!* Il en est venu à ce point d'insolence, *eò insolentiæ processit.*

Ire obviàm hostibus.

Obviàm, au-devant de, à la rencontre de, gouverne le datif. EXEMPLE :

Marcher à la rencontre des ennemis, *ire obviàm hostibus.*

En, ecce lupus *ou* lupum.

En, ecce, voici, voilà, gouvernent le nominatif et quelquefois l'accusatif. EXEMPLE :

Voici, voilà le loup, *en, ecce lupus* ou *lupum.*

Procul ab urbe.

Procul, loin de, se construit ordinairement avec *a* ou *ab* et l'ablatif. EXEMPLE :

Loin de la ville, *procul ab urbe.*

Pridiè kalendarum *ou* kalendas.

Pridiè, la veille, et *postridiè,* le lendemain, gouvernent le génitif ou l'accusatif. EXEMPLES :

La veille, le jour d'avant les calendes, *pridiè kalendarum* ou *kalendas;* le lendemain des ides, le jour d'après les ides, *postridiè iduum* ou *idus.*

---

§ 190. *Adverbes de manière et autres.*

Convenienter naturæ vivere.

Quelques adverbes de manière, tirés d'un adjectif ou d'un participe, gouvernent le même cas que le mot d'où ils viennent. EXEMPLES :

Vivre conformément à la nature, *convenienter naturæ vivere.* (*Conveniens* gouverne le datif.)

Parler conformément à la dignité, à la vérité, *dicere ad dignitatem aptè, ad veritatem accommodatè;* d'une manière propre à persuader, *ad persuadendum aptè.* (*Aptus* et *accommodatus* gouvernent l'accusatif avec *ad.*)

Utinàm diù vivat !

Utinàm, plaise à Dieu, fasse le ciel que, puisse, veut le verbe suivant au subjonctif. EXEMPLES :

Plaise à Dieu, fasse le ciel qu'il vive longtemps, *utinàm diù vivat !*

Puissiez-vous être heureux, *utinàm sis felix !*

Plût au ciel qu'il fût sage, *utinàm saperet !*

Plût à Dieu que j'eusse été informé de votre dessein, *utinàm factus essem tui consilii certior !*

Utinàm se rend fréquemment en français par *que ne :* Que ne puis-je vous entretenir ! *utinàm tecum loqui possim !*

§ 191. *Interjections.*

Quelques interjections sont suivies d'un nom ou pronom, qu'on peut considérer comme leur servant de complément.

Væ victis ! — Heu me miserum !

Væ, malheur à, et *hei,* hélas, prennent leur complément au datif ; les autres interjections le prennent ordinairement à l'accusatif. EXEMPLES :

Malheur aux vaincus, *væ victis !*

Hélas ! malheureux que je suis ! *hei misero mihi, heu* ou *eheu me miserum !*

O l'heureux jour, *o diem lætum !*

O insensé que vous êtes, *o te dementem !*

CHAPITRE VI.
DES MODES IMPERSONNELS.

§ 192. *De l'infinitif.*

Nescio mentiri. — Amat ludere.

On a vu (§ 151) l'emploi de l'infinitif comme sujet.

Il s'emploie aussi, comme complément direct ou indirect, avec un grand nombre de verbes actifs ou neutres; il est souvent, dans ce cas, précédé en français des prépositions *à* ou *de* qui ne s'expriment pas en latin. EXEMPLES :

Je ne sais pas mentir, *nescio mentiri ;* nous devons obéir, *parere debemus ;* il aime à jouer, *amat ludere ;* il se mit à pleurer, *flere cœpit ;* il cessa de parler, *desiit loqui ;* il a coutume de répondre, *solet respondere ;* je me repens d'avoir péché, *me pœnitet peccâsse.*

Omnes volunt esse beati.

Quand l'infinitif qui sert ainsi de complément a un attribut, cet attribut s'accorde avec le sujet du premier verbe, s'il s'y rapporte. EXEMPLES :

Tous les hommes veulent être heureux, *omnes volunt esse beati ;* je cesserai de paraître ignorant, *desinam videri indoctus.*

S'il se rapporte au complément du premier verbe, on le met à l'accusatif, et on le fait accorder en genre et en nombre avec ce complément. EXEMPLES :

Vous me forcerez à paraître sévère, *me coges videri severum ;* vous nous enseignez à être modestes, *nos doces esse modestos.*

Quand le complément du premier verbe n'est pas exprimé, mettez l'attribut à l'accusatif masculin singulier : La philosophie enseigne à être content de son sort, *philosophia docet esse contentum rebus suis* (c'est-à-dire *docet hominem* ou *aliquem esse contentum*).

§ 193. *Du supin.*

Eo lusum.

Quand l'infinitif français vient après un verbe qui renferme l'idée de mouvement pour aller ou venir en quelque lieu, on le rend par le supin en *um*. EXEMPLES :

Je vais jouer, *eo lusum;* il va dormir, *it dormitum;* ils viennent féliciter le général de la victoire, *victoriam imperatori gratulatum veniunt.*

S'il y a *pour* en français devant l'infinitif, on ne le traduit pas : Ils viennent regarder *ou* pour regarder, *spectatum veniunt.*

Mirabile visu.

Après les adjectifs *admirable à, agréable à, facile à, difficile à,* et autres semblables, l'infinitif français se rend par le supin en *u.* EXEMPLES :

Spectacle admirable à voir, *tournez :* à être vu, *spectaculum mirabile visu;* chose facile à dire, *res dictu facilis;* à trouver, *inventu.*

§ 194. *Règle générale des participes.*

Gallus escam quærens.

Comme adjectif, le participe s'accorde en genre, en nombre et en cas avec le nom auquel il est joint; comme mode du verbe, il gouverne le même cas que le verbe d'où il vient. EXEMPLES :

Un coq cherchant de la nourriture trouva une perle, *gallus escam quærens margaritam reperit.*

Cicéron, devant prononcer un discours, *Cicero orationem habiturus.*

L'enfant, ayant été interrogé par le maître, répondit, *puer interrogatus a magistro respondit;* devant être interrogé, il craignait, *interrogandus timebat.*

§ 195. *Des participes présents.*

Moriens inimicis ignovit.

Quand le participe présent est précédé en français de la préposition *en,* cette préposition ne se traduit pas, si l'on peut tourner par *lorsque* ou *tandis que.*
EXEMPLE :
En mourant, il pardonna à ses ennemis, *c'est-à-dire* lorsqu'il mourut, *moriens inimicis ignovit.*

Vidi eum ingredientem.

Après les verbes *voir, entendre, sentir,* et autres de signification analogue, l'infinitif français se rend en latin par le participe présent. EXEMPLES :
Je l'ai vu entrer, *tournez :* j'ai vu lui entrant, *vidi eum ingredientem;* vous l'entendrez parler, *illum loquentem audies.*
Cependant, s'il s'agit dans la phrase d'une action habituelle, on laissera l'infinitif en latin : Nous voyons les oiseaux construire des nids, *volucres videmus construere nidos.*

---

§ 196. *Des participes futurs en RUS et en DUS.*

Cràs profecturus sum.

Le participe futur en *rus* marque un avenir prochain ; il répond au français *aller, devoir* (sans idée d'obligation) suivi de l'infinitif. Il se combine avec le verbe *sum,* que l'on met au même temps où sont en français les verbes *aller, devoir.* EXEMPLES :
Je dois partir demain, *cràs profecturus sum.*
Il allait partir, *profecturus erat.*
Il paraît devoir venir, *videtur esse venturus.*

Deus colendus est; omnibus colendus est.

Le participe futur passif en *dus* répond au français *devoir*, marquant obligation, et suivi d'un infinitif passif. Il se combine avec les temps du verbe *sum*, comme le participe en *rus*. EXEMPLES :

Dieu doit être honoré, *Deus colendus est;* il devait être honoré, *colendus erat;* il devra être honoré, *colendus erit.*

Le nom de la personne qui doit faire la chose se met au datif. EXEMPLE :

Dieu doit être honoré par tous les hommes, *Deus omnibus colendus est.*

Legendum est.

Le neutre singulier du participe en *dus*, accompagné du verbe *est*, répond au français *il faut, on doit*, suivi d'un verbe neutre, ou d'un verbe actif qui n'a pas de complément direct. EXEMPLES :

Il faut, on doit lire, *legendum est;* il fallait lire, *legendum erat;* on devra lire, *legendum erit.*

Il faut étudier l'histoire, *studendum est historiæ;* on doit s'abstenir de vin, *abstinendum est vino.*

Mais si l'infinitif qui vient après *il faut, on doit*, est actif en latin, et qu'il ait un complément direct, ce complément devient le sujet, et le participe en *dus* s'accorde avec lui. EXEMPLE :

Il faut lire l'histoire, *tournez :* l'histoire doit être lue, *legenda est historia.*

Tibi legendum est.

Si le verbe *devoir*, suivi d'un verbe neutre ou d'un verbe actif, a un sujet déterminé, ce sujet se met au datif en latin, et l'on observe, pour le genre et le nombre du participe en *dus*, ce qui a été dit dans la règle qui précède. EXEMPLES :

Tu dois lire, *tibi legendum est.*

Tu dois lire l'histoire, *tibi legenda est historia.*

REMARQUE. Il est toujours permis d'exprimer *il faut* par *oportet*, et *je dois, tu dois*, par *debeo, debes*, etc. Cela est indispensable quand le verbe latin manque de participe en *dus :* Il faut, nous devons haïr les méchants, *oportet, debemus odisse improbos.*

Vitanda est ira. — Dedit mihi libros legendos.

Quand l'infinitif français, précédé de *à*, peut se tourner par *devant être, pour être,* on l'exprime par le participe en *dus.* EXEMPLES :

La colère est à éviter, *c'est-à-dire* est devant être, doit être évitée, *vitanda est ira.*

Il m'a donné des livres à lire, *c'est-à-dire* pour être lus, devant être lus, *dedit mihi libros legendos.*

§ 197. *Des gérondifs.*

Tempus legendi, legendæ historiæ.

L'infinitif précédé de la préposition *de* se traduit par le gérondif en *di* quand il sert de complément à un nom ou à un adjectif qui gouverne le génitif en latin.
EXEMPLES :

Le temps de lire, *tempus legendi;* d'étudier la grammaire, *studendi grammaticæ.*

Curieux de voir, *cupidus videndi.*

Si cet infinitif est suivi d'un complément direct et gouverne l'accusatif en latin, il est mieux de tourner par le participe en *dus,* qu'on met au génitif ainsi que le nom qui sert de complément à l'infinitif français.
EXEMPLES :

Le temps de lire l'histoire, *tournez :* de l'histoire devant être lue, *tempus legendæ historiæ.*

Curieux de voir la ville, *cupidus videndi urbem,* ou mieux *videndæ urbis.*

Corpus assuetum tolerando labori.

Après les adjectifs et les verbes qui gouvernent le datif, si l'infinitif français est suivi d'un complément direct et se rend en latin par un verbe actif, cet infi-

nitif se tourne par le participe en *dus*, qu'on met au datif, ainsi que le complément direct du verbe français.
EXEMPLES :

Corps accoutumé à supporter le travail, *tournez :* au travail devant être supporté, *corpus assuetum tolerando labori* (et non *tolerando laborem*).

Il consacre ses soins à lire l'histoire, *dat operam legendæ historiæ.*

Pronus ad irascendum; ad ulciscendam injuriam.

Après les adjectifs et les verbes qui gouvernent l'accusatif avec *ad*, l'infinitif français se rend par le gérondif en *dum* précédé de *ad*. EXEMPLES :

Prompt à se mettre en colère, *pronus ad irascendum;* je vous exhorte à lire, *te hortor ad legendum.*

Si l'infinitif a un complément direct et est actif en latin, on remplace le gérondif en *dum* par le participe en *dus* de cette manière :

Prompt à venger une injure, *tournez :* à une injure devant être vengée, *pronus ad ulciscendam injuriam;* je vous exhorte à lire l'histoire, *te hortor ad legendam historiam.*

Surrexit ad respondendum.

Le gérondif en *dum*, précédé de *ad*, sert encore souvent à traduire l'infinitif français précédé de *pour*, et marquant l'intention, le but qu'on se propose. Ex. :

Il se leva pour répondre, *surrexit ad respondendum.*

Pour peut se rendre encore par le gérondif en *di* ou le génitif du participe en *dus* avec *causâ* ou *gratiâ*, et quelquefois par le participe en *rus*. Ainsi l'on dirait bien : *surrexit respondendi causâ* ou *gratiâ, surrexit responsurus.*

Didicit legendo.

Le gérondif en *do* s'emploie pour rendre la préposition *en*, suivie du participe présent, quand il s'agit d'exprimer la cause ou le moyen. EXEMPLES :

Il a appris en lisant, *didicit legendo;* vous trouverez en cherchant, *quærendo invenies.*

Consumit tempus legendo.

Quand *à*, devant un infinitif français, peut se tourner par *en*, suivi du participe présent, on rend cet infinitif par le gérondif en *do*, et s'il y a un complément direct, par l'ablatif du participe en *dus*. EXEMPLES :

Il passe son temps à lire, *c'est-à-dire* en lisant, *consumit tempus legendo ;* à lire l'histoire, *legendâ historiâ*, ou mieux *in legendâ historiâ*.

Deterrere aliquem a scribendo.

Le gérondif en *do*, précédé de *a* ou *ab*, s'emploie pour rendre l'infinitif français après les verbes qui gouvernent en latin l'ablatif avec cette préposition ; il se remplace par l'ablatif du participe en *dus* quand il y a un complément direct. EXEMPLES :

Détourner quelqu'un d'écrire, *deterrere aliquem a scribendo ;* d'écrire l'histoire, *a scribendâ historiâ*.

§ 198. *Ablatif absolu.*

Partibus factis. — Cicerone consule.

Quand un participe se rapporte à un nom qui n'est ni le sujet ni le complément du verbe, on met ce participe à l'ablatif, ainsi que le nom auquel il est joint. EXEMPLES :

Les parts ayant été faites, le lion parla ainsi, *partibus factis, sic locutus est leo.*

La lettre écrite, votre esclave est arrivé, *scriptâ jàm epistolâ, venit puer tuus.*

L'ablatif ainsi employé s'appelle *ablatif absolu,* parce qu'il ne dépend d'aucun mot qui gouverne ce cas.

REMARQUE. Quand le participe qu'il faudrait mettre à l'ablatif absolu est *étant*, placé entre deux noms ou entre un nom et un adjectif, on n'exprime pas *étant :* Cicéron étant consul, la conjuration fut découverte, *Cicerone consule, detecta fuit conjuratio.*

Urbem captam hostis diripuit.

Quand le nom auquel se rapporte le participe n'est ni le sujet ni le complément du verbe, mais se trouve représenté devant le verbe par un des pronoms *le, la, les, lui, leur,* on ne peut pas se servir de l'ablatif absolu ; il faut supprimer le pronom, et mettre le nom et le participe au cas voulu par le verbe. EXEMPLES :

La ville ayant été prise, l'ennemi la pilla, *tournez :* l'ennemi pilla la ville prise, *urbem captam hostis diripuit.*

Les citoyens devant être passés au fil de l'épée, le vainqueur leur pardonna, *tournez :* le vainqueur pardonna aux citoyens devant être passés..., *civibus ferro necandis victor pepercit.*

CHAPITRE VII.

DES PRONOMS.

§ 199. *Règle générale pour tous les pronoms.*

Les pronoms peuvent remplir dans la proposition les mêmes fonctions que les noms, c'est-à-dire servir de sujet, d'attribut ou de complément.

Ils se mettent au cas déterminé par le rôle qu'ils jouent dans la proposition, suivant les règles données dans les chapitres qui précèdent. EXEMPLES :

Vous me louez, *me laudas ;* il m'a obéi, *mihi paruit.*

Je te loue, *te laudo ;* nous te favorisons, *tibi favemus.*

Ayez pitié de nous, *miserere nostri ;* cela nous sera utile, *id nobis erit utile.*

Je vous ai promis un livre, je vous le donnerai, *tibi promisi librum, hunc tibi dabo.*

REMARQUE. Quand deux verbes gouvernent le même cas, et que le complément du premier est représenté par un pronom servant de complément au deuxième, l'usage est de sous-entendre ce pronom. EXEMPLES :

Je vous loue et vous admire, *te laudo et admiror;* il me menace et m'injurie, *minatur et conviciatur mihi.*

La poule réchauffe ses petits et les défend, *gallina pullos suos fovet ac tuetur.*

§ 200. *Pronoms* IL, LE.

Magna calamitas incidit.

Quand un verbe français est précédé de *il*, et suivi d'un nom qui en est le véritable sujet, on n'exprime pas *il*, et le nom suivant se met au nominatif. EXEMPLES :

Il est arrivé un grand malheur, *c'est-à-dire* un grand malheur est arrivé, *magna calamitas incidit.*

Il manque bien des choses, *tournez :* bien des choses manquent, *multa desunt.*

Id non agam.

Quand le pronom *le* n'est pas précédé d'un nom dont il tienne la place, on le tourne par *cela*, et on l'exprime par *hoc, id* ou *illud.* EXEMPLE :

Je ne le ferai pas, *tournez :* je ne ferai pas cela, *id non agam.*

Malo bonus esse quàm videri.

Quand *le* est mis en français pour éviter la répétition d'un nom ou d'un adjectif servant d'attribut, ou celle d'un infinitif servant de complément, il ne se traduit pas. EXEMPLES :

J'aime mieux être homme de bien que de le paraître, *c'est-à-dire* que de paraître homme de bien, *malo bonus esse quàm videri.*

Il voulut parler et il ne le put, *voluit loqui nec potuit.*

§ 201. *Pronoms* EN, Y.

Vidi tuam domum, et illius pulchritudinem miratus sum.

Le pronom *en* est pour *de lui, d'elle, d'eux, d'elles;*

on met en latin *is, hic* ou *ille,* au cas voulu par le mot dont il dépend. EXEMPLES :

J'ai vu votre maison, et j'en ai admiré la beauté, *c'est-à-dire* la beauté d'elle, *vidi tuam domum, et illius pulchritudinem miratus sum.*

J'aime cet enfant et j'en suis aimé, *c'est-à-dire* je suis aimé de lui, *hunc puerum diligo, et ab eo diligor.*

Res est gravissima, huic operam dabo.

Le pronom *y* s'exprime comme *à lui, à elle, à eux, à elles.* EXEMPLE :

L'affaire est très-importante, j'y donnerai mes soins, *c'est-à-dire* je donnerai à elle, *res est gravissima, huic operam dabo.*

---

§ 202. *Pronoms* SE, SOI.

Amor suî.

Le pronom réfléchi *soi* s'exprime par *suî, sibi, se,* qu'on met au cas voulu par le mot dont il dépend. EXEMPLES :

L'amour de soi, *amor suî.*

L'aimant attire le fer à soi, *magnes ferrum ad se allicit.*

Superbus se laudat ; sibi blanditur.

Le pronom réfléchi *se,* mis devant un verbe dont il est le complément, s'exprime également par *suî, sibi, se,* quand le sujet est un être animé qui fait sur lui-même l'action marquée par le verbe. EXEMPLES :

L'orgueilleux se loue, *superbus se laudat ;* il se flatte, *sibi blanditur.* (C'est l'orgueilleux qui fait sur lui-même l'action de *louer* et celle de *flatter.*)

Vox illa invenitur apud Phædrum.

Mais si le sujet est une chose inanimée, ou même s'il est un être animé qui ne fasse pas sur lui-même l'action marquée par le verbe, le pronom *se* ne se traduit pas, et l'on tourne par le passif. EXEMPLES :

Ce mot se trouve dans Phèdre, *tournez :* est trouvé, *vox illa invenitur apud Phædrum.*

Il ne s'ébranle pas de vos menaces, *tournez :* il n'est pas ébranlé, *minis non movetur tuis.*

Cependant, dans les phrases suivantes, et dans quelques autres du même genre, la chose inanimée est assimilée à un être animé : Le poison se glisse dans les veines, *venenum sese in venas insinuat;* l'occasion se présenta, *se dedit occasio;* la chose se passa ainsi, *res ità se habuit.*

REMARQUE. Beaucoup de verbes pronominaux se rendent en latin par un verbe neutre. EXEMPLES :

Il se trompe, *errat;* il se tait, *tacet;* il se plaint, *queritur.*

Petrus et Joannes inter se amant.

Quand *se* a rapport à deux sujets qui font l'un sur l'autre l'action marquée par le verbe, on se sert de l'accusatif *se*, qu'on fait précéder de la préposition *inter*. EXEMPLES :

Pierre et Jean s'aiment *ou* s'entr'aiment, *Petrus et Joannes inter se amant;* ils se battent, *inter se pugnant.*

§ 203. *Pronoms interrogatifs.*

Il y a des pronoms, des adjectifs et des adverbes d'interrogation.

Quis vestrûm, ex vobis, ou inter vos.

Le principal pronom interrogatif est en français *qui* ou *lequel*. On le distingue de *qui* ou *lequel*, pronom relatif, en ce qu'il n'a pas d'antécédent et peut se tourner par *quelle personne?*

Il s'exprime en latin par *quis* ou *quisnam*, et s'il a pour complément un nom pluriel, on applique la règle donnée pour les mots partitifs. EXEMPLE :

Qui de vous, lequel d'entre vous? *quis vestrûm, ex vobis* ou *inter vos?*

Quis te vocavit? — Quem vocas?

Qui interrogatif est tantôt sujet, et tantôt complément du verbe qui le suit. Il est sujet quand on peut le tourner par *qui est celui qui?* EXEMPLE :

Qui vous a appelé? *c'est-à-dire* qui est celui qui vous a appelé? *quis te vocavit?*

Il est complément quand on peut le tourner par *qui est celui que?* EXEMPLE :

Qui appelez-vous? *c'est-à-dire* qui est celui que vous appelez? *quem vocas?*

Quid fiet? — Quid agis? — Cui rei studes?

Que interrogatif se tourne par *quelle chose*, et il s'exprime par *quid* lorsqu'il est sujet ou complément direct d'un verbe qui gouverne l'accusatif. EXEMPLES :

Qu'arrivera-t-il? *quid fiet?*

Que faites-vous? *quid agis?*

Mais si le verbe suivant gouverne un autre cas, il faut exprimer le mot *chose*. EXEMPLE :

Qu'étudiez-vous? *tournez :* quelle chose étudiez-vous? *cui rei studes?*

Quid virtute pulchrius?

Quoi interrogatif, au commencement d'une phrase, s'exprime par *quid*. EXEMPLE :

Quoi de plus beau que la vertu? *quid virtute pulchrius est*, ou en sous-entendant le verbe comme en français, *quid virtute pulchrius?*

De quoi, à quoi, par quoi, etc., se tournent par *de quelle chose, à quelle chose, par quelle chose*, et l'on exprime le mot *chose*. EXEMPLES :

De quoi est-il avide? *cujus rei avidus est?*

A quoi s'applique-t-il? *cui rei dat operam?*

De quoi a-t-il besoin? *quâ re illi opus est?*

Quis te redemit? Jesus Christus.

Après les pronoms interrogatifs, le mot de la réponse se met au cas où il serait si le verbe de la demande était répété dans la réponse. EXEMPLES :

Qui vous a racheté? Jésus-Christ; *quis te redemit? Jesus Christus* (c'est-à-dire : *Jesus Christus te redemit*).

Qui a pitié des paresseux? Personne; *quem miseret pigrorum? neminem* (c'est-à-dire *neminem miseret*).

Par qui Rome fut-elle fondée? Par Romulus ; *a quo Roma condita fuit? a Romulo.*

A qui importe-t-il? à moi; *cujusnam interest? meâ* (c'est-à-dire : il importe à moi, *interest meâ*).

A qui importe-t-il? à vous tous; *quorum interest? vestrâ omnium.*

A qui est ce livre? à moi; *cujus est hic liber? meus.*

A qui appartient-il de parler? à vous; *cujus est loqui? tuum.*

Uter venit?

Qui des deux, lequel des deux, s'exprime par *uter, utra, utrum.* EXEMPLES :

Lequel des deux est venu? *uter venit?*

Lequel des deux choisirez-vous? *utrum eliges?*

Uter est doctior, tune an frater?

Si *lequel des deux* est suivi de deux noms séparés par la conjonction *ou*, ces deux noms se mettent au même cas que *uter;* on met *ne* après le premier, et *an* devant le second. EXEMPLES :

Lequel des deux est le plus savant, de vous ou de votre frère? *uter est doctior, tune an frater?*

Lequel des deux accuse-t-il, de moi ou de mon frère? *utrum accusat, mene an fratrem meum?* (La préposition *de*, qui se trouve en français devant chaque nom, ne se traduit pas.)

Auquel des deux a-t-il nui, à vous ou à votre frère? *utri nocuit, tibine an fratri tuo?*

A qui de nous importe-t-il, à vous ou à moi? *utrius nostrûm interest, tuâne an meâ?*

§ 204. *Adjectifs interrogatifs.*

Quæ *ou* **quænam mater liberos suos non amat?**

L'adjectif interrogatif *quel* s'exprime aussi, en général, par *quis* ou *quisnam*, qui fait au neutre *quod* ou *quodnam* quand il est joint à un nom. EXEMPLES :

Quelle mère n'aime pas ses enfants? *quæ* ou *quænam mater liberos suos non amat?*
Quelle ville a-t-il prise? *quod oppidum cepit?*
Quel ennemi a-t-il épargné? *cui hosti pepercit?*

Quota hora est?

Quel, marquant le rang, l'ordre, s'exprime par *quotus, quota, quotum*, et l'on se sert, dans la réponse, du nombre ordinal. EXEMPLE :

Quelle heure est-il? huit heures, *quota hora est? octava.*

Quanta nobis instat pernicies !

Quel, exclamatif, s'exprime par *quis* ou *qualis*, et quand on peut y ajouter le mot *grand*, par *quantus*. EXEMPLE :

Quel malheur nous menace, c'est-à-dire quel grand malheur, *quæ* ou mieux *quanta nobis instat pernicies !*

---

§ 205. *Adverbes d'interrogation.*

Vidistine regem ? vidi.

Quand on interroge simplement pour savoir si un fait a eu lieu ou non, l'interrogation, marquée en français par l'inversion du sujet ou par *est-ce que*, s'exprime en latin par *ne* (enclitique), et l'on répète dans la réponse le verbe ou le mot essentiel de la demande. EXEMPLES :

Avez-vous vu le roi? *vidistine regem?* Oui, *vidi*; non, *non vidi*.
Est-il venu seul? Oui, *solusne venit? solus.*

REMARQUE. La réponse, au lieu de se faire en répétant le mot principal de la demande, se fait quelquefois par un adverbe d'affirmation ou de négation. *Oui* se rend alors par *etiam, itâ, sanè, profectò;* et *non, nullement, point du tout,* par *non, minimè, minimè verò.*

Nùm dormis? non dormio.

Quand on attend une réponse négative, l'interrogation se marque en latin par *nùm.* EXEMPLE :

Dormez-vous, est-ce que vous dormez? non; *nùm dormis? non dormio.*

Nonne vidisti regem? non vidi.

Si le verbe de la demande est accompagné d'une négation, c'est *nonne* qu'il faut mettre en tête de la phrase. EXEMPLE :

N'avez-vous pas vu le roi? non ; *nonne vidisti regem? non vidi.*

Utrùm vigilas an dormis?

Quand l'interrogation se compose de deux parties réunies par la conjonction *ou,* on met ordinairement *utrùm* en tête de la phrase, et l'on traduit *ou, ou bien* par *an,* et *ou non* par *necne* ou *annon.* EXEMPLES :

Êtes-vous éveillé ou dormez-vous? *utrùm vigilas an dormis?* (On dit aussi *vigilasne an dormis?*)

Le combat sera-t-il livré ou non? *utrùm prœlium committetur, necne?*

Est-ce l'homme que je cherche ou non? *isne est quem quœro, annon?*

Ubi natus est? Mediolani.

Quand on interroge sur le lieu, le temps, la manière, etc., on se sert des adverbes indiqués dans la première partie, et les mots de la réponse se construisent comme si le verbe de la demande était répété. EXEMPLES :

Où est-il né? à Milan ; *ubi natus est? Mediolani.*

D'où revenez-vous? de Lyon ; *unde redis? Lugduno.*

Où est-il parti? à Rome ; *quò profectus est? Romam.*

Quid ou cur moraris?

Que interrogatif est adverbe quand il signifie *en quoi* ou *pourquoi?* on l'exprime par *quid* ou *cur*, et s'il vient ensuite une négation, par *quin* ou *cur non*. Ex. :

Que tardez-vous? *quid* ou *cur moraris?*

Que n'accourez-vous? *quin* ou *cur non advolas?*

LIVRE II.

Syntaxe de la phrase.

§ 206. La syntaxe de la phrase considère la proposition, non plus isolée et indépendante, comme on l'a étudiée dans le livre qui précède, mais unie à d'autres propositions pour exprimer une pensée complète.

On a vu (§ 123) que les propositions qui dépendent d'une autre s'appellent *subordonnées*, et que, parmi les propositions subordonnées, les unes sont **incidentes**, les autres *complétives* ou *subjectives*.

Nous traiterons d'abord de la proposition incidente, qui se joint le plus souvent à la principale par un pronom relatif ou par une conjonction.

CHAPITRE I.

PROPOSITION INCIDENTE

UNIE A LA PRINCIPALE PAR UN PRONOM RELATIF.

§ 207. *Accord du pronom relatif avec son antécédent.*

Deus, qui regnat, est omnipotens.

Toute proposition commençant par un pronom relatif est rattachée à une autre proposition, où le relatif a un antécédent, exprimé ou sous-entendu, avec lequel il s'accorde en genre et en nombre. EXEMPLES :

Dieu, qui règne, est tout-puissant, *Deus, qui regnat, est omnipotens.* (*Qui* est du masculin et du singulier comme son antécédent *Deus.*)

Ma mère, qui est malade, *mater mea, quæ ægrotat;* les fleuves qui coulent, *amnes qui fluunt;* les armes qui blessent, *tela quæ vulnerant.*

Celui qui veut, l'homme qui veut, *qui vult* (sous-entendu *is* ou *homo*); ceux qui veulent, les hommes qui veulent, *qui volunt;* ce qui arrive, les choses qui arrivent, *quod accidit, quæ accidunt.*

Pater et filius qui amantur.

Quand il y a deux ou plusieurs antécédents, le pronom relatif se met au pluriel, et il suit, pour le genre, les règles d'accord de l'attribut avec le sujet. EXEMPLES :

Le père et le fils qui sont aimés, *pater et filius qui amantur;* la mère et la fille qui sont aimées, *mater et filia quæ amantur;* le père et la mère qui sont aimés, *pater et mater qui amantur;* la vertu et le vice qui sont opposés, *virtus et vitium, quæ sunt contraria.*

Ego qui audio.

Le pronom relatif est de la même personne que son antécédent, et il veut à cette personne le verbe dont il est le sujet. EXEMPLES :

Moi qui écoute, *ego qui audio;* toi qui causes, *tu qui garris;* le maître qui parle, *magister qui loquitur;* nous qui enseignons, *nos qui docemus;* vous qui vous instruisez, *vos qui discitis.*

Vous et moi qui nous portons bien, *ego et tu qui valemus.*

---

§ 208. *A quel cas doit-on mettre le pronom relatif?*

RÈGLE GÉNÉRALE. Le pronom relatif se met au cas voulu

par le rôle qu'il remplit dans la proposition, soit comme sujet, soit comme complément.

Puer quem pœnitet.

Quand il sert de sujet, il se met au nominatif, comme on l'a vu dans les exemples qui précèdent.

Cependant, lorsque le verbe latin veut à un autre cas le nom qui sert de sujet au verbe français, *qui* relatif se met en latin à ce cas. EXEMPLES :

L'enfant qui se repent, *puer quem pœnitet.*
L'enfant qui a besoin, *puer cui opus est.*
Le roi qui a intérêt, *c'est-à-dire* à qui il importe, *rex cujus interest.*

Deus quem amo.

Que relatif, servant de complément à un verbe, se met au cas qu'exige le verbe latin. EXEMPLES :

Dieu que j'aime, *Deus quem amo.*
La grammaire que j'étudie, *grammatica cui studeo.*
La grammaire que je veux étudier, *grammatica cui volo studere* (*cui* est le complément du second verbe *studere*).

REMARQUE. Si le *que* relatif est gouverné par deux verbes qui veulent différents cas en latin, on l'exprime deux fois, et on le met au cas de chacun des deux verbes : Les pauvres que nous devons aimer et secourir, *pauperes quos amare et quibus opitulari debemus.*

Deus cujus providentiam miramur

Dont, complément d'un nom, d'un adjectif ou d'un verbe, se met au cas voulu par le mot latin. EXEMPLES :

Dieu dont nous admirons la providence, *Deus cujus providentiam miramur.* (*Dont* est le complément de *providence;* on peut demander : *La providence de qui ?*)

La récompense dont vous êtes digne, *merces quâ dignus es.* (*Dont* dépend de l'adjectif *digne*, qui gouverne l'ablatif en latin.)

Les livres dont je me sers, *libri quibus utor ;* la faute

dont je me repens, *culpa cujus me pœnitet ;* le chagrin dont je suis accablé, *mœror quo conficior.*

Homo cui officium præstitisti.

Qui, lequel, précédés d'une préposition, se rendent par les différents cas de *qui, quæ, quod*, avec ou sans préposition, suivant les règles de complément données pour les noms, les adjectifs, les verbes, etc. EXEMPLES :

L'homme à qui vous avez rendu service, *homo cui officium præstitisti ;* l'enfant à qui, auquel cela est utile, *puer cui id utile est ;* l'ami auquel j'écris, *amicus cui* ou *ad quem scribo ;* les hommes à qui il importe, *homines quorum interest.*

Romulus par qui Rome fut fondée, *Romulus a quo Roma condita fuit ;* le trait par lequel il a été blessé, *telum quo vulneratus est ;* celui par qui j'ai obtenu ma grâce, *c'est-à-dire* par l'entremise duquel, *is per quem veniam impetravi ;* la maison dans laquelle il fut élevé, *domus in quâ educatus est.*

CHAPITRE II.

PROPOSITION INCIDENTE

UNIE A LA PRINCIPALE PAR UNE CONJONCTION.

§ 209. Pour construire dans la phrase la proposition incidente qui commence par une conjonction, il faut savoir à quel mode le verbe doit se mettre en latin.

Parmi les conjonctions latines, les unes gouvernent l'indicatif, les autres veulent le subjonctif; quelques-unes prennent tantôt l'un, tantôt l'autre mode.

En français, les conjonctions sont souvent remplacées par une préposition suivie de l'infinitif. Cela se fait surtout quand le sujet du second verbe serait le même que celui du premier : Je me suis reposé après avoir étudié, *c'est-à-dire* après que j'eus étudié ; délibérez avant d'entreprendre, *c'est-à-dire* avant que vous entrepreniez. En latin, on rétablit la conjonction. Nous en donnerons plusieurs exemples dans les règles qui vont suivre.

§ 210. *Conjonctions qui gouvernent l'indicatif.*

Quemadmodùm ignis aurum probat.

Les conjonctions *ut, sicut, velut, tanquàm, ceu, quemadmodùm*, comme, de même que, ainsi que, gouvernent l'indicatif. EXEMPLES :

Comme le feu éprouve l'or, de même l'adversité éprouve l'homme courageux, *quemadmodùm ignis aurum probat, sic* ou *ità miseria fortes viros* (sous-entendu *probat*).

Ubi ea Romæ comperta sunt.

Les conjonctions *ubi, ubi primùm, ut, ut primùm, simul, simul ac, simul atque, statim ut*, dès que, aussitôt que, gouvernent l'indicatif. EXEMPLES :

Dès que ces choses furent sues à Rome, *ubi ea Romæ comperta sunt.*

Aussitôt qu'il fut arrivé, il tomba malade, *statim ut advenit, in morbum incidit.*

Postquàm nuntius pervenit.

Postquam, posteaquàm, après que, gouvernent l'indicatif, et se construisent ordinairement avec le parfait ou le plus-que-parfait. EXEMPLES :

Après que la nouvelle fut arrivée, *postquàm nuntius pervenit.*

Après avoir lu, j'ai écrit, *postquàm legi, scripsi.* (On dit aussi *postquàm legeram.*)

Quoniam nominor leo ; quia sum fortis.

Les conjonctions *quia*, parce que ; *quoniam, quandò, quandoquidem*, puisque, attendu que, gouvernent l'indicatif. EXEMPLES :

Puisque je me nomme lion, *quoniam nominor leo.*
Parce que je suis brave, *quia sum fortis.*

Quòd uruntur calore.

Quòd, parce que, de ce que, en ce que, gouverne généralement l'indicatif. EXEMPLE :

Certaines parties de la terre sont inhabitables, parce qu'elles sont brûlées par la chaleur, *quœdam terrœ partes sunt inhabitabiles, quòd uruntur calore.*

Cependant, si la proposition qui commence par *quòd* exprime l'opinion ou le dire d'une personne autre que celle qui parle, il faut mettre le verbe au subjonctif. EXEMPLE :

Thémistocle se promenait la nuit, parce que les trophées de Miltiade l'empêchaient de dormir, *ambulabat noctu Themistocles, quòd Miltiadis tropœis e somno suscitaretur.* (Ce n'est pas à l'historien, c'est à Thémistocle lui-même qu'appartient cette explication de ses promenades nocturnes. On pourrait mettre en français : parce que, disait-il...)

Quanquàm improbos salutavi.

Quanquàm, quoique, bien que, gouverne l'indicatif. EXEMPLE :

Quoique j'aie salué des méchants, *quanquàm improbos salutavi.*

§ 211. *Conjonctions qui gouvernent le subjonctif.*

Quamvis improbos salutaverim.

Les conjonctions *quamvis* et *licet*, quoique, gouvernent le subjonctif. EXEMPLE :

Quoique j'aie salué des méchants, *quamvis* ou *licet improbos salutaverim.*

Antequàm proficiscaris, te adibo.

Antequàm et *priusquàm*, avant que, gouvernent le subjonctif. EXEMPLES :

Avant que vous partiez, j'irai vous trouver, *antequàm proficiscaris, te adibo.*

Je lis, je lirai avant d'écrire, *tournez :* avant que j'écrive, *lego, legam antequàm scribam.*

J'ai lu avant d'écrire, *tournez :* avant que j'écrivisse, *legi antequàm scriberem.*

Je ne partirai pas avant d'avoir achevé ma tâche, *tournez :* avant que j'aie achevé ma tâche, *non proficiscar antequàm opus perfecerim.*

Il est parti avant d'avoir achevé sa tâche, *tournez :* avant qu'il eût achevé sa tâche, *profectus est antequàm opus perfecisset.*

OBSERVATION GÉNÉRALE.

Ces quatre derniers exemples font voir que l'infinitif présent, qui vient en français après la préposition *avant*, se rend en latin par le présent du subjonctif quand le premier verbe est au présent ou au futur, et par le subjonctif imparfait quand le premier verbe est à un temps passé ; et que l'infinitif parfait se rend par le parfait ou le plus-que-parfait du subjonctif selon la même distinction.

On fait de même, en principe, toutes les fois qu'une préposition suivie de l'infinitif se rend en latin par une conjonction avec le subjonctif.

Depugna potiusquàm servias.

Potiusquàm, plutôt que de, gouverne le subjonctif.
EXEMPLE :

Combattez plutôt que d'être esclave, c'est-à-dire : plutôt que vous soyez..., *depugna potiusquàm servias.*

REMARQUE. Ne confondez pas *plutôt*, marquant la préférence, avec *plus tôt*, signifiant *de meilleure heure, plus vite, plus promptement*, en latin *maturiùs, citiùs, celeriùs :* Il s'est levé plus tôt qu'à l'ordinaire, *surrexit maturiùs quàm solebat* ou *maturiùs solito ;* il est arrivé plus tôt que je ne pensais, *citiùs advenit quàm putabam.*

Nedùm tu possis.

Nedùm, bien loin que, bien loin de, gouverne le subjonctif, et le membre de la phrase qui commence par cette conjonction se met toujours le second en latin.
EXEMPLES :
Bien loin que vous puissiez, *nedùm tu possis*.
Bien loin de m'aimer, il me regarde à peine, *vix me adspicit, nedùm amet*.

Dies nullus est quin ventitet.

La conjonction *quin*, que ne, sans que, à moins que, à moins de, gouverne le subjonctif. EXEMPLES :
Il ne se passe aucun jour qu'il ne vienne, *dies nullus est quin ventitet*.
Je ne pouvais sortir sans qu'ils me vissent, *exire non poteram quin me viderent*.
Personne ne devient savant, à moins de lire, à moins d'avoir lu beaucoup, *nemo fit doctus quin multùm legat, quin multùm legerit*.
REMARQUE. *Quin* ne s'emploie ordinairement que quand le premier verbe est accompagné d'une négation ou d'une interrogation.

§ 212. *Conjonctions qui gouvernent tantôt l'indicatif, tantôt le subjonctif.*

CONJONCTION QUUM.

Quum considero.

Quum, signifiant *lorsque, quand*, gouverne le présent, le parfait, le futur et le futur passé de l'indicatif. Ex. :
Lorsque je considère, *quum considero;* lorsqu'il partit, *quum profectus est;* quand je pourrai, *quum potero*.

Quum captivos ad supplicium duci videret.

Il gouverne l'imparfait du subjonctif quand il marque le moment précis où une action s'est faite, et alors il se traduit d'ordinaire en français par le participe présent. EXEMPLE :

Voyant conduire les prisonniers au supplice, il ne put retenir ses larmes, *quum captivos ad supplicium duci videret, lacrymas tenere non potuit.*

Mais s'il s'agit seulement de marquer à quelle époque une chose s'est passée, on doit préférer l'imparfait de l'indicatif. EXEMPLE :

Lorsque Athènes florissait, du temps qu'Athènes florissait, *quum Athenæ florebant* (mieux que *florerent*).

Romam quum venisset.

Il gouverne le plus-que-parfait du subjonctif quand il y a en français le passé antérieur. EXEMPLE :

Lorsqu'il fut, après qu'il fut arrivé à Rome, *Romam quum venisset.* (On pourrait dire en français, par le participe passé : *Étant arrivé à Rome.*)

Quum id velis.

Quum, signifiant *puisque, vu que, attendu que, quoique,* veut toujours le subjonctif. EXEMPLES :

Puisque vous le voulez, *quum id velis;* puisque vous l'avez voulu, *quum id volueris.*

Quoiqu'il ait lu bien des choses, *quum multa legerit.*

REMARQUE. Quand le français *comme* a le sens de *pendant que, puisque,* il se rend par *quum* avec le subjonctif. EXEMPLES :

Comme on le menait au supplice, c'est-à-dire pendant qu'on le menait, *quum ad supplicium duceretur.*

Comme la chose est ainsi, c'est-à-dire puisqu'elle est ainsi, *quum ità se res habeat.*

---

§ 243. CONJONCTION DÙM.

Dùm hæc geruntur ; dùm hæc gerebantur.

Dùm, signifiant *tandis que, pendant que, tant que,* gouverne l'indicatif. EXEMPLES :

Pendant que ces choses se passent, *dùm hœc geruntur;* pendant qu'elles se passaient, *dùm gerebantur.*
Tant que je respire, j'espère, *dùm spiro, spero.*

Dùm rex adveniat, advenerit.

Dùm, signifiant *jusqu'à ce que,* gouverne le subjonctif. EXEMPLES :
Jusqu'à ce que le roi arrive, *dùm rex adveniat;* jusqu'à ce qu'il soit arrivé, *dùm advenerit.*
Donec et *quoad* suivent les mêmes règles que *dùm;* signifiant *tant que, aussi longtemps que,* ils gouvernent l'indicatif ; signifiant *jusqu'à ce que,* ils veulent le subjonctif. EXEMPLES :
Caton apprit tant qu'il vécut, *Cato, quoad vixit, didicit;* diffère ta vengeance jusqu'à ce que ta colère soit apaisée, *differ ultionem, donec ira deferbuerit.*

Clitellas dùm portem meas.

Dùm, signifiant *pourvu que,* gouverne le subjonctif; il en est de même de *modò* et *dummodò.* EXEMPLES :
Pourvu que je porte mon bât, *clitellas dùm portem meas;* qu'ils me haïssent, pourvu qu'ils me craignent, *oderint, dùm metuant.*
Pourvu que la vie me reste, *modò vita supersit.*

---

§ 214. CONJONCTION SI.

Si vis amari, ama.

Si conditionnel, suivi du présent, gouverne ordinairement l'indicatif. EXEMPLES :
Aimez, si vous voulez être aimé, *si vis amari, ama.*
Cependant on met le présent du subjonctif après *si,* quand la supposition porte sur un fait général, indéterminé, comme dans les phrases sentencieuses. Ex. :
La mémoire se développe si vous l'exercez, *memoria augetur, si eam exerceas.* (Il ne s'agit pas de telle ou telle personne en particulier, mais d'une personne quelcon-

que ; on pourrait remplacer *vous* dans le français par *on* ou par *quelqu'un*.)

Si fecisti quod præceperam.

Si conditionnel, suivi du parfait, gouverne toujours l'indicatif. EXEMPLE :
Si vous avez fait ce que je vous avais recommandé, *si fecisti quod præceperam*.

Id si faceres, si fecisses causâ meâ.

Si conditionnel, suivi de l'imparfait ou du plus-que-parfait, gouverne le subjonctif quand le verbe principal est au conditionnel. EXEMPLE :
Si tu le faisais, si tu l'avais fait à cause de moi, je t'en saurais gré ; *id si faceres, si fecisses causâ meâ, tibi haberem gratiam*.

Hunc librum si leges, lætabor.

Quand le verbe de la proposition principale est au futur, on met après *si* conditionnel le futur ou le futur passé de l'indicatif. EXEMPLES :
Si vous lisez ce livre, j'en serai charmé, *hunc librum si leges, lætabor*.
Si vous venez, vous me ferez plaisir, *si veneris, pergratum mihi feceris*.

---

§ 215. CONJONCTIONS COMPOSÉES DE SI.

Les conjonctions composées de *si*, comme *sin, sin autem*, mais si, si au contraire ; *quòd si*, que si ; *si modò*, si toutefois, pourvu que, suivent généralement les règles données pour *si*. Les suivantes méritent une mention particulière.

Nisi fallor. — Nisi memoriam exerceas.

Si... ne, si... ne pas, si... ne point, s'exprime ordinairement par *nisi*, qui suit toutes les règles données pour *si*. EXEMPLES :

Si je ne me trompe, *nisi fallor*.

Si vous n'étiez sage, je vous gronderais, *nisi saperes, te objurgarem.*

On se sert encore de *nisi* pour rendre le français *à moins que :* La mémoire diminue, si vous ne l'exercez, à moins que vous ne l'exerciez, *memoria minuitur, nisi eam exerceas.*

Il s'emploie aussi pour rendre *si ce n'est :* Il ne parlait jamais, si ce n'est après avoir préparé son discours, *nunquàm, nisi meditatâ oratione, dicebat.*

Quand c'est un nom qui vient après *si ce n'est,* on peut remplacer *nisi* par *præter*, avec l'accusatif : Personne, si ce n'est le sage, ne peut être heureux, *nemo, nisi sapiens* ou *præter sapientem, beatus esse potest.*

Si non homines, at certè Deum time.

Si... ne, si... ne pas, s'exprime par *si non* ou *sin minùs*, quand le verbe de la proposition principale est accompagné des mots *au moins, du moins, pour le moins,* en latin *saltem, certè, at certè.* EXEMPLE :

Si vous ne craignez pas les hommes, au moins craignez Dieu, *si non homines, at certè Deum time.* (On sous-entend *times* après *homines.*)

Sive jubet, sive vetat.

Sive, seu, soit que, gouvernent ordinairement l'indicatif. EXEMPLES :

Soit qu'il ordonne, soit qu'il défende, *sive jubet, sive vetat ;* soit qu'il ordonnât, soit qu'il défendît, *sive jubebat, sive vetabat.*

Quand le verbe principal est au futur, mettez le futur de l'indicatif après *seu* et *sive :* Que nous soyons riches ou pauvres, il nous faudra mourir, *nobis, sive divites erimus, sive pauperes, erit moriendum.* La même chose s'observe, du reste, après toutes les conjonctions composées de *si.*

Etsi vereor. — Etiamsi velim.

Etsi, tametsi, etiamsi, gouvernent l'indicatif quand ils signifient *quoique ;* quand ils signifient *même si, lors même que, quand bien même,* ils prennent l'indicatif ou le subjonctif suivant les règles données pour *si*. EXEMPLES :

Quoique je craigne, *etsi, tametsi, etiamsi vereor.*

La vérité est utile, même lorsqu'elle ne plaît pas, *veritas, etiamsi non placet, tamen utilis est.*

Je ne le pourrais pas, lors même que je le voudrais, *id, etiamsi velim, non possim.*

Loquor, quasi me audias.

Les conjonctions *quasi, tanquàm, tanquàm si, velut si, perinde ac si,* dans le sens du français *comme si, de même que si,* gouvernent le subjonctif. EXEMPLES :

Je parle comme si vous m'écoutiez, *loquor quasi* ou *tanquàm me audias ;* je parlais comme si vous m'écoutiez, *loquebar tanquàm me audires.*

Vous me faites des reproches comme si j'avais péché, *me objurgas quasi peccaverim ;* il m'a fait des reproches comme si j'eusse péché, *me objurgavit quasi peccavissem.*

On voit que l'imparfait et le plus-que-parfait de l'indicatif se rendent respectivement par le présent et le parfait du subjonctif, quand le premier verbe est au présent ou au futur; mais qu'ils se rendent respectivement par l'imparfait et le plus-que-parfait du subjonctif, quand le premier verbe est à un temps passé.

§ 216. CONJONCTIONS UT ET NE.

Ut ab urbe discessi.

Ut, signifiant *dès que, aussitôt que, depuis que, de même que, selon que,* gouverne l'indicatif. EXEMPLES :

Dès que je fus sorti de la ville, *ut ab urbe discessi.*

Depuis que vous êtes parti, *ut profectus es.*

Continuez comme vous avez commencé, *perge ut cœpisti.*

Luce ut quiescam.

Ut, signifiant *afin que, pour que, de sorte que, supposé que, quoique*, gouverne le subjonctif. EXEMPLES :

Afin que je me repose pendant le jour, *luce ut quiescam.*

Soyez sage afin d'être heureux, *tournez :* afin que vous soyez heureux, *esto sapiens, ut sis felix.*

Il se leva pour répondre, *tournez :* pour qu'il répondit, *surrexit ut responderet.*

Otiare, quò meliùs labores.

Quand *afin que, afin de, pour,* sont suivis d'un comparatif, on les traduit par *quò* au lieu de *ut*. EXEMPLE :

Reposez-vous, afin de mieux travailler, *otiare, quò meliùs labores.*

Ne frigore lædantur.

Ne, de peur que, afin que... ne, pour ne pas, gouverne toujours le subjonctif. EXEMPLES :

Les poules mettent leurs poussins à l'abri sous leurs ailes, de peur qu'ils ne soient blessés par le froid, *gallinæ pennis fovent pullos, ne frigore lædantur.*

CHAPITRE III.

PROPOSITION COMPLÉTIVE

DONT LE VERBE SE MET EN LATIN A L'INFINITIF

OU

PROPOSITION INFINITIVE.

[Ici commence la partie de la Grammaire latine vulgairement appelée MÉTHODE.]

§ 217. Il y a, comme on l'a dit au § 123, des propositions qui servent de complément à une autre proposition, et que l'on appelle pour cette raison propositions *complétives*.

Parmi les propositions complétives, il y en a dont le verbe se met en latin à l'infinitif; on les appelle propositions *infinitives*.

La proposition infinitive peut remplir aussi, par rapport à la principale, le rôle de sujet.

§ 218. *Proposition infinitive servant de complément.*

Credo te flere. — Credo Deum esse sanctum.

Lorsque les verbes *croire, penser, savoir, dire, affirmer, nier, annoncer, assurer, prétendre, être persuadé, promettre, espérer*, et autres de signification analogue, ont pour complément une autre proposition précédée de *que* en français, *que* ne s'exprime pas; le verbe suivant se met à l'infinitif, et le sujet de ce verbe se met à l'accusatif. EXEMPLE :

Je crois que vous pleurez, *tournez :* je crois vous pleurer, *credo te flere*.

Si le verbe qui se met à l'infinitif est suivi d'un attribut, on le met également à l'accusatif en le faisant accorder avec le sujet de l'infinitif. EXEMPLES :

Je crois que Dieu est saint, *tournez :* Je crois Dieu être saint, *credo Deum esse sanctum*.

Nous croyons que les âmes sont immortelles, *credimus animos esse immortales*.

§ 219. *A quel temps de l'infinitif faut-il mettre le verbe de la proposition infinitive?*

PRINCIPE GÉNÉRAL.

Pour savoir quel temps de l'infinitif on doit employer, il faut comparer les temps des actions exprimées par le verbe de la proposition principale et par celui de la proposition complétive.

Quand l'action marquée par le second verbe se fait ou a été faite dans le même temps que celle du premier verbe, on met le présent de l'infinitif latin.

Quand elle a été faite avant celle du premier verbe, on met le parfait de l'infinitif latin.

Quand elle est encore à faire au moment où se passe celle du premier verbe, on met le futur ou le futur passé de l'infinitif latin.

Les règles qui suivent ne sont que l'application de ce principe.

Credo illum legere.

Le présent de l'indicatif qui vient en français après *que*, se rend par le présent de l'infinitif latin. EXEMPLES :

Je crois qu'il lit, *credo illum legere* ; nous savons que la ville est assiégée, *scimus urbem obsideri*.

Cependant le présent de l'indicatif passif doit se rendre par le parfait de l'infinitif quand le second verbe exprime une action entièrement terminée : Nous savons que la ville est prise, *scimus urbem esse captam*. (La ville a été prise avant le moment où l'on parle.)

Credo illum legisse. — Credebam illum legere.

L'imparfait de l'indicatif se rend par le parfait de l'infinitif quand le premier verbe est au présent ou au futur. EXEMPLE :

Je crois qu'il lisait, *credo illum legisse*.

Mais il se rend par le présent de l'infinitif quand le premier verbe est à un temps passé. EXEMPLE :

Je croyais, j'ai cru, j'avais cru qu'il lisait, *credebam, credidi, credideram illum legere*.

Cependant, même dans ce cas, l'imparfait de l'indicatif doit se rendre par le parfait de l'infinitif, quand il exprime une action accomplie avant le moment où s'est passée celle du premier verbe. EXEMPLES :

Je vous ai dit que Phèdre était esclave, *tournez :* Phèdre avoir été esclave, *tibi dixi Phædrum fuisse servum*.

— Je croyais que la ville était prise, *credebam urbem esse captam.*

Credo, credebam illum advenisse.

Le parfait et le plus-que-parfait de l'indicatif se rendent toujours par le parfait de l'infinitif. EXEMPLES :

Je crois qu'il est arrivé, *credo illum advenisse.*
Je croyais qu'il était arrivé, *credebam illum advenisse.*

Credo illum cràs venturum esse.

Le futur de l'indicatif se rend par le futur de l'infinitif latin. EXEMPLE :

Je crois qu'il viendra demain, *credo illum cràs venturum esse*, ou simplement *cràs venturum.*

REMARQUES. 1° Le verbe *devoir*, marquant simplement l'avenir, se rend également par le futur de l'infinitif : Je crois qu'il doit partir, je croyais qu'il devait partir demain, *credo, credebam illum cràs esse profecturum.*

2° L'infinitif futur passif a deux formes, *amatum iri* et *amandum esse*. La première, qui est invariable, s'emploie quand on veut marquer simplement l'avenir. Ex. :

Je crois que la ville sera prise, doit être prise bientôt, *credo urbem brevi captum iri.*

On se sert de la seconde, qui est variable, quand on veut marquer une obligation. EXEMPLES :

Nous croyons que Dieu doit être aimé, qu'on doit aimer Dieu, *credimus Deum amandum esse ;* que les hommes doivent être aidés, qu'on doit *ou* qu'il faut aider les hommes, *homines esse juvandos.*

Credo illum rem confecturum esse priusquàm redieris.

Le futur passé de l'indicatif se rend par le futur de l'infinitif lorsqu'il est suivi de *avant, avant que*, ou de quelque autre mot analogue. EXEMPLE :

Je crois qu'il aura terminé l'affaire avant que vous soyez de retour, *tournez :* je crois qu'il terminera l'affaire, *credo illum rem esse confecturum priusquàm redieris.*

Credo, credebam illum cràs venturum esse, fuisse.

Le conditionnel français qui vient après *que* se rend par le futur de l'infinitif. Exemples :

Je crois, je croyais qu'il viendrait demain, *credo, credebam illum cràs venturum esse*.

Je croyais que les ennemis seraient vaincus, *credebam hostes victum iri*.

Le conditionnel passé se rend par le futur passé de l'infinitif. Exemple :

Je crois, je croyais qu'il serait venu, *credo, credebam illum venturum fuisse.* (On ne peut sous-entendre *fuisse*.)

Remarque. On ne peut se servir du futur passé de l'infinitif passif que quand il y a une idée d'obligation : Nous croyons que Socrate aurait dû être absous, *credimus absolvendum fuisse Socratem.*

Non credo illum legere.

Dans certaines phrases, et principalement quand le verbe de la proposition principale est accompagné d'une négation, d'une interrogation ou de la conjonction *si*, on met en français le subjonctif après *que*, au lieu de l'indicatif. Ce subjonctif se rend également par l'infinitif latin, qu'on met au temps voulu par les règles qui viennent d'être exposées. Exemples :

Je ne crois pas qu'il lise, *non credo illum legere;* croyez-vous qu'il lise? *credisne illum legere?*

Je ne crois pas que vous fussiez malade, *non credo te œgrotavisse.*

Je ne croyais pas, si je croyais que vous fussiez malade, *non credebam, si crederem te œgrotare.*

Je ne crois pas qu'il ait encore dîné, *non credo illum jàm prandisse;* je ne savais pas que vous fussiez arrivé, *nesciebam te advenisse.*

Remarque. Dans ces sortes de phrases, le verbe au subjonctif qui suit *que* marque quelquefois l'avenir, ce qui se reconnaît quand on peut le tourner par *devoir*. Rendez alors le présent et l'imparfait du subjonctif français par l'infinitif futur, et le plus-que-parfait du subjonctif par l'infinitif futur passé. EXEMPLES :

Je ne crois pas qu'il vienne demain, *c'est-à-dire* qu'il doive venir, *non credo illum cras venturum esse;* si je croyais que vous vinssiez bientôt, je vous attendrais, *c'est-à-dire* si je croyais que vous dussiez venir, *si putarem te brevi venturum esse, te exspectarem.*

Je ne crois pas qu'il fût venu si je l'avais invité, *non credo eum venturum fuisse, si invitâssem.*

§ 220. *Infinitif futur formé par périphrase.*

Credo fore ut te pœniteat.

Quand le verbe de la proposition infinitive doit être mis au futur ou au futur passé de l'infinitif, et que ce temps manque en latin, on le forme par périphrase.

1° Remplacez le futur de l'infinitif par *fore ut* ou *futurum esse ut*, avec le présent du subjonctif, si le premier verbe est au présent ou au futur, et avec l'imparfait du subjonctif, si le premier verbe est à un temps passé.
EXEMPLES :

Je crois que vous vous repentirez, *tournez :* devoir arriver que vous vous repentiez, *credo fore* ou *futurum esse ut te pœniteat.*

Je croyais que vous vous repentiriez, *tournez :* devoir arriver que vous vous repentissiez, *credebam fore* ou *futurum esse ut te pœniteret.*

Je crois qu'il sera frappé, *credo fore ut feriatur;* je croyais qu'il serait frappé, *credebam fore ut feriretur.* (*Me pœnitet* et *ferire* n'ont pas d'infinitif futur.)

2° Remplacez le futur passé de l'infinitif par *futurum fuisse ut*, avec l'imparfait du subjonctif. EXEMPLE :

Je croyais que vous vous seriez repenti, *credebam futurum fuisse ut te pœniteret.*

REMARQUES. 1° C'est par cette périphrase que l'on rend le conditionnel passé du passif, sans idée d'obligation.
EXEMPLE :

Je croyais que la ville aurait été prise, *credebam futurum fuisse ut urbs caperetur.*

2° On l'emploie même avec des verbes qui ont le futur de l'infinitif en latin, notamment pour rendre le conditionnel passif du français. Ainsi la phrase : Je croyais que la ville serait prise, se rendra par *credebam fore ut urbs caperetur,* aussi souvent que par *credebam urbem captum iri.*

---

§ 221. *Infinitif français rendu par une proposition infinitive.*

Credo me legisse.

Après quelques verbes comme *croire, dire, espérer, promettre, jurer, menacer, se souvenir,* on met souvent en français le second verbe à l'infinitif, au lieu de le mettre à un mode personnel précédé de *que.* Cela se fait lorsque le sujet du second verbe serait le même que celui du premier. Ainsi l'on dira : *Je crois avoir lu,* au lieu de dire : *Je crois que j'ai lu.* Ces sortes de phrases s'expriment en latin comme si elles étaient construites avec *que;* il faudra donc, devant le verbe de la proposition infinitive, rétablir le pronom personnel qui est sous-entendu en français devant l'infinitif. EXEMPLES :

Je crois avoir lu, *tournez :* je crois que j'ai lu, moi avoir lu, *credo me legisse.*

Vous croyez être heureux, *tournez :* que vous êtes heureux, vous être heureux, *credis te esse beatum.*

REMARQUE. Quand le premier verbe est à la troisième personne du singulier ou du pluriel, c'est toujours le pronom réfléchi *se* qu'il faut exprimer en latin devant l'infinitif. EXEMPLES :

Il croit être heureux, *tournez :* il croit qu'il est heureux, soi être heureux, *credit se esse beatum;* ils croient être heureux, *credunt se esse beatos.*

Sperat se brevi profecturum.

Après les verbes qui signifient *espérer, promettre,*

jurer, menacer, le présent de l'infinitif français se rend toujours par le futur de l'infinitif latin, parce que l'espérance, la promesse, le serment, la menace, ne peuvent se réaliser que dans l'avenir. EXEMPLES :

Il espère partir bientôt, *tournez :* qu'il partira, soi devoir partir, *sperat se brevi profecturum*.

Tu promets de donner, *promittis te daturum*.

Il jura de revenir vainqueur, *juravit se victorem reversurum*.

Il menaçait de détruire la ville, *minabatur se urbem excisurum*.

Memini me legere.

Après le verbe *meminisse*, se souvenir, on met en latin l'infinitif présent, même quand il s'agit d'une action passée, pourvu que la personne qui se souvient ait fait cette action ou en ait été témoin. EXEMPLES :

Je me souviens d'avoir lu, *memini me legere*.

Je me souviens qu'il m'a répondu, *illum mihi respondere memini*.

Volo esse beatus *ou* volo me esse beatum.

Quand les verbes *vouloir, ne vouloir pas, aimer mieux, désirer, souhaiter*, sont suivis de l'infinitif en français, on peut en latin mettre simplement l'infinitif, conformément à la règle donnée au § 192, ou faire une proposition infinitive, en exprimant le pronom personnel.

S'il y a un attribut, on le fait accorder avec le sujet du verbe principal dans la première tournure, et avec le sujet de la proposition infinitive dans l'autre. Ex. :

Je veux être heureux, *volo esse beatus* ou *volo me esse beatum ;* tous les hommes veulent être heureux, *omnes volunt esse beati* ou *volunt se esse beatos*.

Quand ces verbes sont suivis de *que* avec le subjonctif, il faut nécessairement exprimer le pronom à l'accusatif : Je veux que vous obéissiez, *volo te parere*.

---

§ 222. *Proposition infinitive servant de sujet.*

La proposition précédée de *que* en français rempli

souvent le rôle de sujet, comme dans cet exemple : *Il est certain que Dieu existe*. Qu'est-ce qui est certain? — *Que Dieu existe*.

Certum est Deum esse.

Avec les verbes impersonnels *oportet*, il faut; *decet*, il convient; *constat*, il est certain; *patet*, il est évident; *refert*, il importe; *expedit*, il est avantageux; *necesse est*, il est nécessaire, etc.; ainsi qu'avec le verbe *est*, accompagné d'un adjectif neutre ou d'un nom, la proposition française qui commence par *que* se rend en latin par la proposition infinitive. EXEMPLES :

Il est certain que Dieu existe, *tournez :* Dieu exister est certain, *certum est Deum esse*.

Il est utile à la république que les mauvais citoyens soient connus, *reipublicæ utile est malos cives cognosci*.

Il est avantageux à tous les gens de bien que la république soit sauvée, *omnibus bonis expedit salvam esse rempublicam*.

Turpe est esse pigrum.

Quand un verbe à l'infinitif sert de sujet, il forme réellement en latin une proposition infinitive. Ainsi *turpe est mentiri* équivaut à *turpe est aliquem* ou *hominem mentiri*, il est honteux que quelqu'un *ou* qu'un homme mente. Il en résulte que quand cet infinitif est suivi d'un attribut, on le met en général à l'accusatif, et au masculin singulier si c'est un adjectif. EXEMPLES :

Il est honteux d'être paresseux, *turpe est esse pigrum;* de paraître ingrat, *videri ingratum*.

Mais si le premier verbe a un complément, l'adjectif qui sert d'attribut à l'infinitif s'accorde en genre et en nombre avec ce complément. EXEMPLES :

Il importe à un jeune homme d'être laborieux, *refert adolescentis esse impigrum;* il importe aux jeunes gens d'être laborieux, *adolescentium refert esse impigros* (c'est-à-dire *eum esse impigrum, eos esse impigros*).

REMARQUE. Quand le complément du premier verbe

est au datif, l'attribut de l'infinitif se met élégamment au même cas. EXEMPLE :

Il ne m'est pas permis d'être paresseux, *mihi non licet esse pigro* (ou *esse pigrum*).

---

§ 223. *Changement de l'actif en passif dans la proposition infinitive.*

Dicis Paulum a Petro amari.

Si le verbe français qui doit se rendre par la proposition infinitive a un complément direct et gouverne l'accusatif en latin, il faut le tourner par le passif, quand l'emploi de l'actif pourrait donner lieu à une amphibologie. Le complément direct du verbe français devient alors le sujet de l'infinitif latin, et le sujet en devient le complément indirect. EXEMPLE :

Vous dites que Pierre aime Paul, *tournez* : que Paul est aimé par Pierre, *dicis Paulum a Petro amari*. (Si l'on mettait *dicis Petrum amare Paulum*, on ne saurait pas si c'est Pierre qui aime Paul, ou Paul qui aime Pierre.)

REMARQUE. Si le verbe latin n'avait pas de passif, et que l'équivoque fût possible, il faudrait prendre un autre tour : Je crois que Paul imite Pierre, *tournez* : Paul me paraît imiter Pierre, *ou* Paul, comme je crois, imite Pierre, *Paulus mihi videtur imitari Petrum*, ou *Paulus, ut opinor, Petrum imitatur*.

CHAPITRE V.

PROPOSITIONS COMPLÉTIVES

UNIES A LA PRINCIPALE PAR LES CONJONCTIONS ET PAR LES PRONOMS OU ADVERBES INTERROGATIFS.

Il y a des propositions complétives dont le verbe se met en latin à un mode personnel ; elles se rattachent à la principale, soit par les conjonctions, soit par les pronoms ou adverbes interrogatifs. Il y a des propositions du même genre qui remplissent le rôle de sujet.

§ 224. CONSEILLER DE, AVERTIR DE, ORDONNER DE, ÊTRE DIGNE DE, etc.

Suadeo tibi ut legas; — ne ludas.

Après les verbes qui signifient *conseiller, commander, faire en sorte, prier, avoir soin, il arrive*, et autres de signification analogue, *de* suivi de l'infinitif, et *que* suivi du subjonctif s'expriment en latin par *ut* avec le subjonctif, et par *ne* avec le même mode, si le second verbe est accompagné d'une négation. EXEMPLES :

Je vous conseille de lire, *tournez :* que vous lisiez, *suadeo tibi ut legas;* de ne pas jouer, *ne ludas.*

Ayez soin de vous bien porter, *cura ut valeas;* de ne pas tomber malade, *ne in morbum incidas.*

Faites en sorte que tout soit prêt, *fac ut omnia sint parata.*

A quel temps du subjonctif faut-il mettre le verbe de la proposition complétive ?

I. Quand le verbe d'une proposition complétive est en latin au subjonctif, et que le verbe correspondant est à l'infinitif en français, rendez le présent de l'infinitif par le présent ou l'imparfait du subjonctif, et le parfait de l'infinitif par le parfait ou le plus-que-parfait du subjonctif, selon le principe exposé dans l'observation générale du § 211. EXEMPLES :

Je vous conseille		*tibi suadeo*	*ut legas.*
Je vous conseillerai	DE LIRE,	*tibi suadebo*	
Je vous conseillais		*tibi suadebam*	
Je vous ai conseillé		*tibi suasi*	*ut legeres.*
Je vous avais conseillé		*tibi suaseram*	

II. Quand il y a en français *que*, suivi d'un mode personnel, on met en latin le même temps qu'en français. EXEMPLES :

Il peut se faire que je me trompe, *fieri potest ut errem;* que je me sois trompé, *ut erraverim.*

Il pouvait se faire que je me trompasse, *fieri poterat ut errarem;* que je me fusse trompé, *ut erravissem.*

Mone illum me advenisse ; — ut caveat.

Après les verbes *dire, avertir, écrire, persuader,* et autres semblables, *que* se rend par la proposition infinitive; mais *de* se rend par *ut* avec le subjonctif.
EXEMPLES :

Dites-lui, avertissez-le que je suis arrivé, *tournez:* moi être arrivé, *dic illi, mone illum me advenisse.*

Dites-lui, avertissez-le de prendre garde, *tournez:* qu'il prenne garde, *dic illi, mone illum ut caveat.*

Volo te scribere ou ut scribas.

Après un certain nombre de verbes, comme *velle,* vouloir; *nolle,* ne vouloir pas; *malle,* aimer mieux; *cupere,* désirer; *optare,* souhaiter; *sinere,* permettre; *pati,* souffrir; *niti, eniti,* s'efforcer; *oportet,* il faut; *expedit,* il est avantageux; *opus est,* il est nécessaire; *refert, interest,* il importe; *rectum est,* il est juste, etc. ; on peut mettre soit l'infinitif ou la proposition infinitive, soit le subjonctif avec *ut* ou *ne.* EXEMPLES :

Je veux que vous écriviez, *volo te scribere* ou *ut scribas.*

Il souhaitait d'être choisi, *optabat eligi, se eligi* ou *ut eligeretur.*

Il nous importe d'honorer Dieu, *nostrâ refert Deum colere* ou *ut Deum colamus.*

Il faut que tu étudies, *oportet te discere* ou *ut discas.*

REMARQUES. 1° Après *curare,* avoir soin, on remplace élégamment *ut* et le subjonctif par une proposition infinitive dans laquelle on met le participe en *dus;* mais il faut pour cela que le second verbe ait un complément direct dont on puisse faire le sujet de la proposition infinitive. EXEMPLE :

Il a eu soin de me faire parvenir la lettre, *litteras ad me perferendas curavit*, ou *curavit ut ad me litteræ perferrentur*.

Le participe en *dus* est la seule construction usitée après *suscipere*, entreprendre, se charger de : Il se chargea d'instruire les enfants, *liberos suscepit erudiendos* (mot à mot : il prit sur soi les enfants à élever).

2° La conjonction *ut* se sous-entend quelquefois, particulièrement après *oportet, necesse est, volo, malo*, ainsi qu'après l'impératif *fac*, fais en sorte. EXEMPLES :

Je veux que vous écriviez, *volo scribas*; il faut que vous vous taisiez, *taceas oportet;* faites que je sache, *fac sciam*.

Eos jussit exspectare.

Par leur signification, les verbes *commander, ordonner de*, demandent à être suivis en latin du subjonctif avec *ut*. Cela se fait en effet quand on les rend par *præcipere* ou *imperare :* Dieu nous commande de respecter nos parents, *Deus præcipit ut parentes vereamur*.

Mais si on les rend par *jubere*, il faut le faire suivre en latin d'une proposition infinitive. EXEMPLE :

Il leur ordonna d'attendre, *tournez :* il ordonna eux attendre, *eos jussit exspectare*.

REMARQUES. 1° Quand on emploie *jubere* pour rendre *ordonner, commander*, si ces verbes n'ont pas de complément indirect, et que l'infinitif suivant ait un complément direct, il faut tourner par le passif de cette manière : Il ordonna d'établir un pont (il ordonna un pont être établi), *jussit pontem institui*.

2° Le verbe *jubere* s'emploie au passif avec le nom de la personne pour sujet : Il reçut l'ordre de répondre (ou on lui ordonna de répondre), *respondere jussus est*.

Dignus est ut imperet ou qui imperet.

Après les verbes *mériter, être digne* ou *indigne*, on exprime *de* ou *que* par *ut* avec le subjonctif, ou bien encore par le relatif *qui, quæ, quod*, qu'on met au cas voulu par le rôle qu'il joue dans la proposition complétive. EXEMPLES :

Il mérite de commander, *tournez :* qu'il commande, *dignus est ut imperet,* ou mieux *qui imperet.*

Il mérite que j'aie pitié de lui, *dignus est ut illius me misereat,* ou *cujus me misereat.*

Il mérite que je l'honore, *dignus est ut eum colam,* ou *quem colam.*

§ 225. CRAINDRE DE, PRENDRE GARDE DE, SE GARDER BIEN DE, etc.

Timeo ne præceptor veniat; — ut veniat.

Après les verbes qui signifient *craindre, appréhender, avoir peur,* etc., *de,* suivi de l'infinitif, et *que,* suivi de *ne* seulement, s'expriment en latin par *ne* avec le subjonctif; mais *de* et *que,* suivis de *ne pas* ou *ne point,* s'expriment par *ut* ou *ne non*. EXEMPLES :

Je crains que le maître ne vienne, *timeo ne præceptor veniat;* qu'il ne vienne pas, *ut veniat* ou *ne non veniat.*

Je crains de paraître insensé, *timeo ne videar insanus;* je crains de ne pas pouvoir, *vereor ut possim.*

Je crains d'avoir péché, *vereor ne peccaverim;* je craignais d'avoir péché, *verebar ne peccavissem.*

Cave ne cadas.

Après *cavere,* prendre garde, et *dissuadere,* dissuader, on exprime *de* ou *que ne* par *ne* avec le subjonctif. EXEMPLES :

Prenez garde de tomber, *cave ne cadas.*

Dissuadez-le de partir, *dissuade illi ne proficiscatur.*

Non committam ut a te discedam.

Se garder bien de, n'avoir garde de, ne pas s'exposer à, suivis de l'infinitif, s'expriment par *non committere ut,* avec le subjonctif. EXEMPLES :

Je me garderai bien de vous quitter, *non committam ut a te discedam.*

Je ne m'exposerai pas à paraître insensé, *non committam ut insanire videar*.

§ 226. EMPÊCHER DE, DÉFENDRE DE.

Id impedivit ne proficiscerer.

Après les verbes qui signifient *empêcher, détourner, mettre obstacle*, comme *impedire, deterrere, obstare*, on exprime *de* ou *que ne* par *ne* ou *quominùs* avec le subjonctif ; et par *quominùs* ou *quin* avec le même mode, quand le premier verbe est accompagné d'une négation ou d'une interrogation. EXEMPLES :

Cela m'a empêché de partir, *id impedivit ne* ou *quominùs proficiscerer*.

Je ne vous empêche pas, qui vous empêche de partir ? *non impedio, quis impedit quominùs* ou *quin proficiscaris ?*

Cependant avec *prohibere*, la proposition infinitive est la tournure la plus usitée : Cela m'a empêché de sortir, *id me prohibuit exire*.

REMARQUE. Les façons de parler, *je ne puis, je ne saurais m'empêcher* ou *me défendre de*, s'expriment par *non possum non*, avec l'infinitif; ou par *non possum quin, facere non possum quin*, avec le subjonctif. EXEMPLE :

Je ne puis m'empêcher de m'écrier, *non possum non exclamare*, ou *non possum quin exclamem*.

Deus nos mentiri vetat.

Vetare, défendre de, veut la proposition infinitive ; il admet en outre toutes les constructions indiquées pour *jubere*. EXEMPLES :

Dieu nous défend de mentir, *Deus nos vetat mentiri*.

Il défendit de préparer le festin, *vetuit convivium apparari*.

Il m'est défendu, on me défend de parler, *vetor loqui* (mot à mot : je reçois défense de parler).

§ 227. SE RÉJOUIR DE, ACCUSER DE, etc.

Gaudeo quòd vales.

Après les verbes qui signifient *se réjouir, s'affliger, s'étonner, être surpris, féliciter, remercier, savoir bon gré*, et autres de signification analogue, *de, que* ou *de ce que* s'expriment par *quòd* avec l'indicatif. EXEMPLES :

Je me réjouis que vous vous portiez bien, *gaudeo quòd vales;* de vous avoir été utile, *quòd tibi profui*.

Je suis charmé que vous vous appliquiez aux lettres, *me juvat quòd litteris studes*.

On met cependant le subjonctif quand on ne veut pas donner le deuxième fait comme constant, mais seulement le présenter comme une explication du premier fait ; cela a lieu surtout quand la phrase rapporte et explique une action faite par une personne autre que celle qui parle. EXEMPLES :

Il vous a su gré d'avoir fait cela, *tibi grates habuit quòd id fecisses;* il s'étonnait que vous ne fussiez pas venu, *mirabatur quòd non venisses*.

REMARQUE. Après quelques-uns de ces verbes, on peut mettre aussi soit l'infinitif, soit la proposition infinitive. Ainsi l'on dira bien : *Gaudeo tibi profuisse, gaudeo te valere, mirabatur te non venisse.*

Socrates accusatus est quòd corrumperet juventutem.

Avec *accusare*, accuser de, il faut mettre le subjonctif après *quòd*. EXEMPLE :

Socrate fut accusé de corrompre la jeunesse, *Socrates accusatus est quòd corrumperet juventutem.* (La personne qui parle ne donne pas comme un fait constant que Socrate corrompait la jeunesse ; elle rapporte seulement le motif, le prétexte allégué par les accusateurs de Socrate.)

REMARQUE. Quand on se sert de *arguere* ou *insimulare* pour rendre *accuser de*, le verbe suivant se met à l'infinitif : Il est accusé d'avoir tué son père, *arguitur occidisse patrem*.

§ 228. ATTENDRE QUE.

Exspecta dùm rex advenerit.

Après *exspectare*, attendre, *que* se tourne par *jusqu'à ce que*, et s'exprime par *dùm* ou *donec*, avec le subjonctif. EXEMPLE :

Attendez que le roi soit arrivé, *exspecta dùm rex advenerit.*

---

§ 229. ÊTRE CAUSE QUE.

Morbus causa fuit cur te non inviserim.

Après *être cause*, on exprime *que* par *cur*, *quarè* ou *quamobrem*, avec le subjonctif. EXEMPLE :

La maladie a été cause que je ne suis pas allé vous voir, *morbus causa fuit cur te non inviserim.*

REMARQUES. 1° C'est généralement par *cur*, *quarè* ou *quamobrem* qu'on rend le français *de*, *que* ou *pour que* après les locutions dans lesquelles entre *causa* avec le sens de *raison, motif, sujet*. EXEMPLES :

J'ai sujet ou j'ai lieu de me réjouir, *est mihi causa cur gaudeam.*

2° Quand les mots *sujet* ou *raison* sont accompagnés d'une négation ou d'une interrogation, on peut sous-entendre *causa* de cette manière :

Vous n'avez pas de sujet, vous n'avez pas lieu de craindre, *non est cur timeas;* quelle raison, quel sujet avez-vous d'accuser les autres ? *quid est cur alios accuses?*

On peut remplacer *cur* par *quòd* : *Non est quòd timeas, quid est quòd alios accuses?*

---

§ 230. DEMANDER SI, SAVOIR SI, etc.

Interrogavit an esset latior bove.

Après les verbes *demander, s'informer, savoir, ignorer, examiner, être incertain, delibérer, juger, dire*, et autres semblables, on exprime *si* interrogatif par *an*, *ne* ou *nùm*, et s'il vient ensuite une négation, par *nonne*, avec le subjonctif. EXEMPLES :

La grenouille demanda si elle était plus grosse que le bœuf, *rana interrogavit an esset latior bove.*

Vous m'avez demandé si je ne pensais pas, *ex me quæsivisti nonne putarem.*

Nescio utrùm dormiat an audiat.

Après les verbes énumérés plus haut, on exprime *si* par *utrùm* quand il est suivi en français de *ou, ou si, ou non*, et alors on exprime *ou* et *ou si* par *an*, et *ou non* par *necne* ou *annon*. EXEMPLES :

Je ne sais s'il dort ou s'il écoute, *nescio utrùm dormiat an audiat;* s'il dort ou non, *utrùm dormiat necne.*

§ 231. DOUTER SI, DOUTER QUE.

Dubitabam an valeres.

On dit en français *douter si* et *douter que;* le premier est synonyme de *ne pas savoir si*, et le second de *ne pas croire que*.

Après *douter*, on exprime *si* en général par *an* ou *ne*, et s'il est suivi de *ou*, par *utrùm*. EXEMPLES :

Je doutais si vous vous portiez bien, *dubitabam an valeres;* je doute s'il se porte bien ou s'il est malade, *dubito utrùm valeat an ægrotet;* s'il se porte bien ou non, *utrùm valeat necne.*

Douter que se tourne le plus souvent par *ne pas croire, ne pas espérer* : Je doute qu'il vienne, *non arbitror, non credo eum venturum.*

Non dubito quin valeat.

Quand *douter* est accompagné d'une négation ou d'une interrogation, on exprime *que ne* par *quin* avec le subjonctif. EXEMPLES :

Je ne doute pas qu'il ne se porte bien, *non dubito quin valeat.*

Qui doute que la vertu ne soit aimable, *quis dubitat quin virtus sit amabilis?*

---

§ 232. IL N'IMPORTE PAS, IL IMPORTE PEU DE... OU DE.

Nihil meâ refert utrùm dives sim an pauper.

Quand après *il n'importe pas, il importe peu, qu'importe, je me soucie peu,* etc., *que* ou *de* est suivi de deux mots opposés, séparés par la conjonction *ou*, il se tourne par *si*, et s'exprime par *utrùm*, avec le subjonctif; *ou* se rend par *an*, et *ou non* par *necne*. EXEMPLES :

Il ne m'importe pas, que m'importe d'être riche ou pauvre, *tournez :* si je suis riche ou pauvre, *nihil meâ refert, quid meâ refert, utrùm dives sim an pauper?*

Je me mets peu en peine, je me soucie peu que vous m'écoutiez ou non, *parùm curo utrùm me audias necne.*

---

§ 233. *Pronoms et adverbes interrogatifs placés entre deux verbes.*

Nescis quis ego sim.

Les pronoms ou adjectifs interrogatifs, placés entre deux verbes, veulent le second au subjonctif. EXEMPLES :
Vous ne savez pas qui je suis, *nescis quis ego sim.*
Dites-moi quelle heure il est, *dic mihi quota hora sit.*
Je ne sais lequel des deux a été le plus éloquent, *nescio uter fuerit eloquentior.*

Scire velim ubi sis.

Les adverbes interrogatifs, placés entre deux verbes, veulent également le second au subjonctif. EXEMPLES :
Je voudrais savoir où vous êtes, *scire velim ubi sis;* où vous allez, *quò eas;* d'où vous venez, *unde venias;* par où vous avez passé, *quà iter feceris.*
Interrogée pourquoi elle disait cela, *interrogata cur hoc diceret.*

Vous voyez combien je vous aime, *vides quantùm te amem.*

Je dirai en peu de mots combien la liberté est douce, *quàm dulcis sit libertas breviter proloquar.*

---

§ 234. *Subjonctif futur formé par périphrase.*

Il peut se faire que l'application des règles qui précèdent oblige de mettre le verbe de la proposition complétive au mode subjonctif et au temps futur.

On a recours alors au subjonctif futur de la conjugaison périphrastique (§ 144); les règles suivantes en faciliteront l'emploi.

Nescio quid facturus sit.

On rend par le participe futur en *rus*, avec *sim, sis, sit* :

1° Le futur de l'indicatif français, et le présent du subjonctif marquant l'avenir. EXEMPLES :

Je ne sais pas ce qu'il fera, *nescio quid facturus sit ;* je ne doute pas qu'il ne vienne bientôt, *non dubito quin brevi venturus sit.*

2° Le conditionnel français, après un premier verbe au présent. EXEMPLE :

Je ne sais ce qu'il ferait, si..., *nescio quid facturus sit, si...* (Et non *quid facturus esset.*)

3° Le futur passé de l'indicatif, et le parfait du subjonctif marquant l'avenir, quand il vient ensuite *avant* ou *avant que.* EXEMPLE :

Je ne sais s'il aura terminé l'affaire, je ne doute pas qu'il n'ait terminé l'affaire lorsque vous reviendrez, *tournez :* avant que vous reveniez, *nescio nùm, non dubito quin rem priùs confecturus sit, quàm redeas.*

Nesciebam quid facturus esset.

Mettez le participe en *rus* avec *essem, esses, esset,* pour rendre le conditionnel français et l'imparfait du subjonctif marquant l'avenir, après un premier verbe au passé. EXEMPLES :

Je ne savais ce qu'il ferait, *nesciebam quid facturus esset*

Je ne doutais pas qu'il ne vînt bientôt, *non dubitabam quin brevi venturus esset.*

Nescio quid facturus fuerit.

Rendez par le participe en *rus*, avec *fuerim, fueris, fuerit :* 1° Le conditionnel passé, venant après un premier verbe au présent; 2° le plus-que-parfait du subjonctif marquant l'avenir, quel que soit le temps du premier verbe. EXEMPLES :

Je ne sais ce qu'il aurait fait, *nescio quid facturus fuerit.*

Je ne doute pas, je ne doutais pas qu'il ne fût venu, si je l'avais invité, *non dubito, non dubitabam quin venturus fuerit, si eum invitâssem.*

Nesciebam quid facturus fuisset.

On se sert du participe en *rus* avec *fuissem, fuisses, fuisset,* pour rendre le conditionnel passé après un premier verbe au passé. EXEMPLE :

Je ne savais ce qu'il aurait fait, *nesciebam quid facturus fuisset.*

Nescio quid faciendum sit.

Dans les propositions complétives dont le verbe se met au subjonctif, *devoir* se rend par le participe en *us* quand il marque simplement l'avenir. EXEMPLES :

Je ne sais pas ce qu'il doit faire demain, c'est-à-dire ce qu'il fera, *nescio quid cràs facturus sit;* je ne savais ce qu'il devait faire ensuite, c'est-à-dire ce qu'il ferait, *nesciebam quid post facturus esset.*

Mais quand le verbe *devoir* marque obligation, il faut se servir du participe en *dus*, avec *sim, essem, fuerim* ou *fuissem,* suivant les principes exposés plus haut. EXEMPLES :

Je ne sais ce qu'on doit faire, ce qu'il faut faire, *nes-*

cio quid faciendum sit; ce que vous devez faire, *quid tibi sit faciendum.*

Je ne savais ce qu'on devait faire, ce que vous deviez faire, *nesciebam quid faciendum esset, quid esset tibi faciendum.*

§ 235. *Proposition incidente dépendant d'une proposition complétive.*

Scito puerum, qui parentes vereatur, a Deo amatum iri.

Quand une proposition incidente dépend d'une proposition complétive dont le verbe est en latin à l'infinitif ou au subjonctif, le verbe de cette proposition incidente se met au subjonctif, lors même qu'il viendrait après une conjonction qui ne gouverne pas ce mode.
EXEMPLES :

Sachez que l'enfant qui honore ses parents sera aimé de Dieu, *scito puerum, qui parentes vereatur, a Deo amatum iri.*

Il nous est prescrit d'obliger ceux que nous pouvons, *nobis præcipitur ut prosimus quibus possimus.*

On sait qu'Alexandre mourut à Babylone après avoir renversé l'empire des Perses, *constat Alexandrum, postquam Persarum fregisset imperium, Babylone obiisse.*

REMARQUE. On conserve cependant l'indicatif quand la proposition incidente exprime un fait constant, qu'on affirme à part, sans le rattacher intimement à la proposition complétive. EXEMPLE :

On sait qu'Alexandre, qui renversa l'empire des Perses, mourut à Babylone, *constat Alexandrum, qui Persarum fregit imperium, Babylone obiisse.*

LIVRE III.

Observations particulières sur les différentes espèces de mots.

GALLICISMES.

§ 236. Parmi les observations qui vont être faites sur les différentes espèces de mots, les unes servent à compléter les règles exposées dans les deux premiers livres.

D'autres ont pour objet d'enseigner à traduire en latin certaines expressions ou tournures propres à la langue française, et que l'on appelle *Gallicismes*. Dans la multitude infinie des gallicismes, nous nous attacherons surtout à ceux auxquels correspondent des expressions également remarquables en latin, ou *latinismes*.

Les observations sur les verbes ne viendront qu'en dernier lieu, parce que les verbes servent à former un grand nombre de locutions composées, dans lesquelles entrent les autres espèces de mots.

CHAPITRE I.

NOMS ET ADJECTIFS.

§ 237. *Noms rendus par un adjectif.*

Summa arbor. — In medio foro.

Beaucoup de noms ou d'adjectifs pris substantivement, par lesquels on exprime une certaine partie d'un lieu ou d'un objet, comme *le haut de, le bas de, le milieu de*, se remplacent en latin par un adjectif, qu'on fait accorder avec le nom suivant. EXEMPLES :

Le haut *ou* le sommet d'un arbre, d'un rocher, d'une montagne, *summa arbor, summa rupes, summus mons;*

au haut de l'arbre, *in summâ arbore* ou *summâ arbore.*

Le milieu d'un arbre, d'un rocher, d'une montagne, *media arbor, media rupes, medius mons;* au milieu de la place publique, *in medio foro* ou *medio foro.*

Le bas *ou* le pied d'un arbre, d'une montagne, d'une muraille, *ima arbor, imus mons, imus murus;* au pied d'un chêne, *ad imam quercum.*

Le fond de la mer, *imum mare;* au fond de l'Afrique, *in ultimâ Africâ.*

Le bout des doigts, *extremi digiti;* au bout de la terre, *in extremâ* ou *in ultimâ terrâ.*

§ 238. *Adjectifs rendus par un adverbe.*

Socrates verè sapiens fuit.

Quand un adjectif est suivi en français d'un autre adjectif pris substantivement, le premier se rend souvent en latin par un adverbe. EXEMPLE :

Socrate fut un vrai sage, *tournez :* Socrate fut vraiment sage, *Socrates verè sapiens fuit.*

L'adjectif se remplace encore par un adverbe avec certains noms qui ne sont en latin que des participes pris substantivement : *Præclarè facta,* belles actions (mot à mot : choses faites avec éclat); *egregiè dictum,* belle parole; *acutè responsum,* réponse fine.

CHAPITRE II.
PRONOMS.

§ 239. *Différentes manières de traduire* ON, L'ON.

Le latin n'a pas de mot qui réponde à notre pronom indéfini *on, l'on.* Mais il y a plusieurs manières de l'exprimer.

Virtus amatur.

Si le verbe qui suit *on, l'on*, est actif, et a un complément direct, on le tourne par le passif, en faisant du complément le sujet du verbe latin. EXEMPLE :

On aime la vertu, *tournez :* la vertu est aimée, *virtus amatur*.

Adolescentibus favetur.

Si le verbe qui suit *on, l'on*, est neutre en latin, mettez-le au passif, à la troisième personne du singulier, avec le neutre du participe dans les temps composés. EXEMPLES :

On favorise les jeunes gens, *adolescentibus favetur*.

On va, *itur ;* on est venu, *ventum est*.

On fait de même avec certains verbes actifs, quand ils n'ont pas de complément direct : On boit, *bibitur ;* on lit, *legitur ;* on a écrit, *scriptum est*.

Omnes admirantur virtutem.

Si le verbe qui suit *on, l'on*, est au passif, ou s'il est déponent en latin, on ne peut employer aucune des deux manières qui précèdent. Le mieux est alors d'exprimer *on* par un terme général, comme *omnes, homines, quisque*, ou de mettre le verbe à la première personne du pluriel. EXEMPLE :

On admire la vertu, *omnes admirantur, nemo non admiratur* ou *admiramur virtutem*.

Oderunt quem metuunt.

On peut se rendre par la troisième personne du pluriel, sans sujet exprimé, dans les phrases qui expriment une opinion générale, un sentiment commun à tous les hommes, un bruit de la renommée. EXEMPLES :

On hait celui que l'on craint, *oderunt quem metuunt*.

On dit, *aiunt ;* on rapporte, *ferunt ;* on pense, *putant*.

Homines pœnitet malè vixisse.

Devant les impersonnels *pœnitet, pudet, tædet, miseret, piget, on* s'exprime par *homines* ou *omnes*. EXEMPLE :

On se repent d'avoir mal vécu, *homines pœnitet malè vixisse.*

Nemo sine virtute potest esse beatus.

Si le verbe qui suit *on* est accompagné d'une négation, *on* se tourne par *personne*, en latin *nemo*. Ex. :

On ne peut être heureux sans la vertu, *tournez :* personne ne peut, *nemo sine virtute potest esse beatus.*

Amicos auro parare nequeas.

Dans les phrases sentencieuses, *on* se rend bien par la deuxième personne du singulier du subjonctif. Ex. :

On ne peut acquérir les amis à prix d'or, *amicos auro parare nequeas.*

On, suivi du conditionnel, se rend bien par la deuxième personne du subjonctif présent ou parfait : On dirait, *dicas* ou *dixeris ;* on croirait, *credas* ou *credideris.*

Pueri docentur grammaticam.

Avec les verbes qui gouvernent deux accusatifs, *on* se tourne par le passif, mais en faisant toujours du nom de la personne le sujet du verbe latin, et en mettant le nom de la chose à l'accusatif. EXEMPLES :

On enseigne la grammaire aux enfants, *tournez :* les enfants sont instruits sur la grammaire, *pueri docentur grammaticam.*

On lui cacha la mort de son fils, *mortem filii celatus est.*

On lui demanda son avis, *rogatus est sententiam.*

On ordonne, on défend, se tournent également par le passif, avec le nom de la personne pour sujet. Ex. :

On lui ordonna de répondre, *respondere jussus est.*

On me défend de parler, *vetor loqui.*

Dici potest.

Après *on peut, on a coutume, on commence, on cesse,* l'infinitif français se tourne en latin par le passif. Ex. .

On peut dire, *tournez :* il peut être dit, *dici potest ;* on peut vaincre les passions, *tournez :* les passions peuvent être vaincues, *cupiditates domari possunt ;* on a coutume de porter envie aux gens heureux, *beatis invideri solet ;* on commença à établir un pont, *pons institui cœpit.*

Mais si c'est un verbe déponent qui doit venir ensuite, il faut donner un sujet au premier verbe : On peut admirer, *admirari possumus.*

REMARQUE. Pour rendre *on doit,* on peut employer *debet* avec le passif, ou se servir du participe en *dus :* On doit pratiquer la vertu, *coli debet virtus,* ou mieux *virtus colenda est.*

Aliquis pulsat fores. — Si quis te interroget.

On, pouvant se tourner par *quelqu'un,* se rend par *aliquis,* dont on retranche les deux premières syllabes après *si, quum, ne, nùm,* etc. EXEMPLES :

On frappe à la porte, *c'est-à-dire* quelqu'un frappe, *aliquis pulsat fores.*

Si l'on vous demande, *tournez :* si quelqu'un vous demande, *si quis te interroget.*

Si on, si l'on, peut encore se rendre par la deuxième personne du subjonctif : Si l'on veut, *si velis.*

Qui bonum alienum appetit, meritò amittit proprium.

Quand on, lorsqu'on, se tourne élégamment par *celui qui, ceux qui.* EXEMPLE :

Quand on désire le bien d'autrui, on perd justement le sien, *tournez :* celui qui désire... perd, *qui bonum alienum appetit meritò amittit proprium.*

Videas homines pecuniæ cupidos.

On voit, on trouve des gens, peut s'exprimer en latin de trois manières : *videas, reperias homines ; videre est, reperire est homines ; videntur, reperiuntur homines.* Ex. :

On voit, on trouve des hommes avides d'argent, *videas, reperias,* ou *videre est, reperire est homines pecuniæ cupidos.*

On trouve des hommes prêts à sacrifier leur vie, *reperiuntur homines vitam profundere parati.*

Dicitur cervos *ou* cervi dicuntur diutissimè vivere.

On dit que, on croit que, on pense que, etc., s'expriment bien par *aiunt, putant,* etc., comme on l'a vu plus haut. Mais il y a encore deux manières de les rendre en latin par le passif.

1° IMPERSONNELLEMENT, en tournant par la troisième personne du singulier passif, *il est dit, il est cru que...,* et en mettant ensuite la proposition infinitive

2° PERSONNELLEMENT, en prenant le sujet du second verbe pour en faire le sujet des verbes *dire, croire,* mis au passif. EXEMPLE :

On dit que les cerfs vivent très-longtemps, *tournez :* il est dit que les cerfs vivent *ou* les cerfs sont dits vivre..., *dicitur cervos, cervi dicuntur diutissimè vivere.*

REMARQUES. 1° On ne peut employer que la première tournure quand c'est un verbe impersonnel qui vient ensuite : On dit que vous vous repentez de votre faute, *dicitur te tuæ culpæ pœnitere.*

2° Avec le tour personnel, l'attribut se met au nominatif : On dit qu'il viendra demain, *dicitur cras esse venturus.*

---

§ 240. *Pronoms* RIEN DE, QUELQUE CHOSE DE, etc.

Nihil boni ; utile aliquid.

Quand les partitifs *nihil,* rien de; *aliquid,* quelque chose de ; *quid,* quoi de? *hoc, id, illud,* cela de, etc., sont suivis d'un adjectif, on le met ordinairement au génitif, s'il a un génitif différent du nominatif masculin ; sinon, on le met au neutre, et au même cas que le partitif. EXEMPLES :

Rien de bon, *nihil boni ;* cela de bon, *id boni ;* quelque chose d'utile, *utile aliquid ;* cela d'utile, *id utile.*

Les comparatifs et superlatifs se mettent également

au neutre et au cas du partitif : Il n'y a rien de plus beau que la vertu, *nihil est virtute formosius.*

Aliquid pristini roboris.

Quand ces partitifs sont suivis d'un nom singulier, il se met au génitif. EXEMPLES :

Il reste quelque chose de l'ancienne vigueur, *superest aliquid pristini roboris;* il n'a rien conservé de la gloire paternelle, *nihil retinuit paternæ laudis.*

---

§ 241. *Pronoms* IL, ELLE, LE, LA, LES, LUI, LEUR, EUX, *rendus en latin par* SUI, SIBI, SE.

Puer veniam sibi petivit.

Les pronoms *lui, elle, eux, elles,* se tournent par *soi,* et s'expriment par *sui, sibi, se,* quand ils représentent le sujet de la proposition où ils se trouvent. Ex. :

L'enfant demanda grâce pour lui, *puer veniam sibi petivit.*

Le roi appela auprès de lui les envoyés, *rex legatos ad se vocavit.*

Vulpes negavit se esse culpæ proximam.

Quand les pronoms *il, elle, ils, elles, le, la, les, lui, leur, eux,* se trouvent dans une proposition complétive, rendez-les par *sui, sibi, se,* s'ils représentent le sujet du premier verbe; sinon, servez-vous de *is, hic* ou *ille.* EXEMPLES :

Le renard dit qu'il n'était point coupable de la faute, *tournez :* soi n'être point coupable, *vulpes negavit se esse culpæ proximam;* mais je crois qu'il mentait, *at credo illam mentitam fuisse.*

L'enfant me priait de lui pardonner, *tournez :* de pardonner à soi, *puer orabat ut sibi parcerem.*

Mon frère m'a prié de venir avec lui, *me frater oravit ut secum venirem.*

REMARQUE. On a vu (§§ 171, 172) que *à lui, à eux,* se

rendent par *ejus, eorum* après les verbes *est*, il appartient; *refert, interest,* il importe.

Si cependant *à lui, à eux,* se trouvent dans une proposition complétive, et se rapportent au sujet du premier verbe, il faut se servir du pronom possessif de la troisième personne. EXEMPLES :

Il prétend que ce champ est à lui, *tournez :* est à soi, est sien, *contendit hunc agrum esse suum;* que ces livres sont à lui, *hos libros esse suos.*

Le maître dit que c'est à lui de parler, *magister dicit esse suum loqui.*

Il dit qu'il lui importe, *dicit suâ referre.*

---

§ 242. *Pronoms* SON, SA, SES, LEUR, LEURS.

Pater amat suos liberos, at eorum vitia odit.

Son, sa, ses, leur, leurs, s'expriment par *suus, sua, suum,* quand la chose possédée appartient au sujet ou au complément du verbe. EXEMPLES :

Un père aime ses enfants, *pater amat suos liberos.*

J'ai rendu à César son épée, *suum Cæsari gladium restitui.*

Mais quand la chose possédée n'appartient ni au sujet ni au complément du verbe, *son, sa, ses, leur, leurs,* se tournent par *de lui, d'elle, d'eux, d'elles,* et s'expriment par *ejus, eorum, earum,* ou *illius, illorum, illarum.* Ex. :

Un père aime ses enfants, mais il hait leurs défauts, *pater amat suos liberos, at eorum vitia odit.*

REMARQUES. 1° Quand *son, sa, ses, leur, leurs* sont joints au sujet du verbe, on les rend par *ejus, eorum,* à moins que le nom du possesseur ne soit représenté devant le verbe par un pronom démonstratif ou relatif; dans ce dernier cas, on se servira de *suus.* EXEMPLES :

J'aime cet enfant, son caractère est excellent, *hunc amo puerum, ejus indoles est optima.*

Sa modestie le rend recommandable, *sua eum commendat modestia.*

2° Quand un même verbe a deux sujets ou deux compléments, et que le second est accompagné de *son, sa, ses, leur, leurs,* c'est *ejus, eorum,* qu'il faut employer.
EXEMPLES :

Socrate et ses disciples ont été loués, *Socrates et ejus discipuli laudati sunt.*

J'admire Socrate et ses disciples, *Socratem admiror discipulosque ejus.*

Mater te orat ut filiolo ignoscas suo.

Quand *son, sa, ses, leur, leurs,* se trouvent dans une proposition complétive, on les rend par *suus* lorsque la chose appartient au sujet de l'un des deux verbes de la phrase latine. EXEMPLES :

La mère vous prie de pardonner à son fils, *mater te orat ut filiolo ignoscas suo.*

J'écris à mon ami de me confier son affaire, *ad amicum scribo ut mihi negotium committat suum.*

Mais on exprime toujours *son, sa, ses, leur, leurs,* par *ejus, eorum,* etc., quand la chose possédée n'appartient pas à l'un des deux sujets. EXEMPLE :

Je vous recommande mon ami, je vous prierai de prendre ses intérêts, *tibi commendo amicum meum, te rogabo ut illius commodis inservias.*

---

§ 243. *Différentes manières de traduire* TEL, TEL QUE.

In tali tempore.

Tel, placé immédiatement devant un nom, s'exprime en général par *talis,* et si la chose peut se dire grande, par *tantus.* EXEMPLES :

Dans de telles circonstances, *in tali tempore.*

Dans un tel danger, *in tali* ou *in tanto periculo.*

Is *ou* talis fuit pater meus.

Quand *tel* est séparé du nom auquel il se rapporte par le verbe *est,* on le rend par *talis,* ou par *is* ou *hic.* Ex. :

Tel a été mon père, *is* ou *talis fuit pater meus.*
Tel est mon avis, *hæc* ou *ea est mea sententia.*

Non is sum qui tu. — Non is est quem putas.

Quand *tel que* marque une simple comparaison et peut se tourner par *le même que*, on l'exprime par *talis qualis* ou par *is qui.* EXEMPLES :

Je ne suis pas tel que vous, *non talis sum qualis tu es, non is sum qui tu es*, ou mieux, en sous-entendant le deuxième verbe, *non is sum qui tu.*

Il n'est pas tel que vous pensez, *non is est quem putas.* (On met l'accusatif *quem* parce que la phrase pleine serait : *Non is est quem putas eum esse*, il n'est pas tel que vous pensez qu'il est.)

REMARQUE. Quand *tel* est répété devant deux noms, on l'exprime la première fois par *qui* et la seconde par *is*, ou la première fois par *qualis* et la seconde par *talis.*
EXEMPLE :

Tel père, tel fils, *qui pater est, is est filius* ou *qualis pater est, talis est filius.* (C'est comme s'il y avait : *Le fils est tel que le père;* mais la phrase est renversée.)

On peut sous-entendre le verbe comme en français, et dire : *Qualis pater, talis filius.*

Ea esse debet liberalitas, ut ou quæ nemini noceat.

Quand *tel que* signifie *de telle nature que, de telle sorte que*, et qu'on ne peut pas le tourner par *le même que*, on exprime *que* par *ut* avec le subjonctif; si *tel* est rendu par *is*, *que* peut s'exprimer par *qui.* EXEMPLE :

La libéralité doit être telle qu'elle ne nuise à personne, *c'est-à-dire* de telle nature qu'elle ne nuise à personne, *ea esse debet liberalitas, ut* ou *quæ nemini noceat.* (*Quæ* est pour *ut ea.*)

REMARQUE. Ces locutions françaises *être* ou *n'être pas homme à, femme à, d'humeur à, capable de*, se tournent par *tel que*, et s'expriment par *is qui.* EXEMPLES :

Je ne suis pas homme à reculer, *tournez :* tel que je recule, *non sum is, qui pedem referam.*

Votre mère n'est pas femme à mal élever ses enfants, *non ea est tua mater, quæ liberos suos malè instituat.*

Je ne suis pas capable de me croire roi (tel que je me croie roi...), *non sum is qui regem esse me putem.*

§ 244. *Pronoms* MÊME, LE MÊME, LE MÊME QUE.

Te ipsum quærebam.

Même, après un nom ou un pronom, se traduit par *ipse, ipsa, ipsum.* EXEMPLES :

Je vous cherchais vous-même, *te ipsum quærebam.*

Le temps ronge le fer même, le fer lui-même, *vetustas ferrum ipsum exedit.*

Avarus sibi ipse nocet.

Quand *même* est joint à un pronom servant de complément, et que ce pronom représente le sujet du verbe, *ipse* s'accorde généralement avec le sujet. EXEMPLE :

L'avare se nuit à lui-même, *tournez* : l'avare lui-même se nuit, *avarus sibi ipse nocet.*

Non idem es ergà me, qui fuisti olim.

Quand *le même* est suivi de *que,* il se rend par *idem,* et *que* par *ac, atque,* ou par *qui, quæ, quod,* qu'on met au cas voulu par le verbe suivant. EXEMPLES :

Vous n'êtes pas à mon égard le même que vous avez été autrefois, *non idem es ergà me, qui* ou *ac fuisti olim.*

Ma mère n'est pas aujourd'hui la même que je l'ai vue autrefois, *non eadem est hodiè mater mea, quam vidi olim* (sous-entendu *eam esse*).

Je me sers des mêmes livres que vous, *iisdem libris utor, quibus tu* (sous-entendu *uteris*).

Formicæ operantur et noctu.

Même, adverbe, se rend par *etiam, quoque, et* ou *vel.* EXEMPLE :

Les fourmis travaillent même pendant la nuit, *formicæ operantur et noctu, etiam noctu* ou *vel noctu.*

Et même s'exprime par *imò, imò etiam, quin, quin etiam* : Je pense, et même je suis convaincu que..., *opinor, imò persuasum habeo.*

Aiunt nonnulli, Sallustius item.

Quand *de même* n'est pas précédé de *comme* ou *de même que*, il se rend par *item*. EXEMPLE :
Quelques-uns prétendent, et Salluste de même..., *aiunt nonnulli, Sallustius item.*

Non item ne peut se mettre qu'à la fin d'une phrase, en sous-entendant le verbe : Cela me plaît, mais ne plaît pas de même aux autres, *id mihi placet, ceteris non item.*

Eum ne vidi quidem.

Ne... pas même s'exprime par *ne... quidem*, en intercalant le mot sur lequel tombe principalement la négation. EXEMPLE :
Je ne l'ai pas même vu, *eum ne vidi quidem.*

---

§ 245. *Pronoms* AUTRE, AUTRE QUE, etc.

En général, *autre* s'exprime par *alius*, quand il est question de plus de deux personnes ou de deux choses, et par *alter*, quand il n'est question que de deux.

Alter ait, negat alter. — Alii ludunt, cantant alii.

Dans une énumération, *l'un... l'autre* se rend par *unus... alter*, ou par *alter* répété, et *les uns... les autres* par *alii... alii*. EXEMPLES :
L'un dit oui, l'autre dit non, *alter* ou *unus ait, negat alter;* les uns jouent, les autres chantent, *alii ludunt, cantant alii.*

Alii aliis rebus delectantur.

Quand il y a dans une première proposition *un, l'un, les uns*, suivi de *un, une*, et dans une deuxième proposition *l'autre, les autres*, suivi de *autre*, on ne fait en latin qu'une proposition, dans laquelle *alius* est exprimé deux fois à différents cas. EXEMPLE :

Les uns aiment une chose, les autres une autre, *tournez :* différentes personnes aiment différentes choses, *alii aliis rebus delectantur.*

Au lieu de mettre deux cas de *alius*, on peut employer *alius* avec un des adverbes qui en dérivent. Ex. :

Les uns s'en allèrent d'un côté, les autres d'un autre, *alii alio dilapsi sunt.*

Les uns vivent d'une façon, les autres d'une autre, *alii aliter vivunt.*

Alii aliis prodesse debent.

Les uns les autres, se rapportant au complément d'un verbe, s'exprime par *alii* répété ; on le met une fois au nominatif, et la seconde fois au cas du complément, sans exprimer *nous, vous* ou *se.* EXEMPLE :

Les hommes doivent se rendre service les uns aux autres, *homines alii aliis prodesse debent.*

Uterque vult. — Uterque alterum odit.

On exprime *l'un et l'autre, chacun des deux, tous les deux,* par *uterque ; ni l'un ni l'autre, aucun des deux,* par *neuter.* EXEMPLES :

Ils veulent tous deux, ils veulent l'un et l'autre, *uterque vult ;* ni l'un ni l'autre ne veut, ils ne veulent ni l'un ni l'autre, *neuter vult.*

L'un l'autre, ni l'un ni l'autre, se rapportant au complément d'un verbe, se tournent ainsi :

Ils se haïssent l'un l'autre, *tournez :* chacun des deux hait l'autre, *uterque alterum odit.*

Ils ne s'aiment ni l'un ni l'autre, *tournez :* aucun des deux n'aime l'autre, *neuter alterum amat.*

Quære uter utri insidias fecerit.

Après *lequel des deux* (en latin *uter*), *l'autre* s'exprime par *uter* ou par *alter.* EXEMPLE :

Examinez lequel des deux a dressé des embûches à l'autre, *quære uter utri insidias fecerit* (ou *uter alteri*).

Alterutrum ad te mittam.

L'un ou l'autre, l'un des deux, s'expriment par *alter* ou *alteruter*. EXEMPLES :

Je vous enverrai l'un ou l'autre, l'un des deux, *alterum* ou *alterutrum ad te mittam*.

REMARQUE. Quand il est question d'objets qui vont toujours deux par deux, *l'un des deux* ne peut s'exprimer que par *alter :* Être privé de l'un des deux yeux, être privé d'un œil, *altero oculo carere*.

Cœpit vesci singulis.

L'un après l'autre, les uns après les autres, s'expriment par *singuli, œ, a*. EXEMPLE :

Il se mit à les manger l'une après l'autre, *cœpit vesci singulis*.

Alius est atque olim fuit.

Après *autre* et *autrement*, on exprime *que* par *ac* ou *atque*, et le *ne* qui vient ensuite ne se traduit pas. Ex. :

Il est autre qu'il n'était autrefois, *alius est atque olim fuit*.

Il parle autrement qu'il ne pense, *aliter loquitur ac sentit*.

REMARQUES. 1° Si *autre que, autrement que*, sont accompagnés d'une négation ou d'une interrogation, on peut remplacer *ac* ou *atque* par *quàm :* Il n'est pas autre qu'il n'était autrefois, *non alius est quàm erat olim*.

2° Après *quis alius? quid aliud? nemo alius, nihil aliud*, on peut remplacer *quàm* par *nisi*, ou par *præter* avec l'accusatif : Quel autre que vous? *quis alius quàm tu, nisi tu* ou *præter te?*

Quivis alius populus ac romanus.

Tout autre s'exprime par *quivis alius* ou *quilibet alius*, lorsqu'il signifie *quelque autre que ce soit*, et par *longè alius*, quand il signifie *tout différent*. EXEMPLES :

Tout autre peuple que le peuple romain eût perdu courage, *quivis alius populus ac romanus despondisset animum*.

Vous êtes tout autre que vous n'étiez (*c'est-à-dire tout différent*), *longè alius es atque eras.*

§ 246. *Pronoms et adverbes relatifs ou interrogatifs suivis du subjonctif.*

Nemo est qui ipse se oderit.

Quand l'antécédent du pronom relatif est un mot interrogatif ou négatif, pris dans un sens général, indéterminé, comme *nemo*, personne ; *nullus*, aucun ; *nihil*, rien ; *quis*, quel est celui qui, quel est l'homme qui, le verbe suivant se met ordinairement au subjonctif. Ex. :

Il n'y a personne qui se haïsse soi-même, *nemo est qui ipse se oderit.*

Le sage n'affirme rien qu'il ne prouve, *sapiens nihil affirmat quod non probet.*

Quel est l'homme qui veuille, *quis est qui velit*

REMARQUE. Après ces mots, *qui non* et *quod non* peuvent se remplacer par *quin* quand le verbe suivant est au subjonctif : Il n'y a personne qui ne désire, *nemo est quin cupiat;* il n'y a rien qui ne puisse être essayé, *nihil est quin possit tentari.*

Omnium, quos noverim, doctissimus.

Si l'antécédent est un superlatif ou l'un des adjectifs *unus, solus*, le seul, on met le subjonctif après *qui*, quand la proposition suivante exprime une opinion, un doute, une possibilité. EXEMPLES :

Le plus savant que je connaisse, *omnium, quos noverim, doctissimus.*

La vertu est la seule chose qui puisse nous rendre heureux, *virtus sola res est, quæ possit nos beatos efficere.*

Sunt qui censeant. — Fuère qui censerent.

Après *sunt qui*, il y a des gens qui ; *videas, videre est qui*, on voit des gens qui ; *reperiuntur qui*, il se trouve des gens qui, et autres expressions analogues, on met ordinairement le subjonctif. EXEMPLES :

Il y a des gens qui pensent, *sunt qui censeant;* il y eut des gens qui pensèrent, *fuêre qui censerent.*

On voit des gens qui aspirent aux honneurs, *videas, videre est qui honores appetant.*

Regem petiêre, qui dissolutos mores compesceret.

Qui, suivi du subjonctif en français, et pouvant se tourner par *tel que, pour que, puisque*, veut également le subjonctif en latin. EXEMPLE :

Les grenouilles demandèrent un roi qui réprimât les mœurs déréglées (*c'est-à-dire* pour qu'il réprimât *ou* tel qu'il réprimât), *ranœ regem petiêre, qui dissolutos mores compesceret.*

Dans ces sortes de phrases, *qui* tient en latin la place d'une conjonction, comme *ut, quia*, suivie de *ille*. Il sert assez souvent à rendre le français *pour*, suivi de l'infinitif : Il a envoyé quelqu'un pour m'avertir, *tournez :* quelqu'un qui m'avertît, *misit qui me moneret.*

REMARQUE. En français *qui*, pouvant se tourner par *puisque*, s'emploie souvent avec l'indicatif; il est alors précédé ordinairement d'un pronom personnel, *moi qui, toi qui, lui qui*, etc. En latin, on n'exprime pas ce pronom, ou bien on met devant *qui* une des conjonctions *quippe, utpote, ut.* EXEMPLE :

Vous êtes d'une rare prudence, vous qui ne vous êtes jamais trompé, *mirâ es prudentiâ, qui nunquàm erraveris.*

Bellum exoptabat, ubi virtus enitescere posset.

Les adverbes de lieu *ubi, quò, unde, quà*, étant l'équivalent d'une préposition et d'un pronom relatif, prennent le subjonctif dans tous les cas où on le mettrait s'il y avait le pronom relatif. EXEMPLES :

Il souhaitait une guerre où son courage pût briller, *bellum exoptabat, ubi* (in quo) *virtus enitescere posset*, ou simplement *enitesceret.*

Il construisit un pont par où il pût faire passer, pour

faire passer ses troupes, *pontem fecit quà* (per quem) *copias traduceret.*

Quis non illud factum miretur ?

Après les pronoms et adverbes interrogatifs, le conditionnel présent se traduit ordinairement par le présent du subjonctif. EXEMPLE :

Qui n'admirerait pas cette action? *quis non illud factum miretur?*

On rend de même le futur de l'indicatif, quand il a la valeur d'un conditionnel : Qui croira jamais, c'est-à-dire qui croirait, *quis credat?*

Avec les verbes *dire, croire,* et autres semblables, le présent du subjonctif se remplace quelquefois par le parfait : *Quis crediderit,* qui croirait, qui pourrait croire?

---

§ 247. *Pronoms et adverbes relatifs composés.*

Quisquis es. — Utracumque pars vicerit.

Les pronoms et adverbes relatifs composés, presque tous terminés en *cumque,* comme *quisquis, quicumque,* qui que ce soit qui, quel que soit celui qui ; *utercumque,* quel que soit celui des deux qui ; *quantuscumque,* quelque grand que ; *quantuluscumque,* quelque petit que ; *quotquot, quotcumque,* quelque nombreux que ; *ubicumque,* en quelque endroit que ; *quòcumque,* de quelque côté que ; *utcumque,* de quelque manière que, etc., gouvernent généralement l'indicatif. Ex. :

Qui que vous soyez, *quisquis es, quicumque es.*

Quoi qu'il en soit, *quidquid id est.*

Quelque grande que soit la terre, *terra, quantacumque est.*

De quelque côté que je regarde, j'aperçois, *quòcumque adspicio, mihi occurrit...*

On met le futur ou le futur passé de l'indicatif, comme après *si* conditionnel, quand le verbe principal est au futur. EXEMPLES :

Quel que soit celui des deux partis qui remporte la victoire, de quelque manière que tourne l'affaire, nous périrons, *utracumque pars vicerit, utcumque cessura res est, tamen perituri sumus.*

De quelque côté que vous tourniez vos regards, vous apercevrez, *quòcumque verteris oculos, videbis...*

On met le subjonctif, comme après *si* conditionnel, dans les phrases générales, dont le sujet est indéterminé, ou dont le verbe marque une simple possibilité : Quoi que l'on fasse, on ne saurait échapper à la mort, *quidquid agas, mortem vitare non possis.*

Quantacumque est ejus memoria.

Quel que, suivi du verbe *être*, s'exprime par *quicumque* ou *quisquis*, et, si la chose peut se dire grande, par *quantuscumque.* EXEMPLE :

Quelle que soit sa mémoire, il oublie cependant bien des choses, *quantacumque est ejus memoria, multa tamen obliviscitur.*

Quodcumque consilium ceperis.

Quelque... que, séparés par un nom, s'expriment en général par *quicumque ;* par *quantuscumque* si la chose peut se dire grande, et par *quotcumque* si c'est un nom pluriel de choses qui se comptent. EXEMPLES :

Quelque parti que vous preniez, il ne manquera pas de gens pour vous blâmer, *quodcumque consilium ceperis, non deerunt qui te vituperent.*

Quelque fatigue que vous ayez endurée, vous ne regretterez pas d'avoir fait votre devoir, *quantumcumque laborem pertuleris, officium fecisse non pigebit.*

Quelques services que vous rendiez à un ingrat, vous ne lui en rendrez jamais assez, *quotcumque apud ingratum officia posueris, nunquàm satis multa contuleris.*

On peut remplacer *quotcumque* par *quamvis multi, œ, a ;* mais alors le verbe se met toujours au subjonctif : *quamvis multa ponas beneficia.*

Quamvis sit doctus.

Quelque... que, séparés par un adjectif autre que *grand* et *petit*, par un participe ou par un adverbe, se tournent par *quoique*, et s'expriment par *quamvis* ou *licet* avec le subjonctif. EXEMPLES :

Quelque savant qu'il soit, il ignore cependant bien des choses, *tournez :* quoiqu'il soit savant *ou* quoiqu'il soit très-savant, *quamvis sit doctus* ou *doctissimus, multa tamen ignorat.*

Si c'est un adjectif ou un participe marquant le prix, l'estime, on se sert de *quanticumque* ou de *quamvis plurimi :* Quelque estimable que soit la science, *quanticumque œstimanda est doctrina,* ou *quamvis plurimi œstimanda sit doctrina.*

---

§ 248. *Pronoms* CE, CELUI, CELLE, CEUX, *exprimés ou sous-entendus.*

Animi dotes corporis dotibus longè præstant.

Quand *celui, celle, ceux, celles,* sont suivis en français de la préposition *de,* on les remplace par le nom qui précède, répété. EXEMPLE :

Les qualités de l'âme sont bien préférables à celles du corps, *tournez :* aux qualités du corps, *animi dotes corporis dotibus longè præstant.*

Quand le nom doit être répété au même cas que devant, on peut le sous-entendre. EXEMPLE :

La vie des hommes est plus courte que celle des corneilles, *brevior est hominum vita quàm cornicum.*

Te ipsum quæro. — Sic locutus est.

Lorsque *c'est,* au commencement d'une phrase, est suivi d'un nom et d'un pronom relatif, ou d'un adverbe et de *que,* on n'exprime ni *c'est,* ni *qui* ou *que.* EXEMPLES :

C'est vous-même que je cherche, *tournez :* je vous cherche vous-même, *te ipsum quæro*

C'est ainsi qu'il parla, *tournez :* il parla ainsi, *sic locutus est*.

Illud spero, me futurum immortalem.

Ce qui, ce que, ce dont, etc., suivis de *c'est que* ou *c'est de*, s'expriment par *hoc, id* ou *illud; c'est* ne se traduit pas ; et *que* ou *de* se rend par la proposition infinitive ou par *quòd, ut, ne*, etc., suivant le verbe qui précède. Ex.:

Ce que j'espère, c'est que je vivrai éternellement, *illud spero, me futurum immortalem*.

Ce que je vous demande, c'est de vous taire, *hoc a te posco, ut taceas*.

Ce que je crains, c'est que vous ne tombiez malade, *id vereor, ne in morbum incidas*.

Ce qui me console, c'est que j'ai fait mon devoir, *illud me consolatur, quòd officium feci*.

Errat qui putat.

C'est, suivi de deux infinitifs séparés par *de* ou *que de*, se tourne par *celui qui*, et les deux verbes se mettent à l'indicatif en latin. Exemple :

C'est se tromper que de croire..., *errat qui putat*.

CHAPITRE III.
PARTICIPES.

§ 249. *Participes français qui manquent en latin.*

Quum Cicero esset consul.

Les participes présents qui manquent en latin se tournent généralement par une des conjonctions *comme, lorsque, puisque, quoique*, qu'on exprime le plus souvent par *quum* avec le subjonctif ; on met le présent du subjonctif si le verbe principal est au présent ou au futur, et l'imparfait du subjonctif si ce verbe est à un temps passé. Exemples :

Cicéron étant consul, la conjuration fut découverte, *tournez :* lorsque Cicéron était consul, *quum Cicero esset consul, detecta fuit conjuratio.*

Pouvant être riche, il aima mieux rester pauvre, *tournez :* quoiqu'il pût être riche, *dives esse quum posset, manere tamen pauper maluit.*

Étant chéri de tous, il n'a rien à craindre, *tournez :* comme il est chéri, *quum ab omnibus diligatur, nihil ei timendum est.*

Étant favorisé de Dieu, il viendra facilement à bout de son entreprise, *tournez :* comme Dieu le favorise, *quum Deus ei faveat, facilè consilium perficiet suum.* (On change le passif en actif, parce que *favere*, verbe neutre, n'a pas de passif; on ferait de même si le verbe était déponent en latin.)

L'emploi de ce tour a lieu souvent, même avec des verbes qui ont un participe présent en latin : Voyant conduire les prisonniers au supplice, *captivos ad supplicium duci quum videret.* Il a de l'élégance.

Quum Cicero fuisset consul.

Les participes passés qui manquent en latin se remplacent aussi par une des conjonctions *lorsque, puisque,* etc. EXEMPLES :

Cicéron, ayant été consul, fut néanmoins envoyé en exil, *tournez :* lorsqu'il eut été *ou* quoiqu'il eût été consul, *Cicero, quum* ou *quamvis fuisset consul, tamen in exsilium actus est.*

Ayant pris un cerf de belle taille, ils en firent quatre parts, *hi, quum cepissent cervum vasti corporis, in quatuor partes diviserunt.*

---

§ 250. *Parfait de l'infinitif français rendu par un participe latin.*

Gloria partæ victoriæ.

Le parfait de l'infinitif français, quand il a un complément direct, se rend bien par le participe passé passif de la manière suivante :

La gloire d'avoir remporté la victoire, *tournez :* la gloire de la victoire remportée, *gloria partæ victoriæ;* fier d'avoir remporté la victoire, *ferox partâ victoriâ.*

CHAPITRE IV.
ADVERBES.

§ 251. NE... QUE, *signifiant* SEULEMENT.

Laus tantùm virtuti debetur.

Ne... que, signifiant *seulement,* se rend en latin par un des adverbes *modò, tantùm, solùm,* etc., ou par l'adjectif *solus,* qu'on fait accorder avec le nom qui suit.
EXEMPLE :

La louange n'est due qu'à la vertu, *tournez :* est due seulement à la vertu *ou* est due à la vertu seule, *laus tantùm virtuti debetur* ou *soli virtuti debetur.*

Ne... que peut aussi se rendre par une négation suivie de *nisi.* EXEMPLE :

L'homme sobre ne boit que quand il a soif, *sobrius, nisi quùm sitit, non bibit.*

§ 252. *Adverbes de quantité joints à un nom.*

Les adverbes de quantité *que* ou *combien, beaucoup, peu,* etc., s'expriment en latin de diverses manières, selon les différents mots auxquels ils sont joints.

Quantùm aquæ.

Devant un nom de choses qui ne se comptent pas, mais qui peuvent se mesurer, les adverbes de quantité se rendent en latin par les adverbes équivalents, et le nom se met au génitif. EXEMPLES :

Que *ou* combien		*Quantùm*
Que *ou* combien peu		*Quantulùm*
Beaucoup		*Multùm* ou *plurimùm*
Peu, guère		*Parùm*
Plus	D'EAU,	*Plùs*	AQUÆ.
Moins		*Minùs*
Le plus		*Plurimùm*
Le moins, très-peu		*Minimùm*
Tant, autant		*Tantùm*
Si peu, aussi peu		*Tantulùm*
Assez		*Satis*
Trop		*Nimis* ou *nimiùm*

Quantùm doctrinæ *ou* quanta doctrina.

Devant un nom de choses qui ne se comptent ni ne se mesurent, mais dont la quantité est susceptible d'être appréciée, on peut se servir encore des adverbes de quantité qui viennent d'être indiqués. Mais il vaut mieux les remplacer par les adjectifs suivants, qu'on fait accorder avec le nom :

Que *ou* combien,	*quantus.*
Que *ou* combien peu,	*quantulus.*
Beaucoup,	*magnus, multus, plurimus* ou *summus.*
Peu, guère,	*parvus.*
Plus,	*major.*
Moins,	*minor.*
Le plus,	*maximus* ou *plurimus.*
Le moins, très-peu,	*minimus.*
Tant, autant,	*tantus.*
Si peu, aussi peu,	*tantulus.*
Assez,	*satis magnus.*
Trop,	*nimius.*

EXEMPLES :

Que *ou* combien de science, *quantùm doctrinæ* ou *quanta doctrina!*

Beaucoup de science, *multùm doctrinæ* ou *magna, summa, multa, plurima doctrina.*

Plus de science, *plùs doctrinæ* ou *major doctrina.*

Moins de science, *minùs doctrinæ* ou *minor doctrina.*

Quot *ou* quàm multi libri.

Devant un nom pluriel de choses qui se comptent,

les adverbes de quantité s'expriment par les adjectifs suivants, qu'on fait accorder avec le nom :

Que *ou* combien,	*quot* (indécl.), ou *quàm multi.*
Que *ou* combien peu,	*quàm pauci.*
Beaucoup,	*multi* ou *plurimi.*
Peu, guère,	*pauci.*
Plus,	*plures.*
Moins,	*pauciores.*
Le plus,	*plurimi.*
Le moins, très-peu,	*paucissimi.*
Tant, autant,	*tot* (indécl.), ou *tàm multi.*
Si peu, aussi peu,	*tàm pauci.*
Assez,	*satis multi.*
Trop,	*nimis multi* ou *nimiò plures.*

EXEMPLES :

Que *ou* combien de livres, *quot* ou *quàm multi libri !*
Combien peu de livres, *quàm pauci libri !*
Beaucoup, peu de livres, *multi, pauci libri.*
Plus, moins de livres, *plures, pauciores libri.*
Tant, autant de livres, *tot* ou *tàm multi libri.*

REMARQUES. 1° *Quot* et *tot* ne s'emploient qu'avec un nom exprimé; s'il n'y en a pas, servez-vous toujours de *quàm multi, tàm multi.* EXEMPLES :

Vous voyez combien nous sommes ici, c'est-à-dire combien de personnes, *vides quàm multi hìc adsimus.*

Combien en avons-nous vus, *quàm multos vidimus !*

2° *Quàm pauci* se remplace souvent par *quotusquisque*, au singulier : Qu'il y a peu de gens éloquents, *quotusquisque est disertus ?*

§ 253. *Adverbes de quantité joints à un adjectif ou à un autre adverbe.*

Quàm ou ut modestus est.

Devant un adjectif ou un adverbe au positif, on exprime :

Que *ou* combien	*quàm* ou *ut.*
Que *ou* combien peu	*quàm parùm.*
Peu, guère	*parùm.*
Plus	*magis.*
Moins	*minùs.*
Très, le plus	*maximè.*
Le moins, très-peu	*minimè.*
Aussi	*tàm.*
Si	*ità, tàm* ou *adeò.*
Aussi peu	*tàm parùm.*
Si peu	*tàm parùm, adeò parùm.*
Assez	*sat* ou *satis.*
Trop	*nimis.*

(PAR)

EXEMPLES :

Qu'il est modeste! *quàm* ou *ut modestus est!*
Qu'il est peu modeste! *quàm parùm modestus est!*
Il n'est guère modeste, *parùm modestus est.*
Il parle peu modestement, *parùm modestè dicit.*

Il est bien entendu que *plus* ne se rend par *magis*, et *très* ou *le plus* par *maximè*, que devant les adjectifs et les adverbes qui manquent de comparatif ou de superlatif en latin.

REMARQUE. 1° *Les plus, tous les plus*, suivi d'un adjectif qui n'a pas de complément, se rend avec élégance par le superlatif singulier de cet adjectif, en y ajoutant *quisque* : Tous les plus honnêtes gens le favorisent, *optimus quisque illi favet.*

2° Quand c'est un des adjectifs *grand* ou *petit* qui vient après un adverbe, on exprime en un seul mot

Que *ou* combien grand	*quantus.*
Que *ou* combien petit	*quantulus.*
Si grand, aussi grand	*tantus.*
Si petit, aussi petit	*tantulus.*
Moins grand	*minor.*
Trop grand	*nimius.*

(PAR)

EXEMPLES :

Que ma joie serait grande, *quanta esset mea lætitia!*
Que cette classe est petite, *quantula est hæc schola!*

§ 254. *Adverbes de quantité joints à un verbe.*

Quàm ou **quantùm amatur.**

Avec les verbes ordinaires, c'est-à-dire autres que ceux qui seront plus loin l'objet de règles spéciales, on exprime :

Que *ou* combien		quàm, quantùm, quantopere.
Que *ou* combien peu		quàm parùm.
Beaucoup, très, fort		multùm, valdè, plurimùm.
Peu, guère		parùm.
Un peu		paulùm, aliquantùm.
Plus		magis, plùs.
Moins	PAR	minùs.
Le plus		maximè, plurimùm.
Le moins		minimè, minimùm.
Aussi, autant		tàm, tantùm.
Si, tant		tàm, tantùm, ità, sic, adeò.
Aussi peu		tàm parùm.
Si peu		tàm parùm, adeò parùm.
Assez		satis.
Trop		nimis ou nimiò plùs.

EXEMPLES :

Que *ou* combien il est aimé, *quàm, quantùm amatur !*
Qu'il est peu aimé, *quàm parùm amatur !*
Il est peu, il n'est guère aimé, *parùm amatur.*
Il est fort aimé, *multùm* ou *valdè amatur.*

Quanti æstimatur.

Après les verbes qui marquent l'estime, le cas que l'on fait d'une personne ou d'une chose, comme *æstimare, facere, pendere, putare,* estimer, apprécier ; *æstimari, fieri,* être estimé, les adverbes de quantité se rendent en latin par des adjectifs au génitif, qu'on prend adverbialement. En voici le tableau :

Que *ou* combien,	quanti.
Que *ou* combien peu,	quàm parvi.
Fort, très,	magni, plurimi.
Peu, guère,	parvi.
Plus, moins,	pluris, minoris.
Le plus, le moins,	plurimi, minimi.
Tant, autant, si, aussi,	tanti.
Assez,	satis magni.
Trop,	nimiò pluris.

EXEMPLES : Que *ou* combien il est estimé, *quanti fit* ou *œstimatur!*

Il est très, plus, moins estimé, *magni, pluris, minoris œstimatur.*

Quanti tibi constitit hæc domus?

Avec les verbes qui marquent la valeur vénale, le prix d'achat ou de vente, comme *stare, constare,* coûter; *esse,* valoir; *pendere,* payer; *emere,* acheter; *vendere,* vendre; *locare,* louer; *conducere,* prendre à bail, on exprime :

Que *ou* combien	*quanti.*
Beaucoup, cher, très-cher	*magno, plurimo.*
Peu, peu cher	*parvo.*
Plus, plus cher	*pluris.*
Moins, moins cher	*minoris.*
Le plus, le plus cher	*plurimo* ou *plurimi.*
Le moins, le moins cher	*minimo.*
Si cher, aussi cher	*tanti.*
Trop, trop cher	*nimio.*

(PAR)

EXEMPLES : Que *ou* combien vous a coûté cette maison? *quanti tibi constitit hæc domus?*

Je l'ai achetée peu cher, bon marché, *parvo emi.*

Quantò doctior est.

Devant un comparatif, un superlatif, ou un verbe de supériorité, d'excellence, comme *præstare, excellere, malle, superare,* on se sert d'adverbes ayant forme d'ablatif. EXEMPLES :

Combien il est plus savant! *quantò doctior est!*

Il est bien plus, beaucoup plus, de beaucoup plus savant, *multò doctior est;* de beaucoup le plus savant, *multò doctissimus.* (On dit aussi *longè doctior, longè doctissimus.*)

Il est un peu plus savant, *paulò* ou *aliquantò doctior est;* il n'est nullement plus savant, *nihilo doctior est.*

Vous l'emportez de beaucoup, vous l'emportez tant *ou* autant sur tous les autres, *multò* ou *longè præstas, tantò præstas aliis.*

12

Multùm vixit ou diù vixit.

Avec les verbes qui marquent le temps, la durée, on peut employer plusieurs des adverbes qui servent pour les verbes ordinaires ; mais il vaut mieux les remplacer par les adverbes qui servent à mesurer le temps.
EXEMPLES :

Que *ou* combien il a vécu, *quamdiù vixit.*
Il a beaucoup vécu, *multùm* ou *diù vixit.*
Il a peu vécu, *parùm diù* ou *non diù vixit.*
Il a plus vécu, *plùs* ou *diutiùs vixit.*
Il a moins vécu, *minùs diù vixit.*
Il a tant vécu, *tamdiù vixit.*
Il a assez vécu, *satis* ou *satis diù vixit.*
Il a trop vécu, *nimis diù* ou *diutiùs vixit.*
Reposez-vous un peu, *paulùm* ou *paulisper requiesce.*
Combien de fois s'exprime par *quotiès* ou *quàm sœpe ; tant* ou *autant de fois, si souvent* ou *aussi souvent* par *totiès* ou *tàm sœpe.*

---

§ 255. *Manière de rendre* QUE *après* PLUS, MOINS, AUTANT, AUSSI.

Plùs fortitudinis quàm prudentiæ.

De quelque manière qu'on exprime *plus, moins,* le *que* suivant se rend toujours par *quàm.* EXEMPLES :

Plus, moins de courage que de prudence, *plùs, minùs fortitudinis quàm prudentiæ.*

Plus, moins de villes que de bourgs, *plures, pauciores urbes quàm vici.*

Il faut excepter les cas où l'on peut appliquer la règle
Doctior Petro, diligentiùs Petro.

Tantùm modestiæ quantùm doctrinæ.

Après *autant, aussi,* on rend *que* de différentes manières, suivant le mot qui exprime *autant* ou *aussi* en latin.

APRÈS	EXPRIMEZ QUE PAR
Tantùm,	*Quantùm.*
Tantus,	*Quantus.*
Tantulus,	*Quantulus.*
Tot,	*Quot.*
Tàm,	*Quàm.*
Tanti,	*Quanti.*
Tantò,	*Quantò.*
Tamdiù,	*Quamdiù.*
Totiès,	*Quotiès.*

EXEMPLES :

Autant de modestie que de science, *tantùm modestiæ quantùm doctrinæ,* ou *tanta modestia quanta doctrina.*

Autant de fruits que de fleurs, *tot fructus quot flores.*

Aussi prudent que brave, *tàm prudens est quàm fortis.*

Je vous aime autant que vous m'aimez, *tantùm te amo, quantùm me amas.*

Je vous estime autant que vous m'estimez, *tanti te facio quanti me facis.*

Il l'emporte autant sur vous que vous l'emportez sur moi, *tantò tibi præstat, quantò tu mihi præstas.*

Il a résisté aussi longtemps qu'il a pu, *tamdiù restitit, quamdiù potuit.*

Il a vaincu aussi souvent qu'il a combattu, *totiès vicit, quotiès pugnavit.*

§ 256. AUTANT *répété.*

Quantùm doctrinæ, tantùm modestiæ.

Quand *autant* est répété devant deux membres de phrase, il s'exprime la première fois par *quantùm, quantus, quot, quàm, quanti, quantò;* et la seconde par *tantùm, tantus, tot, tàm, tanti, tantò,* selon les mots auxquels il est joint. EXEMPLES :

Autant ce jeune homme avait de science, autant il avait de modestie, *quantùm doctrinæ in eo adolescente, tantùm modestiæ inerat.* (C'est comme s'il y avait : *Ce, jeune homme avait autant de modestie que de science;* mais la phrase est renversée.)

Autant d'hommes, autant de sentiments, *quot homines, tot sententiæ.*

Autant la politesse plaît, autant la grossièreté déplaît, *quàm delectat urbanitas, tàm offendit rusticitas.*

---

§ 257. D'AUTANT PLUS QUE, D'AUTANT MOINS QUE.

Eò modestior est, quò doctior.

D'autant, devant *plus* ou *moins*, s'exprime par *eò, hoc* ou *tantò; plus, moins,* s'expriment ensuite selon les mots auxquels ils sont joints. *Que* se rend par *quò* ou *quantò* s'il est suivi d'un comparatif, et par *quòd* s'il n'est pas suivi d'un comparatif. EXEMPLES :

Il est d'autant plus modeste, qu'il est plus savant, *eò modestior est, quò doctior.*

Cela a paru d'autant plus surprenant, qu'on ne s'y attendait pas, *id eò mirabilius visum est, quòd a nemine exspectabatur.* (On met *quòd* parce qu'il ne vient pas ensuite un comparatif.)

Il a employé le plus, le moins de diligence qu'il a pu, *adhibuit quàm plurimam, quàm maximam potuit diligentiam.* (Et en sous-entendant *potuit : quàm plurimam, quàm maximam diligentiam.*)

§ 258. PLUS, MOINS, *répétés.*

Quò modestior, eò doctior est.

Quand *plus, moins,* sont répétés au commencement de deux membres de phrase, on met *quò* ou *quantò* devant le premier, *eò* ou *tantò* devant le second; et l'on exprime *plus, moins,* selon les mots auxquels ils se rapportent. EXEMPLE :

Plus il est savant, plus il est modeste, *quò doctior, eò modestior est.* (C'est comme s'il y avait : *Il est d'autant plus modeste qu'il est plus savant;* mais la phrase est renversée.)

---

§ 259. LE PLUS, LE MOINS POSSIBLE, etc.

Quàm plurimam potuit diligentiam.

Quand *le plus, le moins*, sont suivis de l'adjectif *possible*, ou de *que* et du verbe *pouvoir*, on met *quàm* en latin devant le superlatif par lequel on rend *le plus, le moins*, et le verbe *posse* est exprimé ou sous-entendu. EXEMPLES :

Il a employé le plus, le moins de diligence qu'il a pu, *adhibuit quàm plurimam, quàm minimam potuit diligentiam*. (Et en sous-entendant *potuit : quàm plurimam, quàm minimam, diligentiam.*)

Il a lu le plus, le moins de livres qu'il a pu, *quàm plurimos, quàm paucissimos potuit libros legit*. (Ou simplement *libros legit quàm plurimos, quàm paucissimos.*)

Soyez le plus indulgent que vous pourrez, *esto quàm poteris facillimus* ou *quàm facillimus;* soyez le moins indulgent possible, *quàm minimè facilis*.

Venez le plus promptement, le plus tôt, le plus souvent possible, *quàm celerrimè, quàm primùm, quàm sæpissimè veni*.

§ 260. TANT QUE. — SI QUE.

Non tantùm doctrinæ quantùm arrogantiæ.

Après une négation, *tant... que, si... que*, sont mis ordinairement pour *autant... que, aussi... que*, et se traduisent de même. EXEMPLES :

Il n'a pas tant de science que de présomption, c'est-à-dire il n'a pas autant de science que de présomption, *non in eo inest tantùm doctrinæ quantùm arrogantiæ*.

Il n'y a pas tant de fruits que de fleurs, *c'est-à-dire* pas autant de fruits, *non sunt tot fructus quot flores*.

Il n'est pas si prudent que vous, *c'est-à-dire* aussi prudent, *non tàm prudens est quàm tu*.

La terre n'est pas si grande que le soleil, *non tanta est terra quantus sol*.

Cette classe n'est pas si petite que la nôtre, *hæc schola non tantula est quantula nostra.*

Tot plagas accepit, ut mortuus sit.

Mais quand on ne peut pas tourner *tant... que, si... que* par *autant... que, aussi... que,* on rend *que* par *ut* avec le subjonctif. EXEMPLES :

Il a reçu tant de coups qu'il en est mort, *tot plagas accepit, ut mortuus sit.*

J'estime tant la vertu, que je la préfère à tous les trésors, *tanti facio virtutem, ut eam thesauris omnibus anteponam.*

Il fut si frappé de cette nouvelle qu'il mourut, *eo nuntio ità, tàm* ou *adeò perculsus est, ut mortuus sit.*

Cette étoile est si petite qu'on ne peut la voir, *stella hæc tantula est, ut perspici nequeat.*

Après *tàm,* suivi d'un adjectif, ainsi qu'après *tantus* et *tantulus,* se rapportant au sujet du verbe, on peut remplacer *ut* par *qui, quæ, quod,* et *ut non* par *quin,* quand la proposition principale est négative ou interrogative. EXEMPLES :

Personne n'est si savant qu'il n'ignore aucune chose, *nemo tàm doctus est, ut nihil* ou *qui nihil ignoret.*

Il n'est pas si dépravé qu'on ne puisse le ramener au bien, *non tàm pravus est, quin possit corrigi.*

---

§ 261. ASSEZ POUR, TROP POUR.

Estne tibi tantùm otii, ut etiam fabulas legas?

Quand *assez... pour* est suivi d'un infinitif ou de *que,* on tourne :

Assez peu		*tant, si* ou *tellement que.*
Assez peu pour	PAR	*si peu, tellement peu que.*
Assez grand pour		*si grand que.*
Assez petit pour		*si petit que.*

Et *que* se rend par *ut,* qu'on peut remplacer par *qui*

ou par *quin*, comme il a été dit dans la règle précédente. EXEMPLES :

Avez-vous assez de loisir pour lire même des fables ? *tournez :* tant de loisir que vous lisiez..., *estne tibi tantùm otii ut etiam fabulas legas ?*

Je ne suis pas assez insolent pour me croire roi, *non sum tàm insolens, ut* ou *qui regem esse me putem.*

J'ai assez peu d'ambition pour mépriser les honneurs, *tournez :* si peu d'ambition que je méprise..., *inest in me tàm parùm ambitionis, ut honores despiciam.*

Personne n'est assez grand pour pouvoir se passer de secours, *tournez :* n'est si grand qu'il puisse..., *nemo tantus est, ut* ou *qui auxilio carere possit ;* pour n'avoir pas besoin de secours, *ut non* ou *quin auxilio egeat.*

Plus veneni hausit, quàm ut sanitati restituatur.

Trop... pour, suivi de l'infinitif ou de *que*, se tourne par *plus qu'il ne faut pour que ; trop peu pour, ne pas assez pour* se tournent par *moins qu'il ne faut pour que*. On exprime *plus, moins* suivant les mots auxquels ils sont joints ; *il ne faut* se sous-entend, et *pour que* se rend par *quàm ut* ou *quàm qui* avec le subjonctif. EXEMPLES :

Il a avalé trop de poison pour recouvrer la santé, *plus veneni hausit, quàm ut sanitati restituatur* ou *quàm qui sanitati restituatur.*

Je suis trop élevé pour que la fortune puisse me nuire, *major sum quàm ut mihi* (ou *quàm cui*) *fortuna nocere possit.*

Il a trop peu d'esprit pour conduire cette affaire, *minùs habet ingenii, quàm ut rem gerat.*

Il avait trop peu de soldats pour vaincre, *pauciores habebat milites, quàm ut vinceret.*

CHAPITRE V.
PRÉPOSITIONS.

§ 262. *Préposition* DE.

I. Quand *de* signifie *sur, touchant, au sujet de*, on l'exprime par *de*. EXEMPLES :

Parler de la vie et de la mort, *de vitâ et morte disserere;* rivaliser de gloire, *de gloriâ certare.*

Cela se fait même quand *de* est entre deux noms : Le dialogue de l'amitié, *c'est-à-dire* sur l'amitié, *dialogus de amicitiâ.*

II. Quand *de* est explétif, c'est-à-dire quand il peut se retrancher, comme dans ces phrases : Il y eut six cents hommes *de* tués, je ne connais personne *de* plus savant, on ne l'exprime pas en latin : *sexcenti homines occisi sunt, neminem novi doctiorem.*

III. Quand *de*, suivi d'un infinitif, peut se tourner par *si*, on l'exprime par *si*. EXEMPLE :

Vous me ferez grand plaisir de lui écrire, *tournez :* si vous lui écrivez, *pergratum mihi feceris, si ad eum scripseris.*

IV. Quand *de*, suivi d'un infinitif, peut se tourner par *moi qui, vous qui*, etc., on l'exprime par *qui, quæ, quod* avec le subjonctif. EXEMPLE :

Que vous êtes malheureux, d'avoir couru de vous-même à la mort! *o te infelicem, qui ultrò ad necem cucurreris!*

§ 263. *Préposition* À.

I. Quand *à*, devant un infinitif, peut se tourner par *qui* ou *que* avec le subjonctif, on le rend en latin par *qui, quæ, quod*, suivi de ce mode. EXEMPLES :

Je n'avais rien à vous écrire, *tournez* : rien que je vous écrivisse, *nihil habebam, quod ad te scriberem.*

II. Quand *à*, suivi de l'infinitif, peut se tourner par *si*, on l'exprime par *si*, avec le subjonctif. EXEMPLE :

A l'entendre parler, vous diriez..., *tournez* : si vous l'entendiez parler, *quem si loquentem audias, dicas...*

III. Quand il peut se tourner par *pour*, il s'exprime par *ut*, et s'il vient ensuite une négation, par *ne*. Ex. :

A dire vrai, *tournez* : pour dire vrai, *ut verum dicam* ; à ne pas mentir, *ne mentiar.*

IV. Quand il peut se tourner par *à celui qui*, il s'exprime par le datif du participe présent. EXEMPLE :

A juger sainement la chose, il paraît..., *tournez* : à un homme jugeant sainement la chose, *sanè rem œstimanti videtur...*

---

§ 264. *Préposition* POUR.

I. Quand *pour* signifie *envers*, il s'exprime généralement par *in* ou *ergà*, avec l'accusatif. EXEMPLE :

Mon zèle pour vous, *meum in te* ou *ergà te studium.*

II. Quand il signifie *en vue de*, il se rend par *in* ou *ad*, avec l'accusatif. EXEMPLES :

Tout a été créé pour l'usage des hommes, *omnia ad usum hominum creata sunt.*

Employez tous vos soins pour votre santé, *omnem curam in valetudinem confer.*

III. Quand il signifie *contre*, il se rend par *in* ou *adversùs*. EXEMPLE :

Ma haine pour les mauvais citoyens, *meum in* ou *adversùs malos cives odium.*

IV. Quand *pour*, entre deux noms, peut se tourner par *de*, on le rend par le génitif. EXEMPLE :

L'amour pour la liberté nous est naturel, c'est-à-dire l'amour de la liberté, *amor libertatis nobis est innatus.*

V. Quand il signifie *au lieu de*, *en échange de*, il s'exprime par *pro* avec l'ablatif. EXEMPLE :

Pour une épée, il prit un bâton, *pro gladio fustem sumpsit.*

VI. Quand il signifie *à cause de*, il s'exprime par *ob* ou *propter*, avec l'accusatif. EXEMPLE :

Je l'aime pour sa modestie, *illum amo propter modestiam.*

VII. Quand il signifie *pour l'amour de, dans l'intérêt de, en considération de*, il se rend par *pro* avec l'ablatif, ou par *causâ, gratiâ*, avec le génitif. EXEMPLE :

Je ferai volontiers cela pour lui, *id libenter illius causâ faciam.*

REMARQUE. Quand c'est un pronom personnel qui vient après *pour*, rendu par *causâ* ou *gratiâ*, on remplace les génitifs *meî, tuî, nostrî, vestrî, suî,* par l'ablatif du pronom possessif, *meâ, tuâ, nostrâ, vestrâ, suâ.* Ex. :

Je le ferai pour toi, pour vous, *id faciam tuâ, vestrâ causâ;* il l'a fait pour lui-même, *id fecit suâ causâ.*

VIII. Au commencement d'une phrase, *pour*, signifiant *quant à*, se rend par *verò* ou *quidem*, qui se met après le nom ou pronom. EXEMPLE :

Pour moi, je suis prêt, *ego verò sum paratus.*

Pour vous, il vous importe, *tuâ verò interest.*

Pour moi, il me semble, *mihi quidem videtur.*

IX. *Pour*, suivi de l'infinitif, se rend par *quanquàm* ou *quamvis* quand il peut se tourner par *quoique*, par *quia* ou *quòd* quand il signifie *parce que*. EXEMPLE :

Pour avoir péché une fois, je ne suis pas indigne de pardon, *c'est-à-dire* quoique j'aie péché une fois, *non, quamvis semel peccaverim, veniâ sum indignus.*

§ 265. *Préposition* SANS.

I. *Sans*, suivi d'un nom, se tourne élégamment par un adjectif de signification opposée : Un homme sans instruction, *homo indoctus;* un homme qui n'est pas sans littérature, *vir non illitteratus.*

II. *Sans*, suivi de l'infinitif, se tourne par *sans que,*

à moins que, et s'exprime par *quin* ou *nisi*, quand le premier verbe est accompagné d'une négation ou d'une interrogation. EXEMPLE :

Personne ne devient savant, qui peut devenir savant sans lire beaucoup, *tournez :* sans qu'il lise, à moins qu'il ne lise, *nemo fit doctus, quis potest doctus fieri, quin* ou *nisi multa legat* ?

III. Quand le verbe qui précède *sans* n'est accompagné ni d'une négation ni d'une interrogation, on tourne *sans* par *et ne pas*, et on l'exprime par *nec*. EXEMPLE :

Il est sorti sans fermer la porte, *tournez :* il est sorti, et il n'a pas fermé la porte, *exiit, nec fores clausit*.

IV. Il y a encore plusieurs autres manières d'exprimer *sans* ou *sans que*, suivi d'un verbe :

1° Par *sine*, suivi d'un nom de signification analogue à celle du verbe : Sans pleurer, *sine lacrymis;* sans craindre, *sine metu*.

2° Par un adjectif ou un participe précédé de *non* ou de signification contraire à celle du verbe. EXEMPLES :

Je l'ai fait sans le savoir, *inscius feci;* nous buvons sans avoir soif, *non sitientes bibimus*.

Il a passé la nuit sans dormir, *noctem insomnem duxit*.

Il est parti sans avoir terminé l'affaire, *infecto negotio profectus est;* il fut condamné sans être entendu, *incognitâ causâ damnatus est*.

3° Par un adverbe ou une expression adverbiale : Sans y penser, *temerè, imprudenter;* sans réfléchir, *inconsultè;* sans être puni, *impune;* sans se faire prier, *sponte, ultrò;* sans se plaindre, sans s'émouvoir, *æquo animo*.

§ 266. *Préposition* MALGRÉ.

I. *Malgré*, devant un nom de personne, s'exprime par *invitus*, qu'on fait accorder avec ce nom. EXEMPLES :

Il a fait cela malgré lui, *id invitus fecit*.

Je l'ai renvoyé malgré lui, *illum invitum dimisi*.

J'ai fait cela malgré lui, *id illo invito feci*. (*Invitus* signifie proprement *qui ne veut pas, qui agit à contre-cœur*.)

II. *Malgré*, devant un nom de chose, se tourne par *quoique*, et le nom se remplace par un adjectif, un participe ou un verbe. EXEMPLES :

Il fut condamné malgré son innocence, *tournez :* quoique innocent, *quamvis innocens damnatus est.*

Il le tua malgré ses cris redoublés, *illum, quamvis clamitaret* ou *quamvis clamitantem, interfecit.*

CHAPITRE VI.
CONJONCTIONS.

§ 267. TANDIS QUE, AU LIEU DE.

I. Quand *tandis que* marque une opposition et peut se tourner par *au contraire*, on le rend par *autem*, *verò* ou *contrà*. EXEMPLE :

Démocrite riait toujours, tandis qu'Héraclite pleurait sans cesse, *Democritus semper ridebat, Heraclitus autem* ou *contrà Heraclitus semper flebat.*

II. *Au lieu de*, suivi de l'infinitif, se tourne par *lorsque je devrais*, quand il y a obligation de faire la chose, et par *lorsque je pourrais*, quand il n'y a qu'une simple permission de la faire. EXEMPLES :

Au lieu de lire, il jouait, *tournez :* lorsqu'il devait lire, *quum legere deberet, ludebat.*

Au lieu de jouer, il lisait, *tournez :* lorsqu'il pouvait jouer, *ludere quum posset, legebat.*

III. *Au lieu de*, précédé d'un verbe à l'impératif, s'exprime par *non autem*, et le second verbe se met également à l'impératif. EXEMPLE :

Lisez au lieu de badiner, *tournez :* lisez, et ne badinez pas, *lege, non autem nugare.*

§ 268. Conjonction SI.

I. Quand *si* peut se tourner par *comme, de même que*, il se rend en latin par *ut, sicut, quemadmodùm*, etc. Ex. :

Si la mort est honteuse dans la fuite, elle est glorieuse dans la victoire, *c'est-à-dire* de même que la mort est honteuse dans la fuite, *ut in fugâ fœda mors est, ita* ou *sic in victoriâ gloriosa*.

II. Quand *si* peut se tourner par *de ce que*, on l'exprime par *quòd* avec l'indicatif. EXEMPLE :

Si j'ai fait quelques progrès, je vous en suis redevable, *tournez :* je vous suis redevable de ce que j'ai fait quelques progrès, *quòd nonnihil profeci, tibi debeo*.

III. Quand *si* est en tête de la phrase, et que la proposition suivante commence par *c'est*, on n'exprime ni *si*, ni *c'est*. EXEMPLES :

Si je l'ai fait, c'est à votre considération, *tournez :* je l'ai fait à votre considération, *tuâ gratiâ illud feci*.

§ 269. Conjonction QUE.

I. *Que*, précédé de *et* ou de quelque autre mot analogue, s'emploie en français pour éviter la répétition d'une conjonction précédemment exprimée. Dans ce cas on ne rend pas *que* en latin, et le verbe se met au même mode que le premier. EXEMPLES :

Puisque vous le voulez et que vous le pouvez, *c'est-à-dire* et puisque vous le pouvez, *quum id velis et possis*.

Si vous aviez voulu et que vous eussiez pu, *c'est-à-dire* et si vous eussiez pu, *si voluisses et potuisses*.

Lorsque je lis ou que j'écris, *quum lego aut scribo*.

II. La conjonction *que* s'emploie encore, dans un grand nombre de cas, pour tenir la place de diverses conjonctions françaises; elle s'exprime alors en latin suivant sa signification. EXEMPLE :

Si je ne l'ai pas fait, c'est que je n'ai pas pu, *c'est-à-dire* c'est parce que je n'ai pas pu, *id non feci, quia non potui*.

CHAPITRE VII.
VERBES ET LOCUTIONS COMPOSÉES.

§ 270. *Verbes français qui se remplacent par un adverbe ou qui ne s'expriment pas en latin.*

I. *Ne manquer pas de,* devant un infinitif, se tourne par *certainement,* et s'exprime par *profectò.* EXEMPLE :

Je ne manquerai pas de lui écrire, *c'est-à-dire* je lui écrirai certainement, *ad illum profectò scribam.*

Mais quand on commande quelque chose, *ne manquez pas de* se tourne par *souvenez-vous de, ayez soin de.* Ex. :

Ne manquez pas de l'avertir, *memento ut illum moneas* ou *illum monere, cura ut illum moneas.*

II. Commencer par... ⎫   ⎧ D'abord (*primùm*).
 Finir par...   ⎬ se tourne ⎨ Enfin (*tandem*).
 Venir de...   ⎪ par   ⎪ Récemment (*modò*).
 Ne pas tarder à...   ⎭ l'adverbe ⎩ Bientôt (*mox*).

EXEMPLES : Je commence par dire, *primùm dico;* il finit par se retirer, *tandem abiit;* il vient de partir, *modò profectus est;* je ne tarderai pas à revenir, *mox revertar.*

III. *Savoir,* suivi de l'infinitif, se supprime quand il est au conditionnel avec le sens de *pouvoir.* EXEMPLES :

On ne saurait douter, *c'est-à-dire* on ne peut, on ne pourrait douter, *nemo dubitaverit;* on ne saurait croire, *vix credas* ou *vix credideris.*

§ 271. *Verbes* ALLER, DEVOIR, ÊTRE SUR LE POINT DE, etc.

I. *Aller, être sur le point de,* marquant qu'une chose est près de se faire, s'expriment par le participe en *rus* de la même manière que *devoir.* EXEMPLE :

Il allait partir, il était sur le point de partir, *mox profecturus erat.*

Mais on peut aussi se servir de *in eo esse ut*, avec le subjonctif. EXEMPLE :

Il était sur le point de prendre la ville, *in eo erat ut oppido potiretur*.

Il faut toujours se servir de *in eo esse ut* pour rendre *aller, devoir, être sur le point de*, quand l'infinitif suivant est au passif, et en général quand le verbe latin n'a point de participe en *rus* : La ville doit être pillée demain, *urbs in eo est ut cràs diripiatur*.

II. *Ne va pas, n'allez pas*, suivis de l'infinitif, s'expriment par *cave, cavete ne...* EXEMPLE :

N'allez pas croire, *cave ne credas*, ou *cave credas*.

On peut aussi traduire comme s'il y avait simplement *ne... pas*, avec l'impératif : N'allez pas vous imaginer, *ne existimes, noli existimare*, ou *cave existimes*.

III. *Il y va de, il s'agit de*, se rend par *agitur de* (impersonnel), avec l'ablatif, ou par *agitur* (personnel), avec le nominatif de la chose. EXEMPLES :

Il y va de la gloire du peuple romain, *agitur de gloriâ populi Romani* ; il s'agissait de l'empire, *agebatur imperium* ou *de imperio*.

Il y va de votre intérêt, *tua res agitur*.

IV. *Aller* s'exprime par *esse* ou *se habere* quand il signifie *se passer* de telle ou telle manière, et par *valere* quand il signifie *se porter*. EXEMPLES :

La chose va bien, tout va bien, *benè est, benè se res habet*, ou simplement *benè habet*.

Comment allez-vous ? *ut vales ?*

§ 272. *Verbe* FALLOIR.

I. *Il s'en faut beaucoup...., être bien éloigné....*, s'expriment par *multùm abest*; combien s'en faut-il par *quantùm abest*, et le *que* ou le *de* suivant par *ut* avec le subjonctif. EXEMPLE :

Il s'en faut beaucoup que vous surpassiez, vous êtes bien éloigné de surpasser vos condisciples, *multùm abest ut tuos superes condiscipulos*.

II. *Peu s'en faut, il s'en faut peu, n'être pas éloigné,* s'expriment par *paulùm abest, non multùm, non longè* ou *non procul abest; il ne s'en faut de rien, il ne tient à rien,* par *nihil abest;* et *de* ou *que ne* par *quin* avec le subjonctif.
EXEMPLES :

Peu s'en faut que je ne sois très-malheureux, *haud multùm abest quin sim miserrimus.*

Peu s'en fallut, il n'a tenu à rien qu'il ne tombât, *paulùm abfuit, nihil abfuit quin caderet.*

III. *Tant s'en faut que, être si éloigné de,* s'expriment par *tantùm abest,* et les deux *que* qui suivent par *ut* avec le subjonctif. EXEMPLE :

Tant s'en faut qu'il vous haïsse, il est si éloigné de vous haïr, qu'au contraire il vous aime, *tantùm abest ut te oderit, ut contrà te amet.*

§ 273. Verbe FAIRE.

I. Le verbe *faire* et le nom qui suit se rendent souvent en latin par un seul mot. EXEMPLES :

Faire l'éloge de quelqu'un, *laudare aliquem;* faire plaisir, faire peur à quelqu'un, *delectare, terrere aliquem.*

II. *C'en est fait* se rend par le parfait passif de *agere.* EXEMPLES :

C'en est fait de moi, de toi, de nous, *de me, de te, de nobis actum est.*

III. Quand le verbe *faire,* suivi d'un infinitif, peut se tourner par *faire en sorte que,* on l'exprime par *facere, curare,* ou *dare operam.* EXEMPLES :

Faites-moi savoir, *tournez :* faites en sorte que je sache, *fac ut sciam* ou *fac sciam.*

Faites tout préparer, *da operam ut omnia sint parata.*

Il fit établir un pont, *pontem curavit faciendum.*

Quand il signifie *ordonner, contraindre, engager,* on le rend par *jubere, cogere, impellere,* et autres verbes de signification analogue. EXEMPLES :

Il le fit venir, *c'est-à-dire* il lui ordonna de venir, *jussit eum venire ;* il le fit tuer, *jussit eum occidi.*

Vous me ferez mourir, *c'est-à-dire* vous me contraindrez de mourir, *mori me coges.*

Cela m'a fait croire, *c'est-à-dire* m'a engagé à croire, *id me impulit ut crederem.*

IV. *Faire connaître, faire supposer, faire soupçonner, faire comprendre,* etc., ayant pour sujet un nom de chose inanimée, se tournent par *connaître, supposer, soupçonner, comprendre par*, avec le nominatif de la personne. EXEMPLE :

Votre lettre m'a fait connaître, *tournez :* j'ai connu par votre lettre, *ex litteris tuis cognovi.*

V. Le verbe *faire* et l'infinitif qui suit se rendent assez souvent par un seul verbe latin. EXEMPLES :

Il fit bâtir un temple, *templum ædificavit.*

Faites-moi connaître vos intentions, *aperi mihi tua consilia.*

VI. *Ne faire que de...* se tourne par *récemment, tout à l'heure*, et s'exprime par *modò*. EXEMPLE :

Il ne fait que d'arriver, *tournez :* il est arrivé tout à l'heure, *modò advenit.*

VII. *Ne faire que...*, pouvant se tourner par *toujours*, s'exprime par *semper, assiduè, nunquàm non*, et autres adverbes ou locutions adverbiales. EXEMPLES :

Il ne fait que badiner, *tournez :* il badine toujours, *semper* ou *nunquàm non nugatur.*

Sa folie ne fait que s'accroître, *tournez :* s'accroît de jour en jour, *in dies crescit ejus amentia.*

On peut tourner quelquefois par *ne faire autre chose que*, en latin *nihil aliud quàm* ou *nisi ;* on sous-entend *faire* et l'infinitif suivant se remplace par l'indicatif. Ex..

Il ne fait que plaisanter, *nihil aliud quàm jocatur.*

Cela ne fait qu'irriter ma douleur, *hoc nihil aliud quàm dolorem meum exulcerat.*

§ 274. *Verbe* AVOIR.

I. Dans un grand nombre de cas, le verbe *avoir* et le nom qui suit se rendent par un seul verbe en latin.
EXEMPLES :

Avoir mal à la tête, *laborare capite.*

Avoir faim, *esurire;* avoir soif, *sitire;* avoir peur, *pavere;* avoir envie, *cupere;* avoir l'air, la mine, *videri;* avoir la réputation de, *haberi,* etc.

II. *Avoir la force, la hardiesse, le courage, le cœur, le front de,* suivis de l'infinitif, s'expriment en latin par *audere, sustinere.* EXEMPLE :

Avez-vous bien eu le front de nier cela? *ausus es* ou *sustinuisti id negare?*

III. *Avoir le bonheur de* s'exprime par *contingit ut;* *avoir le malheur de,* par *accidit ut.* EXEMPLES :

J'ai eu le bonheur de voir le roi, *mihi contigit ut regem viderem* (ou quelquefois *regem videre*); j'ai eu le malheur d'être vaincu, *mihi accidit ut vincerer.*

IV. *Avoir de la peine à...* se tourne par *à peine* ou *difficilement;* et *n'avoir pas de peine à...* par *facilement.*
EXEMPLES :

Il a eu de la peine, il n'a pas eu de peine à obtenir cela, *ægrè* ou *vix id impetravit, facilè id impetravit.*

V. *Avoir beau* se tourne par *en vain* ou par *quoique.*
EXEMPLE :

Vous avez beau crier, *frustrà vociferaris,* ou *quamvis vociferere.*

VI. *Avoir à,* devant un infinitif, se rend comme *devoir :* J'ai à parler, *mihi dicendum est.*

---

§ 275. *Verbe* DIRE.

I. Quand le verbe qui suit *dire* en français est accompagné d'une négation, on tourne par *nier,* en latin *negare,* après lequel la négation ne s'exprime pas.
EXEMPLE :

Il a dit qu'il ne viendrait pas, *negavit se esse venturum.*

II. *Pour ainsi dire* s'exprime par *ut ità dicam*, et quelquefois par *quasi* ou *quidam*, qu'on joint au mot essentiel. EXEMPLE :

La volupté est pour ainsi dire le poison des âmes, *voluptas, ut ità dicam, venenum est animorum*, ou *est quasi venenum, est quoddam venenum*.

§ 276. *Verbe* LAISSER, *devant un infinitif.*

I. En général, le verbe *laisser*, devant un infinitif, se tourne par *permettre que*. EXEMPLES :

Vos chants ne me laissent pas dormir, *cantus tui non sinunt me dormire;* laissez-moi prendre du repos, *sine ut quiescam*.

II. Souvent le verbe *laisser* et l'infinitif qui suit peuvent se rendre par un seul mot. EXEMPLES :

Laisser aller quelqu'un, *dimittere aliquem*.

Laisser échapper l'occasion, *occasionem prætermittere;* ne laisser passer aucun jour, *nullum diem intermittere*.

Se laisser aller à l'oisiveté, *otio indulgere, se tradere*.

III. *Ne laisser pas de...* se tourne par *cependant*. Ex. :

Quoique je vous attende vous-même, ne laissez pas de m'écrire une lettre, *quanquàm te ipsum exspecto, da tamen epistolam*.

§ 277. *Méthode générale pour traduire les gallicismes.*

Il est impossible d'énumérer toutes les expressions françaises qui ne peuvent se traduire littéralement en latin. Voici un principe qui aidera à résoudre la plupart des difficultés qui en résultent :

Les expressions qui ont une même valeur en français peuvent se rendre de la même manière en latin.

Demandez-vous, par conséquent, quel est le sens précis du gallicisme qui vous arrête, dépouillez-le de sa forme exceptionnelle, réduisez-le à des termes plus simples, et tâchez de le ramener, par une substitution qui en conserve le sens, à une expression que vous puissiez traduire soit par le seul secours du dictionnaire, soit par l'application de quelqu'une des règles données dans la syntaxe. EXEMPLES :

Être en état de, hors d'état de, *tournez :* pouvoir, ne pouvoir pas, *possum, nequeo.*

Être au fait de, s'entendre à, *tournez :* savoir, *scire, callere.*

Tout en, suivi d'un participe présent, revient à *quoique :* Il m'a nui tout en voulant m'être utile, *mihi, quamvis prodesse vellet, obfuit.*

N'avoir que faire de... s'exprimera comme *n'avoir pas besoin de... :* Je n'ai que faire de vos conseils, *tuis consiliis nihil mihi opus est.*

Avoir besoin de, suivi d'un infinitif, est la même chose que *devoir :* Il a besoin d'être excité au travail, *is ad laborem incitandus est.*

Avoir intérêt à... se tourne par *il importe :* J'ai intérêt à dire la vérité, *meâ interest ut verum dicam.*

N'être pas d'humeur à, n'être pas fait pour, se traduira de la même manière que *n'être pas homme à... :* Je ne suis pas d'humeur à souffrir patiemment les injures, *non sum is qui injurias œquo animo feram;* je ne suis pas fait pour être esclave, *non sum is qui serviam.*

Ces exemples suffiront pour faire connaître la marche à suivre pour résoudre la plupart des difficultés du même genre.

FIN DE L'ABRÉGÉ DE LA GRAMMAIRE LATINE.

TABLE DES MATIÈRES.

PREMIÈRE PARTIE.
LES NEUF ESPÈCES DE MOTS.

Notions préliminaires	1
Chapitre I. Le **Nom ou Substantif**	2
Première déclinaison	4
Deuxième déclinaison	5
Troisième déclinaison	7
Quatrième déclinaison	11
Cinquième déclinaison	12
Noms composés	13
Valeur des cas	ibid.
Chapitre II. L'**Adjectif**	14
Adjectifs de la première classe	15
Adjectifs en us	ibid.
Adjectifs en er	16
Adjectifs de la deuxième classe	ibid.
Adjectifs imparisyllabiques	17
Adjectifs parisyllabiques	ibid.
Règles des adjectifs	19
Adjectifs pris substantivement	ibid.
Comparatif et superlatif des adjectifs	ibid.
Comparatifs et superlatifs irréguliers	21
Règles des comparatifs et superlatifs	22
Adjectifs numéraux ou noms de nombre	ibid.
Adjectifs numéraux cardinaux	23
Adjectifs numéraux ordinaux	25
Adjectifs numéraux distributifs	26
Autres adjectifs marquant le nombre	ibid.
Chapitre III. Le **Pronom**	27
Pronoms personnels	28
Pronom réfléchi de la troisième personne	29
Pronoms adjectifs	ibid.
Pronoms démonstratifs	ibid.
Pronoms possessifs	32
Pronoms relatifs	ibid.
Pronoms interrogatifs	34
Pronoms indéfinis	36
Chapitre IV. Le **Verbe**	37
Verbe substantif. — *SUM*	40
Règle générale pour tous les verbes	44
Règle particulière au verbe *Sum*.	ibid.
Verbes attributifs	45
VERBES ACTIFS.	
Première conjugaison	46
Deuxième conjugaison	49
Troisième conjugaison	51
Quatrième conjugaison	55
Tableau général des quatre conjugaisons de l'actif	58
Formation des temps de l'actif	59
Règles des verbes actifs	61
VERBES PASSIFS.	
Première conjugaison	62
Deuxième conjugaison	64
Troisième conjugaison	67
Quatrième conjugaison	71
Tableau général des quatre conjugaisons passives	74
Formation des temps du passif	75
Remarques sur la signification du passif	76
Règles des verbes passifs	77
VERBES NEUTRES.	
Règles des verbes neutres	78
VERBES DÉPONENTS.	
Première conjugaison	79
Deuxième conjugaison	81
Troisième conjugaison	82
Quatrième conjugaison	85
Règles des verbes déponents	86
VERBES IRRÉGULIERS.	
GAUDEO	87
FERO	88
EDO	89
EO	90
FIO	91
VOLO, NOLO, MALO	93
POSSUM et *PROSUM*	94
MEMINI	95
AIO et *INQUAM*	96
OPORTET	97

TABLE DES MATIÈRES.

ME PŒNITET............ 98
ITUR, DICITUR........... 99
Chapitre V. **Participes, supins et gérondifs**....... 100
Du participe................ ibid.
Du supin.................. 101
Des gérondifs.............. ibid.
Chapitre VI. La **Préposition**. 102
Prépositions qui gouvernent l'accusatif................. 103
Prépositions qui gouvernent l'ablatif.................. 104
Prépositions qui gouvernent l'accusatif ou l'ablatif........... ibid.
Chapitre VII. L'**Adverbe**.... 105
Adverbes de temps............ 106
Adverbes de lieu.............. ibid.
Adverbes de quantité.......... 107
Adverbes d'interrogation....... 108
Adverbes d'affirmation......... 109
Adverbes de négation.......... 110
Adverbes de doute............. ibid.
Adverbes de ressemblance ou d'union.................. ibid.
Adverbes de différence ou de séparation................ 111
Adverbes de manière........... ibid.
Comparatif et superlatif des adverbes................... 112
Complément de plusieurs adverbes.................. ibid.
Chapitre VIII. La **Conjonction**..................... 114
Règles des conjonctions........ 116
Chapitre IX. L'**Interjection**. 118
Chapitre X. **Analyse logique**................... 119
De l'inversion................ 124
De l'ellipse................. 125

SUPPLÉMENT A LA PREMIÈRE PARTIE.

Supplément aux noms......... 127
Première déclinaison.......... ibid.
Deuxième déclinaison.......... ibid.
Troisième déclinaison.......... 128
Quatrième déclinaison......... 130
Noms défectifs, indéclinables, surabondants, etc............ ibid.
Noms communs, épicènes, douteux, hétérogènes 132
Supplément aux adjectifs...... ibid.
Adjectifs pris substantivement . 134
Comparatif et superlatif........ ibid.
Adjectifs numéraux cardinaux.. 135
Adjectifs numéraux ordinaux... 136
Adjectifs numéraux distributifs . 137
Adverbes numéraux 138
Supplément aux pronoms...... ibid.
Supplément aux verbes....... 139
Des verbes passifs, neutres et déponents................ 140
Verbes irréguliers............. 141
Conjugaison périphrastique..... 142
Des Négations................ 143

DEUXIÈME PARTIE.
SYNTAXE.

LIVRE PREMIER.
Syntaxe de la proposition................... 145
Chapitre I. Règles d'accord... ibid.
Accord de deux noms......... ibid.
Accord de l'adjectif avec le nom.................... 146
Accord du verbe avec le sujet.. 147
Accord de l'attribut avec le sujet..................... 148
Additions aux règles d'accord.. 150
Chapitre II. Complément des noms et des adjectifs....... 152
Complément des noms......... 152
Adjectifs qui gouvernent le génitif .... ibid.
Adjectifs qui gouvernent le datif. 153
Adjectifs qui gouvernent le génitif ou le datif............. ibid.
Adjectifs qui gouvernent l'accusatif avec ad............. ibid.
Adjectifs qui gouvernent l'ablatif. 154
Complément des comparatifs... ibid.
Complément des superlatifs.... 157
Complément des mots partitifs.. 159
Chapitre III. Compléments des verbes................... ibid.

TABLE DES MATIÈRES.

Complément direct à l'accusatif. 159
Complément indirect au datif.. 161
Verbes qui gouvernent deux accusatifs.................... 164
Verbes qui gouvernent l'accusatif avec *ad*............... *ibid.*
Complément indirect des verbes passifs.................. 165
Verbes qui gouvernent l'ablatif. 166
Verbes qui gouvernent l'ablatif avec *a* ou *ex*............. 167
Verbes qui gouvernent le génitif....................... 169
Complément des impersonnels *PŒNITET, PUDET, PIGET*, etc................ 170
Génitif après le verbe *ESSE*... 171
Génitif après les impersonnels *REFERT, INTEREST*.... 172
Observations sur certains verbes dont le complément se construit de différentes manières. 173
Manière de commander et de défendre.................. 174

CHAPITRE IV. COMPLÉMENTS CIRCONSTANCIELS............ 175
Noms d'origine et de matière... 176
Noms de mesure et de distance. *ibid.*
Noms d'instrument, de cause, de manière................. 177
Noms de partie................ 178
Nom du prix, de la valeur..... 179
Noms de temps................ *ibid.*
Noms d'âge................... 181
Noms de lieu.................. 182

CHAPITRE V. COMPLÉMENT DES ADVERBES ET DES INTERJECTIONS. 186
Adverbes de quantité.......... *ibid.*
Adverbes de lieu et de temps... *ibid.*
Adverbes de manière et autres... 187
Interjections.................. 188

CHAPITRE VI. DES MODES IMPERSONNELS................ 189
De l'infinitif.................. *ibid.*
Du supin..................... 190
Règle générale des participes.. *ibid.*
Des participes présents........ 191
Des participes futurs en *RUS* et en *DUS*................. *ibid.*
Des gérondifs................. 193
Ablatif absolu................. 195

CHAPITRE VII. DES PRONOMS.... 196
Règle générale pour tous les pronoms..................... *ibid.*
Pronoms IL, LE................ 197
Pronoms EN, Y................ *ibid.*
Pronoms SE, SOI.............. 198
Pronoms interrogatifs.......... 199
Adjectifs interrogatifs.......... 200
Adverbes interrogatifs.......... *ibid.*

LIVRE II.
Syntaxe de la phrase.... 204

CHAPITRE I. PROPOSITION INCIDENTE unie à la principale par un pronom relatif.......... *ibid.*
Accord du pronom relatif avec son antécédent............. *ibid.*
A quel cas doit-on mettre le pronom relatif?............... 205

CHAPITRE II. PROPOSITION INCIDENTE unie à la principale par une conjonction............ 207
Conjonctions qui gouvernent l'indicatif..................... 208
Conjonctions qui gouvernent le subjonctif.................. 209
Conjonctions qui gouvernent tantôt l'indicatif, tantôt le subjonctif..................... 211
Conjonction *QUUM*............ *ibid.*
Conjonction *DUM*............. 212
Conjonction *SI*................ 213
Conjonctions composées de *SI*.. 214
Conjonctions *UT* et *NE*....... 216

CHAPITRE III. PROPOSITION COMPLÉTIVE dont le verbe se met en latin à l'infinitif, ou PROPOSITION INFINITIVE............ 217
Proposition infinitive servant de complément................. 218
A quel temps faut-il mettre le verbe de la proposition infinitive?...................... *ibid.*
Infinitif futur formé par périphrase..................... 222
Infinitif français rendu en latin par une proposition infinitive........................ 223
Proposition infinitive servant de sujet....................... 224
Changement de l'actif en passif dans la proposition infinitive.. 226

CHAPITRE IV. PROPOSITIONS COMPLÉTIVES unies à la principale par les conjonctions et par les pronoms ou adverbes interrogatifs..................... *ibid.*
CONSEILLER de, AVERTIR de, ORDONNER de, ÊTRE DIGNE de... 227
CRAINDRE de, PRENDRE GARDE de........................ 230
EMPÊCHER de, DÉFENDRE de, IL NE TIENT PAS A MOI que....... 231
SE RÉJOUIR de, ACCUSER de,... 232
ATTENDRE que................ 233
ÊTRE CAUSE que.............. *ibid.*
DEMANDER si, SAVOIR si...... *ibid.*
DOUTER si, DOUTER que...... 234
IL N'IMPORTE PAS, IL IMPORTE PEU de ou que.................. 235

TABLE DES MATIÈRES.

Pronoms et adverbes interrogatifs placés entre deux verbes. 235
Subjonctif futur formé par périphrase................. 236
Proposition incidente dépendant d'une proposition complétive. 238

LIVRE III.

Observations particulières sur les différentes espèces de mots.

GALLICISMES..................... 239
CHAPITRE I. NOMS ET ADJECTIFS. *ibid.*
Noms rendus par un adjectif... *ibid.*
Adjectifs rendus par un adverbe. 240
CHAPITRE II. PRONOMS.......... *ibid.*
ON, L'ON...................... *ibid.*
RIEN DE, QUELQUE CHOSE de..... 244
IL, ELLE, LE, LA, LES, LUI, LEUR, EUX, rendus par *SUI, SIBI, SE*...................... 245
SON, SA, SES, LEUR, LEURS...... 246
TEL, TEL QUE................. 247
MÊME, LE MÊME, LE MÊME QUE... 249
AUTRE, AUTRE QUE, etc........ 250
Pronoms et adverbes relatifs ou interrogatifs suivis du subjonctif..................... 253
Pronoms et adverbes relatifs composés..................... 255
CE, CELUI, CELLE, CEUX, CELLES.. 257
CHAPITRE III. PARTICIPES....... 258
Participes français qui manquent en latin................. *ibid.*
Parfait de l'infinitif rendu par un participe latin........... 259
CHAPITRE IV. ADVERBES....... 260
NE QUE, *signifiant* SEULEMENT... *ibid.*

Adverbes de quantité joints à un nom...................... 260
Adverbes de quantité joints à un adjectif ou à un autre adverbe..................... 262
Adverbes de quantité joints à un verbe..................... 264
QUE après PLUS, MOINS, AUTANT, AUSSI...................... 266
AUTANT répété................ 267
D'AUTANT PLUS QUE, D'AUTANT MOINS QUE................. 268
PLUS, MOINS, répétés.......... *ibid.*
LE PLUS, LE MOINS POSSIBLE..... 269
TANT QUE, SI QUE............. *ibid.*
ASSEZ POUR, TROP POUR........ 270
CHAPITRE V. PRÉPOSITIONS..... 272
Préposition DE................ *ibid.*
Préposition A................. *ibid.*
Préposition POUR.............. 273
Préposition SANS.............. 274
Préposition MALGRÉ............ 275
CHAPITRE VI. CONJONCTIONS.... 276
TANDIS QUE, AU LIEU DE....... *ibid.*
Conjonction SI................ 277
Conjonction QUE.............. *ibid.*
CHAPITRE VII. VERBES ET LOCUTIONS COMPOSÉES............. 278
Verbes français qui se remplacent par un adverbe ou qui ne s'expriment pas en latin..... *ibid.*
Verbes ALLER, DEVOIR, ÊTRE SUR LE POINT DE................. *ibid.*
Verbe FALLOIR................ 279
Verbe FAIRE.................. 280
Verbe AVOIR.................. 282
Verbe DIRE................... *ibid.*
LAISSER, suivi de l'infinitif.... 283
Méthode générale pour traduire les gallicismes................ *ibid.*

FIN DE LA TABLE.

CORBEIL, typ. et stér. de CRETÉ.

www.ingramcontent.com/pod-product-compliance
Lightning Source LLC
Chambersburg PA
CBHW070538160426
43199CB00014B/2289